湛庐 CHEERS

与最聪明的人共同进化

HERE COMES EVERYBODY

偏差

[法]奥利维耶·西博尼 著
Olivier Sibony

贾拥民 译

You're About to Make a Terrible Mistake!

中国财经出版传媒集团
中国财政经济出版社

献 给

—

安娜－莉丝

你了解如何做出正确决策吗?

扫码鉴别正版图书
获取您的专属福利

- 很多人认为像巴菲特、乔布斯这样的商业领袖做的每一个决策都很英明,这种观点受到了哪种偏差的影响?( )
  A.光环效应
  B.经验偏差
  C.过度自信
  D.优胜者偏差

扫码获取全部测试题及答案,
测一测你是否了解如何
做出正确的决策

- 如果我们足够自律,就不会受到各种偏差的影响了吗?( )
  A.是
  B.否

- 一个平庸的决策一定会走向失败吗?( )
  A. 一定
  B. 不一定

扫描左侧二维码查看本书更多测试题

中文版序

人类判断的两类错误

非常荣幸向中国的读者介绍《偏差》这本书。自出版以来,这本书已被翻译成多种语言,在许多国家都拥有大量读者。这次得益于湛庐的引进,让我有机会与中国的读者分享书中的观点。

本书的目标读者是企业高管、公共决策者,也就是所有需要在组织中做出决策的人。

我保证,你读完本书以后,可以做出更好的决策。这也是我写作本书的原因。

近几年来,特别是自丹尼尔·卡尼曼

IV 偏差 You're About to Make a Terrible Mistake!

（Daniel Kahneman）的《思考，快与慢》（*Thinking, Fast and Slow*）出版以来，企业高管与一些公共决策者已经非常熟悉现代认知心理学的一些关键思想了。几乎所有人都可以意识到，决策者往往是不"理性"的，至少做不到经济学家口中的那种狭义的理性。偏差（bias）已经成为许多组织的常用词。

2021年，我与丹尼尔·卡尼曼、卡斯·R.桑斯坦（Cass R. Sunstein）合著了《噪声》（*Noise*）一书，进一步探索了人类的判断及其缺陷。在《噪声》中，我们指出许多错误是随机的，是不可预测的，我们将这类错误称为"噪声"。换句话说，尽管人们普遍认为偏差是错误的成因，但实际上并非所有错误都是由偏差引起的。

举个例子，你每天早上起来都要用体重秤称一下体重。假设你碰巧知道体重秤存在一定的误差，它显示的重量比你的真实体重少0.5千克。这个错误就是一种统计偏差，你在每次的读数上增加0.5千克就可以纠正它（当然，你往往不记得这么做）。现在，再来假设这个体重秤存在另外一个问题：如果你快速地连续称3次，会得到略有不同的3个读数。这种读数的差异就是统计噪声。这两种类型的错误都会使你的体重秤变得不准确，但原理是不同的。

我们的大脑是一个可以产生判断的测量工具，而判断错误，比如体重秤的错误，可能是由偏差或噪声所致。偏差造成的错误是共性的、可预测的，而噪声造成的错误是可变的、不可预测的。

偏差和噪声都会导致错误的判断，因此我们都需要避免。

这就是所有领域的决策者都必须了解偏差与噪声的原因，并且我们需要知道究竟要怎样做才能免受它们的影响。《偏差》和《噪声》这两本书就是要通过具体的建议和非常实用的技巧，帮助人们应对这些决策中的缺陷。

为了带领读者踏上这段旅途，我选择了自己所热衷的路径。我现在是一名商业战略教授，此前，我曾在麦肯锡咨询公司做了长达 25 年的决策顾问。这一职位，为我观察许多战略决策创造了得天独厚的条件。我发现很多决策竟然都是错误的，这不断刷新着我的自我认知。我之所以这样说，不仅因为最终结果证明这些决策很糟糕——这种情况太常见了，没什么好惊讶的，而且因为在做出决策的时候，作为旁观者的我已清楚地知道这个决策很糟糕了。

根据我的经验，以及我在商业战略和认知心理学方面的大量研究，我确定了 9 种导致这种反复出现、可预测的错误的决策类型，这就是本书第一部分所讲述的"9 个决策陷阱"，例如讲故事陷阱、群体迷思等。这些陷阱在所有国家、所有行业以及任何时候都是普遍存在的，每个决策者几乎都会面临这些陷阱。学会识别它们是你从《偏差》这本书中获得的第一个好处。

不止如此，为了避免所有决策中的错误，我们还需要了解人们的心理因素。心理偏差是造成这 9 种陷阱的根本原因。这些心理偏差不仅在这 9 种特定情况下会产生这些可预测的错误，它们还会导致其他不可预测的错误，也就是噪声。因此，意识到这些心理偏差及其危害是你从《偏差》这本书中获得的第二个好处。

在了解了这些偏差之后，我们必须学会与它们作斗争。在《噪声》中，我们将对抗方法称为"决策卫生"，在这里我称之为"决策架构"。不管叫法是什么，其目标都是一致的，都是为了做出更好的决策。在这本书中，你会发现一个非常实用且循序渐进的技巧清单，里面有 40 种实用工具，可以帮你做出更好的决策。每个组织都应该掌握其中的一些技巧，从而提高决策能力。这将是你从《偏差》这本书中获得的第三个好处。

根据多年的工作经验，我意识到人们不仅要通过概念进行学习，而且更重要的是习惯通过故事进行学习。因此，我在本书中介绍了几十个案例。我希望这些"令人着迷又令人恐惧的决策失败故事"能留在你的脑海里，能够让你在做出下一个重大决策之前三思而后行。

本书还有一个目标，就是确保英文书名所指的情况不会成真！我真心希望你通过阅读本书，在未来的决策过程中不会再犯严重的错误。同时，我期待你做出优秀、明智、成功的决策。

奥利维耶·西博尼

2022 年 1 月

目 录

中文版序　人类判断的两类错误
引言　　　偏差，人类决策中的非理性_001

第一部分　认知偏差导致的 9 种决策陷阱

第 1 章　决策陷阱 1：讲故事陷阱_019

讲故事陷阱，故事核查不等于事实核查_023

确认性偏差，更容易相信支持自己的观点，却忽视与自己立场相悖的数据_027

优胜者偏差与经验偏差，我们相信优胜者，优胜者相信经验_030

人人皆有确认性偏差，每个人都会犯同样的错误_033

只相信事实，不相信故事，但我们所坚信的事实，其实也是个故事_035

错觉机器，掉入为你量身定制的故事陷阱_038

第 2 章　决策陷阱 2：模仿陷阱 _043

归因谬误，巨大的成功皆因为团队中的核心人物 _046

光环效应，天才做的每一件事都很英明 _049

幸存者偏差，既然他这么成功，那么我们为什么不能模仿他 _055

第 3 章　决策陷阱 3：直觉陷阱 _059

关于直觉的两种观点，启发式和偏差与自然决策 _062

可以相信直觉的两个条件，高效度环境和快速且明确的长期练习与反馈 _066

直觉是战略决策的坏导向，战略决策中的直觉无法培养 _072

第 4 章　决策陷阱 4：过度自信陷阱 _075

过度自信，我绝对不会犯这样的错误 _080

乐观预测与计划谬误，对未来过度自信的两种表现 _081

即使很悲观，也会过度精确地表达预测 _083

我们总是高估自己，低估对手 _085

糟糕的决策者，却是优秀的领导者吗 _088

达尔文式的乐观主义，越乐观，越成功 _089

创造未来需要乐观，预测未来时的乐观却可能致命 _091

第 5 章　决策陷阱 5：惯性陷阱 _095

调兵遣将很困难，战略目标与资源分配总是脱节 _098

重新分配资源，做敏捷的公司 _100

锚定效应，无法摆脱的安全距离 _101

惯性政治，"外来者"会对锚定效应更有抵抗力 _103

沉没成本与承诺升级，有时候做得越多反而错得越多 _105

面对危险的信号，总是做得太少又行动太慢 _108

现状偏差，不做决定比做决定更容易 _112

第 6 章　决策陷阱 6：风险认知陷阱 _117

照我说的做，别照我做的做，过度的风险规避与不合理的乐观一样有害 _122

损失厌恶，失去一美元的痛苦比赢得一美元的快乐更强烈 _124

不确定性厌恶，比起未知的风险，我们更愿意承担一个可量化的风险 _125

后见之明偏差，我就知道它会发生 _127

谨小慎微的选择，大胆无畏的预测 _130

第 7 章　决策陷阱 7：时间范围陷阱 _137

对短期主义的两种批评，摆脱股东至上，看向长远收益 _140

短期主义的两只替罪羊，短视的市场与贪婪的高管 _ 142

现时偏差，人人都是短期思维者 _ 146

第 8 章　决策陷阱 8：群体迷思陷阱 _ 151

消除分歧，人们为什么会"屈从"群体的观点 _ 154

看待群体迷思的两种方式，社会压力还是自我调整的结果 _ 160

信息级联与群体极化，要么更加极端，要么更有信心 _ 162

群体迷思与企业文化，当违规成为规则 _ 166

第 9 章　决策陷阱 9：利益冲突陷阱 _ 171

我们不是天使，战略选择与个人利益密不可分 _ 174

犬儒主义的局限，行为并不总是被眼前的经济利益所驱动 _ 176

有限道德性与自利偏差，我们并没有故意歪曲事实 _ 179

错误的诊断与错误的疗法，自利偏差并不是蓄意撒谎 _ 183

第二部分　认识偏差，做出正确的决策

第 10 章　5 类认知偏差与 3 个偏差误解_191

5 类认知偏差，一份实用的偏差地图_193

3 个偏差误解，对偏差保持谨慎_198

应对偏差，改善自己的决策_203

第 11 章　克服认知偏差，组织胜于个人_205

你真的能意识到自己的偏差吗_208

偏差需要纠正，但是到底要纠正哪一个呢_210

纠正偏差，需要付出多大的代价_212

无法消除的个人偏差，必须改进的团队决策_213

要想做出好的决策，关键在于合作与流程_216

第 12 章　合作加流程，健全决策体系的基础_221

决策需要合作，不能独断地决定_225

利用检查清单，流程很重要_228

为什么低级别的决策通常有正式的流程，战略决策却没有_234

第 13 章　用正确的方法做出正确的决策_237

运气与技能，决策的结果并不完全取决于决策最初的品质_240

"如何"大于"什么",做决策的方式比决策内容重要 6 倍 _ 246

少分析,多讨论 _ 248

提高决策品质,从决策流程入手 _ 251

从决策流程到决策架构,做出正确决策的关键 _ 254

第三部分　应对偏差,健全决策架构的 3 大支柱与 40 个决策技巧

第 14 章　支柱 1:对话,让观点面对面 _ 263

对话并非即兴发言,我们需要的是真正的对话 _ 266

为对话创造条件,对话从来不是突然发生的 _ 269

建立对话的基本规则,我们需要遵守某些禁忌 _ 272

激发对话,根据管理风格与公司文化选择适合的方式 _ 277

关于对话的 3 个错误顾虑 _ 286

第 15 章　支柱 2:差异,从不同的角度看待事物 _ 291

寻找多样化的观点,让不同的想法蓬勃生长 _ 294

借力打力,以偏差对抗偏差 _ 305

正确识别事实,才能选择正确的观点 _ 309

在艰难决策时保持谦卑 _ 319

第 16 章　支柱 3：决策动力机制，改变决策流程与文化 _ 323

　　不拘一格还是拘泥形式，培养良好的氛围 _ 326

　　冒险与谨慎的权衡，我们并不是赌徒 _ 330

　　保持长期愿景的灵活性，也要抓住眼前的机遇 _ 339

　　团队合作与独当一面，必须承担的责任 _ 342

　　先睡一觉，明天早上再说 _ 344

结　语　你马上就能做出明智的决策了 _ 347

　　更好的人能做出更好的决策，更好的决策会成就更好的人 _ 350

　　改变自己，成为更好的决策者 _ 353

附录 1　5 类认知偏差 _ 359

附录 2　40 个成为优秀决策架构师的决策技巧 _ 363

致谢 _ 367

参考文献 _ 371

译后记 _ 403

引言

偏差，人类决策中的非理性

你随时都可能会犯下大错，除非你把本书读完！

如果你不是在一个山洞里已经与世隔绝地生活了至少 10 年，一定早就听说过各种类型的认知偏差了。特别是在丹尼尔·卡尼曼[①]的《思考，快与慢》一书出版之后，过度自信、确认性偏差（confirmation bias）、现状偏

[①] 丹尼尔·卡尼曼、奥利维耶·西博尼和卡斯·R. 桑斯坦的最新力作《噪声》介绍了人类判断中除偏差外的另一类错误，即噪声。卡尼曼通过司法判决、医学诊断、企业管理等领域的众多案例，揭示了噪声会造成的损害，以及如何减少噪声。该书中文简体字版已由湛庐策划、浙江教育出版社出版。——编者注

差（state quo bias）和锚定效应（anchoring）等术语，都已成为人们日常对话的一部分了。得益于认知心理学家和受他们启发的行为经济学家几十年来的研究，我们现在已经非常熟悉一个虽然简单却至关重要的观念——理性。人们在做出特定的判断和选择时，例如买什么或如何储蓄等，并不总能保持理性，至少不是经济理论中的那种狭义的理性。经济理论中严格定义的理性概念，是我们的决策应该根据某些预设目标进行优化。

商业决策中的偏差，为什么明知决策不合理，却甘愿冒风险

不仅日常生活中的决策如此，商业决策也是如此。只要在你最习惯的搜索引擎中输入"商业决策中的偏差"，就能找到数以百万计的文章，证实任何一位经验老到的管理者都知道的事情：高管在做出商业决策甚至极其重要的战略决策时，其思考过程与商学院教科书中所描述的那一套理性、深思熟虑和分析式的"决策方法"几乎完全不沾边。

早在听说"行为科学"这门学科之前，我就发现了这一事实。那时，我还是一名刚刚跨入麦肯锡咨询公司大门的年轻商业分析师。当年公司安排我服务的第一个客户是一家欧洲的中型公司，该公司当时正在考虑是否要在美国开展一项大规模并购。如果成功完成这项交易，这家公司的规模将会扩大一倍以上，进而成为一家全球性大型集团。然而，在花费了几个月对这项并购进行研

究分析后，我们得出的结论非常明确：这项并购并不划算。无论在战略层面，还是在运营层面，该公司能够从此次并购中得到的好处都非常有限。而且，并购之后的整合也将是非常大的挑战。当然最重要的是，各项"数据"也表明，这项并购是不划算的：我们的客户需要支付的费用太高，到头来根本不可能为股东创造任何价值。

我们把分析结论告诉了该公司的首席执行官。他赞成我们提出的所有假设，然而最后却对我们的结论置之不理。他给出的理由完全出乎我们的意料。他解释说，由于我们在考虑收购价格时是以美元计价的，所以忽略了一个关键因素。他在考虑这个并购项目时，把所有的数额都转换成了他所在国家的货币。此外，他确信美元兑换他所在国家的货币的汇率很快就会提高。在完成这样一个转换之后，新收购的美国公司的美元现金流量将会变得很高，也就很容易证明该收购价格是合理的。这位首席执行官对此深信不疑，因此他计划用本国货币计价大举借债来筹集本次并购所需的资金。

我简直不敢相信。在场的其他人，甚至包括首席执行官本人，都非常清楚，这相当于为掩盖一项罪行而犯下另一项罪行，只不过事涉金融领域。很多看过金融学入门图书的人应该知道，公司的首席执行官不是外汇交易员，股东也不希望公司代表他们在外汇市场上押注。那是一场赌博，没人能确切知道汇率未来走势。如果美元继续贬值，而不是升值，这项交易将会从"相当糟糕"变成"极其可怕"。这就是"按美元计价的大型资产应该按美元来估价和出资"这一规定的由来。

我当时20岁出头，虽然对事物的判断过于乐观，但在听到这位首席执行官的决定时，我错愕不已。我本以为自己会看到全面而深入的分析、对各种可选项审慎的考虑、经过深思熟虑的辩论，以及对各种方案的量化评估。然而在这一刻，我惊讶得说不出话来。这位首席执行官明明知道自己的决策不合理，却偏偏甘愿冒风险。基本上，除了是相信他自己的直觉之外，我想不出他这样做的任何理由。

不过，我的许多同事对于这种情况可能早就习以为常了。他们对此事的看法大体上分为两种。大多数同事只是耸耸肩，态度颇为不屑。当然，他们实际采用的措辞要委婉得多。他们认为，这个家伙就是一个满口胡话的疯子。"等着瞧吧，"他们说，"他在首席执行官的位子上待不了多久的。"另外一些同事的观点则截然相反："这个人是个天才，能建构长远的战略愿景，并且能够感知到远超我们这些咨询师理解能力的机会。他无视我们短视浅薄的分析，恰恰证明了他的高瞻远瞩。等着瞧吧，事实将证明他是对的。"

这两种看法都不够具有说服力。如果他真的是疯子，那么会成为首席执行官吗？如果他是天才，在战略上天生就能未卜先知，那为什么还要请我们这些咨询师用笨拙的方法进行分析呢？总不能说他这样做就是要无视我们的结论吧？！

成功的战略各有高招，失败的战略却彼此相似

随着时间的推移，这些疑问自然而然得到了解答。这位首席执行官当然不是疯子：在这次并购活动之前甚至之后，在他们国家，他是同时代人中最受尊敬的商业领袖之一。

确实，他本人也取得了惊人的成就。后来的事实证明，这次并购活动取得了巨大的成功。没错，美元真如他所料升值了。在经历了几次同样高风险的"豪赌"之后，他把一家濒临破产的地方性公司变成了所在行业的全球领导者。"看到了吧，"我的一些同事可能会说，"天才就是天才！"

要是事情真这么简单就好了。在接下来的 25 年里，我作为跨国公司首席执行官和其他高级管理人员的顾问，有很多机会观察更多类似的战略决策。我很快意识到，教科书上的决策过程与决策的实际情况存在天壤之别。我的第一位客户的行为其实并没有什么特别值得惊讶的地方，恰恰相反，那是一种常态。

此外，还有一个同样重要的结论也让我震惊：在大量这类"非常规"决策中，虽然有一些带来了很好的结果，但是大多数都以失败告终。战略决策中的错误并不罕见。如果你对此表示怀疑，那就问问身边那些实际参与决策的人吧：在一项针对大约 2 000 名高管的调查中，只有 28% 的人表示，他们的公司"通常"能做出很好的战略决策，而 60% 的人觉得做出糟糕决策和良好决策的概率差不多。

事实上，麦肯锡公司会定期发布一些长篇报告，警告商业领袖防范那些错误决策的风险。与其他咨询公司和许多学者一样，我们觉得自己有必要扮演"吹哨人"的角色，对那些已有大量事实证明特别危险的特定类型的战略决策做出警示。但是，显然没有人听。我们曾告诉公司高管，要特别小心那些出价过高的收购项目，但是他们似乎都听不进去，反而会立即着手收购规模更大、开价更高的公司，并且往往在此过程中会损害股东的利益，就像我的第一位客户所做的那样。我们也建议过要对投资预算持谨慎态度，因为计划通常都会过于乐观，然而他们一如既往保持乐观态度。我们还说过不要卷入价格战，但当客户注意到这个建议时，他们通常早已深陷其中，遭受重创。我们还曾经警告过客户，不要被竞争对手利用新技术"颠覆"，但只能眼睁睁地看着原来的优秀企业接连破产。我们建议客户要学会止损，停止向业已失败的项目追加投资，但人们大多置若罔闻。

当然，每一个决策错误都可以举出一些具体的案例。作为"警示故事"来说，它们通常都相当惊人、令人难忘，但对那些幸灾乐祸的读者来说，甚至可能会觉得相当有趣。在本书中，你会发现很多这样的故事，确切地说，有 30 多个。

但是，讲故事并不是本书的重点。重点在于，当涉及某些类型的决策时，其失败的概率远远高于成功的概率。当然，这并不是一个绝对的、不可动摇的规则：一些收购者确实通过并购成功地创造了价值，一些老牌公司确实在被颠覆之前重振了自己的核心业务，等等。这些成功案例能给那些面临困境的人带来一些希望,但从统计学角度来看,它们只是例外,失败才是常态。

总之,当客户做出成功战略决策时,很多时候都是因为他们打破了规则,采取了非常规的行动,就像我的第一位客户那样。但他们的失败却极少是由于采取了有创造性的全新方法,相反,他们做出的决策往往与之前其他人做出的决策同样糟糕。列夫·托尔斯泰在《安娜·卡列尼娜》一书中关于家庭有个著名的观察结论:"幸福的家庭都是相似的,不幸的家庭各有各的不幸。"决策实践却正好相反,正如战略差异化研究者们长期以来一直认为的那样,成功的战略各有高招,而所有失败的战略却彼此相似。

为什么失败的"坏人理论"会失败,伟大的领导者也会做出糟糕的决策

对于这些失败案例的标准解释,仍然是我在执行第一个咨询任务时大多数同事给出的那一个答案:一切都怪那些糟糕、无能、疯狂的首席执行官!每当一家公司陷入困境,商业媒体上就会出现各种各样的言论,将失败的责任直接归咎于公司领导层。在叙述这些失败案例的书中,一般都会列出负责人的各种"不可原谅的错误",并毫不犹豫地将它们归咎于负责人的性格缺陷。这些负责人身上的常见"罪行"通常都直接取材于至少有八百年历史的"七宗罪"。排在首位的是"懒惰",这个罪名还有另外一个更具商业气息的名字——自满。其次是骄傲,通常也被称为傲慢。当然还有贪婪、愤怒和嫉妒,甚至连暴食这个理由都要来客串一

下。①最后还有一个是淫欲……自己看新闻吧。

我们许多人都能接受解释领导力和成功的"伟人理论",因而对成功企业的领导者推崇备至;与此类似,我们似乎也不加置疑地接受了"坏人理论",并用它来解释企业及其领导者的失败。卓越的首席执行官能够创造优异的业绩,而糟糕的业绩当然都是拙劣的首席执行官的错。从道德层面上讲,这种解释也许可以让一些人心满意足,并为追究首席执行官的责任提供了正当理由。不过重要的是,这也使他们因成功而获得丰厚报酬变得理所当然了。至少从表面上看,这种理论似乎也符合逻辑:如果首席执行官事先已经收到了大量的预警信息,却仍然重蹈覆辙,那么必定是他们自身存在某些严重的问题。

然而,关于这个"伟人理论",我们无须过多深究就能看到其中的问题所在。首先,通过最终结果来定义何为好的决策以及何为好的决策者,充其量只是一种循环论证,其实毫无用处。如果你正在做决策,或你正在选择一个能够做决策的人,那么你需要一种方法,在结果出来之前就知道什么是有效的,或者谁才是最好的那个决策者。但在现实世界中,我从同事们对第一个客户的不同看法中了解到,在做决策时,并没有一个确切的方法来判断决策者孰优孰劣。根据对"好"的定义,即便是要分辨某个具

---

① 是的,就是暴食。《财富》杂志刊登过一篇关于杰西潘尼百货公司(J. C. Penney)的封面故事,指出:"有很多迹象都表明,董事会没有关注它本应关注的事务。阿克曼(Ackman)一直在抱怨董事会开会时提供的巧克力曲奇味道不佳……其他董事也表达了对会议提供的菜肴水准的担忧。"关于杰西潘尼百货公司的故事,我们将在第 1 章中详细讨论。

体的决策的好坏,也需要一种预知未来的能力。

其次,如果所有公司都倾向于犯相同的错误,那么把这些错误都归咎于每个决策的不同决策者就完全不合逻辑。当然,无能的决策者可能每次都会做出糟糕的决策,但是我们难道不期望他们做出不同的错误决策吗?如果我们观察到一千个相同的错误,那似乎只需要一个解释,而不是一千个不同的解释。

最后,也是最重要的一点,称这些首席执行官"无能"或者"疯狂"的话语显然是荒谬的。那些最终成为大型公司首席执行官的人,凭借的都是几十年的努力工作,他们不断展现非凡能力,并且取得了令人印象深刻的辉煌业绩。除非你认同"拥有无上权力的有害影响是引发某种神秘的心理转变"这种理论,例如"上天欲使人灭亡,必先使其疯狂",否则根本没有理由假设这么多大型企业的领导者都是平庸的战略家和糟糕的决策者。

如果排除了解释失败的"坏人理论",那么我们就会面临一个有趣的问题。糟糕的决策并非都是拙劣的领导者做出的。那些极其成功、众望所归、备受尊敬的人往往也会做出类似决策。更重要的是,这些领导者可以向很多能力非凡的同事和顾问征询建议,能够获得自己希望得到的所有信息,而且通常都会得到大家友善和适当的激励。

事实上,他们都不是拙劣的领导者,可以称得上优秀甚至是伟大,但是也会做出可预见的糟糕决策。

行为科学提供的答案,无意识偏差训练与助推

对于这个难题,行为科学可以为我们提供一个急需的答案。人类在做出决策时并不遵循经济学家给出的关于理性决策的理论模型,他们会犯下各种决策错误。而且,这些并不是普通的错误,而是系统性、非随机、可预测的错误。这些错误是对经济理性的系统性偏离,我们称之为偏差。不必假设这些做出错误决策的人是疯子;相反,我们应该预料到,所有头脑清醒的人,包括首席执行官们,也会犯其他人犯过的错误!

认识到了这一点,也就不难理解为什么行为科学在政商两界领导者间会成为一门流行的显学了。但是,到目前为止,行为科学受欢迎最明显的表现,却并没有体现在首席执行官们的实际决策上。相反,它的流行主要是通过读者们肯定听说过的两种形式表现出来的:无意识偏差训练(unconscious-bias training)和助推(nudging)。

人们试图通过无意识偏差训练来消除的无意识偏差,指的是我们在人际交往过程中无意识夹带进去的各种偏差,尤其是针对少数群体人士的偏差。越来越多的组织已经意识到性别歧视、种族歧视和其他偏差所带来的问题,因此着手训练他们的员工去认识这些偏差并努力克服它们。这种训练的目的是让参与者意识到,哪怕意图是好的,他们也还是很容易受到这些偏见的影响。这种训练的具体做法通常是让参与者观看不同的图像或模型,以改变他们无意识的联想。这种强制性训练干预是否有效,一直是

一个争论不休的热点话题，但这并不是本书的重点。

第二种形式与第一种形式恰好相反。第一种形式希望通过训练消除偏差，第二种形式则希望有效地利用偏差。第二种形式也就是行为经济学之父理查德·塞勒（Richard Thaler）和哈佛大学法学院教授卡斯·R. 桑斯坦在其同名著作①中倡导的助推运动。

"助推"的理念起源于一场与政治科学同样古老的辩论：如果根据公民自己的判断做出选择，产生的结果并不是最佳的，那么政府应该怎么做？一些人认为政府应该积极地加以干预。例如，如果储蓄不足，那么政府就可以通过税收激励来鼓励储蓄。然而，另一些人却反驳称，成年人应该自己做出选择，包括选错；只要他们的选择不伤害到其他人，政府就不应该干涉。

塞勒和桑斯坦的见解巧妙地在家长主义和自由意志主义这两种对立道路间找到了第三条路，他们称之为自由意志家长主义（libertarian paternalism）或软家长主义。政府可以让各个备选项以适当的方式呈现给要做出选择的公民，"轻轻推动"人们向最优行为靠拢。当然，究竟何为最优解，仍然交由人们自己做出判断。例如，改变选项呈现的顺序，特别是改变个人在不做选择时的默认选项，就可以在许多情况下产生截然不同的结果。

---

① 保留人们自主决策的权利，适当影响人们做决策的过程，这就是助推。卡斯·R. 桑斯坦的新书《助推2.0》中文简体字版已由湛庐策划、四川人民出版社出版。——编者注

英国政府成立了一个行为洞见团队（Behavioural Insights Team），这个组织更常用的一个名称就是助推小组（Nudge Unit），从而率先将"助推"用作一种正式的政策工具。许多国家、地区和地方的政府机构都已分别组建了助推小组，仅"经济合作与发展组织"内的国家就有 200 多个这样的小组。这些小组会在税收合规、公共卫生，以及废物处理等各个领域协助政策制定者。

企业部门也广泛采用了"助推"这个术语，有一些企业甚至成立了自己的行为科学部门。许多公司，尤其是金融领域的一些公司，都曾成功地利用交易行为中存在的系统性异常为自己谋利。然而在大多数情况下，企业通过应用行为经济学探索的各种方法却并不新颖。正如塞勒在他的另一篇文章中所指出的那样，"'助推'只是一种工具。早在我和桑斯坦给它们起名之前，这种工具就已经存在很久了。"事实上，暂且不论是否合情合法，对他人认知偏差的利用一直是生意人最古老的诀窍之一。行为营销专家声称，要想更加有效地影响消费者的行为，就必须仔细分析消费者的偏差。这种做法无非是重新发现了一些众所周知的广告技巧而已。当然，正如塞勒在书中挖苦道："对于那些骗子而言，他们根本不需要阅读本书，自然知道如何行事。"

行为策略，免受偏差影响的方法

运用行为科学还有第三种方法。采用这种方法的决策者，并不像无意识偏差训练那样希望纠正自己员工的偏差，也不像政府的助推或企业界的类似手段那样试图利用他人的偏差。他们只希望在做出战略决策时能免受偏差的影响。

只要仔细思考这种做法，你就会发现这样做确实很有道理。如果你认为战略决策事关重大，如果你认同决策中的偏差会导致错误并带来不良后果，那么就应该承认自己的偏差可能会导致战略错误。即便是一位精明能干、小心谨慎且勤奋工作的管理者，也可能会犯一些完全可以避免、能够预料到的错误。这正是我们上面讨论过的关于优秀领导者也会做出错误决策的神秘问题。只不过，这一次主角不是他们，而是你。不过，这个问题其实并不神秘，只是一个行为问题。

近年来，学术界已经形成了一个以这个问题为研究焦点的全新战略研究流派，而且它有一个非常贴切的名字：行为战略（behavioral strategy）。借用该流派某些领袖人物的话，行为战略研究的目的在于"将关于人类的认知、情感和社会行为符合现实的假设引入组织的战略管理中。"诸如"认知"、"心理学"、"行为"以及"情感"这样的关键词，现在也经常出现在战略管理领域的学术期刊上，例如 2016 年，《战略管理杂志》（*Strategic Management Journal*）上超过 1/5 的论文里都出现了这些关键词。面向从业人员的出版物的增多也反映出了人们对这一主题日益增长的兴趣。针对决策者的多项调查结果都表明，他们中的许多人都认为有必要解决偏差问题，从而提高决策品质。麦肯锡在针对约 800 家公司的董事会成员展开的一项调查中发现，"减少决策偏差"已经成了那些"高影响力"董事会成员的最迫切愿望。

简而言之,许多企业领导者现在已经意识到,他们应该设法面对并规避制定战略决策时存在的偏差。但到底人们应该做些什么呢?本书的主要内容是针对这个问题展开的。

应对偏差,做出明智的决策

先在这里简要概述一下上述问题的答案。我们可以将它概括为3个核心观点,并在本书的3个部分中展开讨论。

第一个核心观点:偏差会导致我们误入歧途,但是偏离的方向却并不是随机的。人类也许会陷入"疯狂",但那是有原因的。人类可能会是非理性的,但是正如经济学家丹·艾瑞里(Dan Ariely)那个令人印象深刻的断言所指出的:"我们的非理性是可以预见的。"在组织的战略决策中,多种偏差交叉或组合到一起,会导致某些战略错误模式反复出现。我们需要学会识别这些模式,这些模式可以解释常见的某类战略决策的糟糕结果:失败不是例外,而是常态。本书第一部分介绍了9种这样的模式,也就是偏差会导致我们陷入9种决策陷阱。

第二个核心观点:处理偏差的正确方法,是不要试图去克服它们。你可能读过很多关于该主题的著作,但我给出的建议与那些作者的建议恰恰相反。我认为你通常无法克服自己的偏差。而且,你也不需要去克服它们。对行为科学持怀疑态度的人经常会提出这样一个问题:既然人类自身存在这么多的局限性,那么又是如何取得如此巨大成就的呢?或者换一种更具体的表述:"既然我们人类真的如此愚蠢,那怎么能登上月球呢?"当然,答案是,登上月球的其实并不是作为个体的"我们"。个体是不能登上月球的,登上月球依靠的是一个庞大而复杂的组织——美国国家航空航天局(NASA)。个体有可能无法克服认知局限,组织却可以弥补我们的不足,从而做出偏差更少、更理性的选择。本书第二部分将会加以阐明,要做到这一点,需要具备两个关键因素:合作加流程。合作是必不可少的,因为多个个体比单独一个决策者更有可能觉察到偏差;流程也是必不可少的,因为要把众人的见解付诸行动需要一个好的流程。

第三个核心观点:虽然组织可以克服个体的偏差,但是做到这一点绝非偶然。如果任由团体或组织以自己的方法去抑制个体偏差,那么效果将极其有限,而且在通常情况下,甚至可能会适得其反。要想消除偏差产生的不良影响,就必须以批判性思维去思考决策方式,或者说,必须正确地"决定如何做出决策"。因此,一个聪慧的领导者绝不会认为仅凭自己就可以做出明智的决策,因为他明白,仅凭一己之力,永远不可能做出最优决策。他会把自己视为决策的架构师,负责设计他所领导的组织的决策流程。

本书第三部分将介绍决策架构师设计健全决策架构的 3 个支柱。该部分将通过已在世界各地从初创企业到跨国公司等各类组织中得到验证的 40 个实用的决策技巧,阐明这 3 个支柱。需要强调的是，这些技巧绝不是你在短短一个星期之内就能"养成"的"40个习惯"。之所以列出它们，是因为我要鼓励你选择适合自己的组织或团队的方法，同时也鼓励你创造出自己的方法。

我写这本书的主要目的，就是鼓励你把自己看作团队、部门或公司的决策架构师。如果在做下一个重要决策之前，你能仔细思考如何做决策，那么你就走上了正确的道路，也许就能避免犯下大错。

YOU'RE ABOUT TO MAKE A
TERRIBLE
MISTAKE

第 一 部 分

认知偏差导致的 9 种决策陷阱

YOU'RE ABOUT TO MAKE A TERRIBLE
MISTAKE

第 1 章

**决策陷阱 1：
讲故事陷阱**

这个故事完全是真实的,
因为所有事情都是我编的。

——鲍里斯·维昂(Boris Vian)
法国小说家、剧作家
《岁月的泡沫》(*Froth on the Daydream*)

1975 年，在第一次石油危机爆发之后，法国政府发起了一场以鼓励节约能源为目标的广告宣传活动，该活动的口号是："法国虽然没有石油，但有的是好点子。"同一年，两名怀揣"好点子"的男子就敲开了法国国有石油巨头埃尔夫阿奎坦公司（Elf Aquitaine）的大门。虽然两人之前丝毫没有石油行业的从业经验，他们却声称自己发明了一种革命性的方法，无须钻探就能发现地下蕴藏的石油。他们解释称，这种方法是通过载有特殊装置的飞机来完成的，它们能从高空"嗅出"石油。

当然，这种所谓的高科技只是一场骗局，而且欺骗手法也算不上多么复杂高深。他们提前伪造好了这台神奇的机器在测试时需要生成的图像。等到真正的测试开始时，他们就用遥控器将事先准备好的油层图像显示在屏幕上。

这个故事现在听起来似乎很荒谬，但埃尔夫阿奎坦公司的领导层都深信不疑，从研发部门的科学家到首席执行官皆是如此。

由于测试新的石油勘探流程需要投入大笔资金,埃尔夫阿奎坦公司的高管们还说服了时任法国总理和总统签字批准相关经费。这场骗局居然持续了4年多,使这家公司损失大约10亿法郎。1977年至1979年,埃尔夫阿奎坦公司支付给这两个骗子的款项总额,甚至超过了它支付给其控股股东法国政府的股息。

这个故事实在太不可思议,以至于现在的年轻人听到这个故事时,尤其当他们不是法国人的话,会觉得那些受骗的人实在可怜可笑。这已经算是最友好的反应了,最不友好的反应则是感叹法国政商界领导人的智商,甚至他们的人品:怎么会低到如此程度?这样一场显而易见的骗局,是如何骗过法国最大公司之一的最高管理层的?又是如何骗过整个法国政府的?怎么会有人愚蠢到这样的地步,竟然真的会相信有"嗅出石油"的飞机这种东西呢?严谨的商人绝对不会相信这种荒谬的故事的!

然而,不要轻易下定论。请把时间快进到2004年。在美国加利福尼亚州,一家名为Terralliance的初创公司正在筹集资金。它的创始人厄兰德·奥尔森(Erlend Olson)曾是NASA的一位工程师,不过没有任何石油行业的从业经验。这家公司如何推销自己?你猜对了!奥尔森想要完善一项利用飞机勘探石油的技术。

同样的骗局再次上演,只不过是换了道具和演员而已。这一次,卷入这个骗局的投资方包括著名投行高盛、风险投资公司凯鹏华盈,以及许多其他知名的投资公司。奥尔森这位"发明家"拥有得克萨斯牛仔般的粗犷气质,很有魅力。之前法国埃尔夫阿奎坦公司购买的是质朴的波音707飞机，这一次的道具换成了从俄罗斯军队退役的苏霍伊喷气式飞机。历史是如此惊人的相似，连投资的金额都差不多：考虑通货膨胀率的差异，两次都约为5亿美元。无须多说，最终结果当然只能与上次一样一塌糊涂：要想从飞机上"嗅出"油层的所在位置，显然是天方夜谭。

因此，哪怕是那些智商很高、经验丰富且对本领域非常熟悉的专业人士，在制定具有重大影响力的关键决策时，也仍然可能会莫名其妙地变得盲目。这并不是因为他们决定将一切谨慎原则置之脑后而铤而走险。事实上，在这两个通过飞机"嗅探"石油的案例中，投资方都做过相当细致的尽职调查。但是关键在于，当他们认为自己正在严格调查事实时，其实在心里已经得出了结论。是的，他们中了"讲故事"这一魔咒。

讲故事陷阱，故事核查不等于事实核查

"讲故事陷阱"可以严重妨碍我们对各种管理决策的认真思考，甚至连最普通的决策也不例外。先来看看下面这个案例，它改编自真实且具有代表性的故事。

假设你是一家公司的销售总监，这家公司所处的商业服务市场竞争非常激烈。你刚刚接到了一通颇伤脑筋的电话，它是你手下业绩最好的销售代表之一韦恩打过来的。韦恩告诉你，你们公司最强大的竞争对手灰熊公司已经连续两次在竞标中胜出。这两

次，灰熊公司的报价都远低于你们的报价。韦恩还听说公司最优秀的两名销售人员刚刚提出辞职申请，有传言称他们要去灰熊公司。最重要的是，他还告诉你，小道消息称灰熊公司正在积极与你们公司业务往来最久的忠实客户接触。在挂断电话之前，韦恩建议你在下一次管理层会议上重新评估一下报价水平，并坦言根据他每天得到的客户反馈来看，现在的报价水平已经影响了公司的未来。

这通电话令人担忧。但作为一名经验丰富的专业人士，你并不会惊慌失措。你当然清楚必须核实这一消息。

你马上打电话给另一位你完全信任的销售代表施密特，问他是否也注意到了这样一种异常激烈的竞争氛围。事实上，施密特正打算跟你提这件事。他毫不犹豫地证实，灰熊公司最近咄咄逼人。他刚刚与一位最忠实的客户续约，然而灰熊公司的报价比他的报价低了15%。施密特之所以能保住这个客户，完全是因为他与那家公司的总裁建立起了牢固且长期的个人关系。然而，施密特补充说，另一份合同也很快要续签了。如果灰熊公司与你们公司在报价上差距还是如此之大，那么续签可能就要泡汤了。

你谢过施密特，然后挂了电话。接着，你打给了人力资源部主管，想要确认一下韦恩说的那两位销售人员的情况是否属实。人力资源部证实，两位即将离职的销售代表在离职面谈中都表示，他们之所以提交辞呈是因为得到了灰熊公司更高绩效奖金的承诺。

综合各方面信息之后，你开始有些担忧了。第一个警告可能只是一个无关紧要的偶发事件，但是你花时间去验证了它。韦恩的判断对吗？需要考虑降价吗？至少，你会把这个问题列入下次管理执行委员会的会议议程。现在你还没有下定决心打价格战，但这问题已经摆到了桌面上，可能会带来非常严重的后果。

为了弄明白到底是什么让你陷入现在这般境地，让我们把时间回退到韦恩来电时。不管是否有意为之，韦恩所做的一切恰恰体现了"讲故事陷阱"的本质：通过为一系列孤立的事实赋予某种含义来构建一个故事。然而，他所讲述的故事并非不证自明。

让我们再认真思考一下所有相关事实。有两位销售人员辞职了。想想你们公司的销售人员的流失率吧，他们辞职也许并不奇怪。第一个事实是，他们离开你们公司投奔你们最大的竞争对手，这也并不罕见：他们还能去哪里呢？第二个事实是，韦恩和施密特都发出了警告，提醒你竞争对手咄咄逼人。当成功续签合同并留住客户时，他们认为所有的功劳都属于自己，将原因归结为他们维护的关系网络十分坚实。从销售代表的角度来看，这并不奇怪。最重要的是，这种交易到底有多少笔？韦恩没能争取到两个新客户，但是老客户一个也没丢。施密特保住了一个现有的客户，并且有可能会赢得即将开始的另一个续约。总而言之，到目前为止，你还没有失去或赢得任何一份合同！如果忽略第一个故事中的扭曲滤镜再来审视它，其中并没有多少有用的信息。

那么，你又是怎么会走到认真考虑降价这一步的呢？因为你已经掉入了韦恩的讲故事陷阱。你以为自己是在客观地核查韦恩提供的事实，但是实际上你只是在试图证实他所讲述的故事。例如，如果真想核实韦恩说的事情，那么你完全可以这样问：最近几个星期，公司的其他销售代表签下了多少新客户？我们真的在丢失市场份额吗？灰熊公司向我们公司的客户报出的低价服务，其品质是否真比得上我们公司提供的服务？

考虑这几个问题以及许多其他问题，将有助于你记起降价的唯一理由：相对于竞争对手而言，公司的价值定位已经遭到了严重损害。如果情况真的恶化到这个程度，那么你或许应该考虑降价。但是，你所问的并不是这些问题。你对问题的界定受到了韦恩最初的故事的影响。你本能地去寻找可以证实韦恩那种说法的信息，而不是去寻找可以证伪的资料。

到这里，读者应该很容易看出来了，陷入故事情节的思维方式是如何把人引向歧途的，这其中就包括法国埃尔夫阿奎坦石油公司的管理层和美国的风险投资者。当有人向我们讲述了一个好故事时，我们的自然反应就是去极力寻找能证实它的各种元素。当然，你最终肯定能够找到这样的元素。我们自认为在进行严格的事实核查。当然，核查事实也确实非常重要，例如，韦恩所提供的信息可能在事实的层面上就是不准确的。但是，人们也可能会从正确的事实中得出错误的结论。事实核查和故事核查是不一样的。

这种"讲故事"的强大力量来源于我们对故事贪得无厌的需

求。正如当代伟大的思想者之一纳西姆·塔勒布（Nassim Taleb）在《黑天鹅》(*The Black Swan*)一书中指出的那样："我们的头脑是一台非常了不起的解释机器，能够从几乎所有事物中分析出道理，能够对各种各样的现象罗列出各种解释。"无论是只看到一些孤立事实的韦恩，还是获得一些线索的你，都无法想象它们所构造出来的"模式"只是偶然杂凑的结果。把所有这些信息放到一起，其实一点意义都没有。在听到故事时，我们的第一反应是将它们视为连贯的叙事元素。我们自然根本不会想到，这一切可能只是巧合。

确认性偏差，更容易相信支持自己的观点，却忽视与自己立场相悖的数据

使我们陷入这种陷阱的心理机制有一个熟悉的名字：确认性偏差。这种偏差是推理错误的最普遍来源之一。

确认性偏差在政治领域的影响尤其强大。我们早已知道，人们之所以易受政治辩论的影响，与他们先前所持观点有关：尽管他们观看的是候选人之间的同一场辩论，但是双方的支持者都认为自己拥护的候选人"赢了"。每一方都更容易接受己方候选人的观点，而较少关注对方候选人更有说服力的观点，因此这种现象有时也被称为我方偏差（myside bias）。处在对立政治阵营的双方个体，对于他们原本就已经持有坚定看法的观点，即使面对相同的事实和论点，也会发生同样的现象。如果双方都能选择自

己接触的信息来源,那么这种效应将会更加强烈,因为这样一来,他们就更容易忽视那些与自己立场相悖的数据。

随着社交媒体的兴起,确认性偏差对政治观点的影响一直在呈指数级增长。社交媒体通常的设计框架决定了用户更常看到的是他们的朋友发的帖子,而且这些帖子传达出的观点往往与用户原本所持的观点比较相近。这样一来,阅读这些帖子会使每位用户更加坚定他们的既定立场和观点。这就是我们现在已经非常熟悉的回声室(echo chamber)效应或过滤气泡(filter bubble)现象。此外,社交媒体也经常传播不正确的或误导性的信息,即众所周知的假新闻。毫无疑问,在确认性偏差的影响下,只要这些假新闻能够支持自己既定的观点,许多社交媒体用户就不会深究。确认性偏差不仅会影响政治观点,甚至还会影响我们对科学事实的解读。无论是气候变化还是转基因生物,我们往往会不假思索地接受那些证实自己观点的说法。而对于那些对自己的既定信念构成了挑战的说法,人们立即就会去寻找忽视它们的理由。

你可能会认为,这种现象与每个人的智力水平和受教育程度有关,只有那些反应迟钝、心志不坚或者盲从的读者才会掉进这些陷阱。然而,事实并非如此。我方偏差与智力几乎没有任何关系。例如,假设一项研究称某型号的德国车很危险时,78%看到该消息的美国人会认为应该禁止该型汽车在美国上路。但是如果他们看到同样的一项研究,指出在德国"福特探险者"被认为存在安全隐患时,却只有51%的美国人认为德国政府应该采取必要的措施。这就是我方偏差的一个非常明显的例子:对不同国家的偏爱影响了受访者对性质相同的事实的看法。令人不安的是，这个实验的结果并不会随受试者的智力差距而有所改变。最聪明的受试者与智商较低的受试者做出了相同的回答。高智商并不能防止确认性偏差。

很显然，并不是所有人都一样天真或容易轻信。一些研究结果表明，相信最荒谬的假新闻的可能性，与对科学的好奇心或者强大的批判性思维能力等特质呈负相关。但是，无论批判性思维能力如何，人们都更容易相信一个支持自己观点的好故事，而不是一个困扰或挑战自己的故事。

确认性偏差甚至会影响人们认为（并希望）是完全客观的那些判断。例如，伦敦大学学院认知神经科学研究员伊蒂尔·德鲁尔（Itiel Dror）进行的一系列研究表明，因《犯罪现场调查》（Crime Scene Investigation）等电视剧集而出名的法医科学家也会受到确认性偏差的影响。

在最引人注目的一项研究中，德鲁尔向一些指纹鉴定专家展示了几对取自犯罪现场的"待鉴定"指纹和取自指纹数据库的"样本"指纹，并且问他们每对指纹是否匹配。事实上，专家们早在几个月前就已经在日常工作中见过这些指纹了。但是由于无法从每年检查的数百对指纹中识别出这些指纹，他们也就相信它们是新案件中出现的新指纹。德鲁尔在提供指纹"证据"时，同时提供了一些可能会使这些指纹鉴定专家产生偏差的信息，比如"嫌疑人已经认罪了"，或者恰恰相反，"嫌疑人有充分的不在场证明"。在很大一部分"案件"中，指纹鉴定专家根据这些有指向性的信息得出的结论，往往会与他们自己先前对数据的解读自相矛盾。这个实验告诉我们，即便我们能力非凡，而且出于好意，也可能在不知不觉中成为确认性偏差的受害者。

优胜者偏差与经验偏差，我们相信优胜者，优胜者相信经验

要激活确认性偏差，就必须有一个可信的假设，就像德鲁尔在指纹实验中提供的假设一样。为了让假设可信，编故事的人也必须是你信任的人。

不妨以韦恩那个故事为例。你作为那个接到了韦恩电话的销售总监，之所以相信韦恩所讲述的故事，原因之一是你对他非常信任。如果这通电话是业绩最差的销售人员打来的，你可能会把它当作一个业绩落后者的抱怨。当然，相比较而言，我们肯定会更信任某些人。但是，对信息传递者的了解程度会影响信息本身在我们心目中的可信度。而且，我们往往会严重低估一个有着可信来源的故事多么具有说服力。当信息传递者自身的声誉超过了他所传递信息的价值时，当一个项目的推动者比项目本身更受重视时，我们就容易陷入优胜者偏差（champion bias）的陷阱当中。

那么，谁才是让我们最有信心的优胜者呢？是我们自己！当面对着某种需要弄清楚的情况时，人们的脑海中马上会浮现出某

个自己会尝试着去证实的故事，它是人们对类似情况的显而易见的经验。这就是经验偏差（experience bias）。

杰西潘尼百货公司的悲剧故事就是优胜者偏差和经验偏差共同作用的结果。2011年，这家拥有约1 100家百货商店的中间零售商正在寻找一位新的首席执行官，希望给这家日渐老迈的公司注入活力。该公司的董事找到了一位"优胜者"、一位拥有完美简历的"救世主"——罗恩·约翰逊（Ron Johnson）。约翰逊是一位货真价实的零售业大师，他曾经成功地转变了塔吉特百货公司的商品销售模式。但最重要的是，他，当然还有史蒂夫·乔布斯，是创造和发展苹果专卖店的最大功臣。这种全新的销售模式彻底改变了电子零售行业，是零售业史上最令人惊叹的成功案例之一。杰西潘尼百货公司还能找到更好的人来引领公司转型吗？大家都深信约翰逊能够复刻他在苹果公司所取得的辉煌成就。

约翰逊提出了一项从根本上打破传统的战略，并以罕见的力度贯彻实施。本质上，他的灵感来自那些使苹果专卖店大获成功的策略：创新的店面设计，凭借全新的店内体验来吸引新的目标消费者。而且，在把这个战略运用到杰西潘尼百货公司上时，约翰逊表现得比在苹果公司时还要积极，因为他现在要改造一家既有的公司，而不是从零开始创建一家公司。

约翰逊对改造杰西潘尼百货公司投入了极大的热情，但改造后的杰西潘尼百货公司处处透着苹果专卖店的影子。约翰逊意识到，苹果专卖店之所以能够成功，品牌的力量在其中发挥了关键作用。于是，他让杰西潘尼百货公司与一些主要品牌签订了昂贵的独家协议，并开始围绕品牌而不是商品类别重新改装店面。约翰逊记得苹果公司曾经斥巨资为其产品打造了奢华的店内环境，于是他也花重金重新设计杰西潘尼百货公司，并将其更名为jcp。约翰逊还效仿苹果公司，坚决不特卖，采取不打折扣的固定价格策略，打破了公司过去不间断促销和到处发放折扣券的做法，取而代之的是每日低价商品和适度的每月特卖商品。由于担心杰西潘尼百货公司的员工不会积极实施这些变革，约翰逊还裁减了很大一部分管理人员，然后大量任用苹果公司的前管理人员。

令人惊讶的是，这些重大改革措施中的任何一项在全公司范围内实施之前，都没有进行过小规模测试或焦点组测试。为什么会这样？因为据约翰逊本人说，苹果公司不屑于测试，即便如此，也从未阻止它获得巨大的成功。那么真的没有人对这种战略上的彻底颠覆心存疑虑吗？当然有，不过面对质疑，约翰逊这样回应："我不喜欢消极，怀疑会扼杀创新。"

这场战略调整的结果如何呢？如果说是灾难性的，那言辞还是过于保守了。改革之后，杰西潘尼百货公司的老顾客已经完全认不出这家店了，也找不到吸引他们去那里购物的优惠券了。约翰逊试图利用全新的jcp形象让新顾客感到惊艳，但也没能打动他们。2012年年底，杰西潘尼百货公司的销售额下降了25%，虽然为了降低成本裁掉了2万人，但是整个公司年度亏损仍然接近10亿美元，股价更是下跌了55%。

约翰逊掌舵杰西潘尼百货公司的第一年,也是他掌舵的最后一年。在他上任 17 个月后,杰西潘尼百货公司董事会终于结束了这场实验,重新聘用了约翰逊的前任,后者则竭尽全力终止约翰逊的一切举措。

董事会相信优胜者,而优胜者也相信自己的经验。他们都相信一个伟大的故事。有什么商业故事能比救世主的承诺更让人难以抗拒呢?而且他承诺能够再次打破所有规则,重现辉煌成就。一旦相信了这种故事,董事会以及首席执行官本人,就会忽略所有预示该战略将会失败的迹象。相反,无论看待什么问题,他们都能找到理由来证实自己最初的观点。这就是确认性偏差和讲故事的力量潜移默化的影响。

人人皆有确认性偏差,每个人都会犯同样的错误

当然,我们所有人都可能会认为,如果自己是杰西潘尼百货公司董事会成员,肯定不会相信约翰逊的故事。就像在"嗅探"石油的飞机丑闻中埃尔夫阿奎坦公司领导者所犯的错误一样,约翰逊犯的错误看起来非常荒谬。这些人是多么无能与傲慢啊!

也难怪我们会有这样的反应。轮船失事后,我们就会责怪船长。财经媒体一贯将大型企业的失败全部归咎于领导者。在商业书籍中,这类故事随处可见,它们通常都浓墨重彩地描述领导者的性格缺陷:骄傲、个人野心过大、自以为是、固执、听不进去

他人意见，当然还有贪婪。

每一场灾难都可以归结为个人的过失，这样做就会令人心安理得！如此一来，我们就可以一直认为，如果换成自己，就绝不会犯同样的错误。而且，这种心态还会让我们得出这样的结论：这种错误一定是极不寻常的。但很遗憾，这两种结论都是错误的。

我们需要明确一点：这里所说的领导者并不愚蠢。恰恰相反，他们非常聪明！在犯下了这些错误之前，有时候甚至是在犯下了这些错误之后，他们都被公认为是杰出的管理者和领导者，甚至还获得了更高的赞誉，比如说被认为是商业奇才、有远见的战略家、同行的楷模等等。作为纯正法国精英领导体制培养出的人，埃尔夫阿奎坦公司的高管肯定不会被认为是幼稚无知的，高盛或凯鹏华盈的投资专家当然也不可能是愚笨无能之人。至于罗恩·约翰逊，在他离开苹果公司后，有一篇文章将他描述为"谦逊而富有想象力的领导者""智囊型人才""行业的偶像"。另外值得注意的是，当罗恩·约翰逊走马上任的消息宣布后，杰西潘尼百货公司的股价马上飙升了17%，这恰好印证了他良好的声誉。

更加重要的是，这些故事不仅引人入胜，而且它们所揭示的错误并不是特例。正如我们将在下面的章节中讲到的，在各种各样的决策中，错误和非理性并不是例外，而是普遍现象。换句话说，我们之所以在这里选择这几个例子以及下文中将会讲到的那些例子，并不是因为它们的独特性，而是因为它们的普遍性。它们是种种反复出现的错误的原型,这些错误将领导者导引至可预测却不正确的方向。

了解了这些例子的普遍性,你就应该问自己一个简单的问题:这些备受推崇的决策者,领导着久经考验的组织,身边围绕着的都是精挑细选出来的团队成员,怎么会掉进在普通人看来都非常明显的陷阱里去呢?答案很简单,在被某个非常好的故事打动之后,我们对确认性偏差就毫无抵抗力了。正如大家将会看到的,同样的推理也适用于下面的章节中讨论的其他偏差。

只相信事实,不相信故事,但我们所坚信的事实,其实也是个故事

许多企业高管都对讲故事的危险性不屑一顾,因为他们坚信自己拥有强大的判断力。他们认为解药其实很简单:只相信事实,而不要相信故事。"给我事实和数据!"那么他们可能会掉进什么陷阱中去呢?

然而,他们还是会掉进同样的陷阱。即便我们坚信自己所做的决定只基于事实,其实也是在给自己讲故事了。这是因为,我们在思考客观事实之前,不管是有意还是无意,都会找一个故事来赋予事实某种意义。这种危险的最好例证之一就是科学家这一群体的行为。因为该群体无论是从其分析问题所使用的方法上看还是从人群性格上看,都应该执着于弄清楚事情的真相,他们理

应对确认性偏差免疫。

在过去的几十年里,越来越多已经发表的科学研究结果后来都被证明是不可复现的,尤其是在医学和实验心理学领域,这种"可复现性危机"正在变得越来越严重。关于这个主题,被引用最多的一篇文章的标题非常简单明了:为什么大多数发表的研究结果都是错误的(Why Most Published Research Findings Are False)。当然,对这种现象的解释有很多,但是确认性偏差是其中最关键的一个因素。

从理论上说,科学的研究方法应该能够防范确认性偏差的风险。例如,如果我们正在测试一种新药,那么相关实验就不该以证实"它有明确的疗效"这个假设为目标。相反,我们应该检验的是一种零假设,即假设该种新药是没有效果的。当检验结果有足够高的概率证明这个零假设为错误时,那么"该药物有效"这一替代假设才有一定的合理性。只有这样,研究的结论才能令人信服。因此从理论上来说,科学发现的过程是与人类的自然本能相悖的,它会设法推翻最初的假设。

当然,实际情况要复杂得多。一个研究项目需要付出长期的努力,在此期间研究人员需要做出非常多的决策。在界定研究课题、进行实验、确定哪些异常值数据点需要排除在外、选择统计分析的技术、筛选提交发表的研究结果时,研究人员会面临许多方法论上的问题。这些问题或许会有几个可接受的答案,需要研究人员从中做出选择。即便科学研究中不存在造假的可能性,因为这种情况毕竟极少见，这些选择也仍然可能导致出现确认性偏差。即便研究人员拥有良好的意图、具备完全诚信的品格，他们的选择也可能影响研究结果的走向，使之朝着他们自己所期望的假设方向发展。如果这些影响足够微妙，那么在同行评审中，它们就可能会"蒙混过关"。这就是科学期刊最终会发表错误的研究结果的原因之一，从技术层面讲，这些研究没有问题，通过了所有必需的统计性测试，最终却被证明无法被其他研究人员复现。

例如，2014年发表在《心理学、公共政策和法律》(Psychology, Public Policy, and Law)杂志上的一篇文章的作者，不得不在已发表的文章中添加了一张勘误表，解释了统计分析中的一个错误导致他们高估了研究的结果。那么，他们发表的这篇文章的主题是什么呢？它恰恰就是认知偏差，尤其是确认性偏差，对心理健康专家法庭证词的影响！正如作者在勘误中指出的那样，他们的错误"极其讽刺地证明了文章本身的主要观点：认知偏差很容易导致错误，即便是那些对各种偏差非常熟悉，并且积极避免偏差的人也难以幸免"。

这的确是够讽刺的……但是它告诉我们：无论多么努力地想要保持客观，我们对事实和数据的解释总是会受到偏差的影响。在审视任何事实和数据时，我们看到的只是某个自己无意识地试图去证实的故事折射出的扭曲结果。

错觉机器，掉入为你量身定制的故事陷阱

让我们再一次回过头来看一看那两个用飞机"嗅探"石油的故事。确认性偏差和讲故事的力量，有助于解释为什么那么多聪明绝顶、经验丰富的人会把事情弄糟。虽然1975年的那场骗局与2004年的那场白日梦在细节上有所不同，但是两个骗局的主角都是技艺高超的"发明家"，他们都是通过描述量身定制的故事来锁定受害者的。

1975年，法国正遭遇第一次石油危机，而那两个"发明家"向埃尔夫阿奎坦公司和整个法国承诺的，恰恰是一个能彻底实现能源独立的全新愿景。另外，法国当时已经拥有了空中客车系列飞机，还拥有一套世界领先的核技术发展规划，并且正在研制一种新型的高速列车。这个国家仍然对其卓越的技术实力和无与伦比的运气深信不疑。放在当时，人们毫不怀疑法国完全可能创造一种世界上任何其他国家都不曾发明，甚至不敢想象的新型科技，或者说，一种能使整个国家重现昔日辉煌的革命性技术。另外，这两个骗子知道埃尔夫阿奎坦公司的董事长是法国前国防部长，因此他们还提出了将其技术应用于军事领域的可能性：既然它能穿透地面看到油层，那么为什么不能透过海水发现战略潜艇呢？

这些所谓的发明家根本没有相应的工程技术，但是他们非常擅长一件事情，即编造一个能吸引听众的故事。对那些听众来说，在那个时代，在那样的社会背景下，这是一个不可抗拒的诱惑。

正如埃尔夫阿奎坦公司董事长在丑闻暴露后坦承的那样:"每一个人都坚信不疑,因此,那些心存疑虑的人也只好闭口不言。"

当然,这并不能为他或他的同事开脱。调查此案的地方法官在一份措辞严厉的报告中这样写道:"所有这些因素都不应该妨碍相关人员对此保持警惕并进行批判性思考。"报告还继续写道:"他们从来没有试图系统性地质疑那些'发明家'及其流程,相反……(两个骗子的)所有陈述都未经审查或核实就被照单全收了。"埃尔夫阿奎坦公司管理层只是强调了"空中勘探才是最主要的活动……并拒绝执行测试仪器并对其进行全面审查的各种任务。"埃尔夫阿奎坦公司派来的专家只是"负责学习和理解,并未想过应该去系统性地质疑整个流程"。撰写这份报告的地方法官可能从来没有听说过"确认性偏差"这个术语,但是他们的描述概括了它的本质:寻找能够证实最初假设的证据,而忽略了去寻找能够否定最初假设的证据。

在2004年的翻版故事中,骗子们使用的显然是同样的伎俩,只不过根据目标受众的变化而略有调整。这一次,发明者承诺,新的勘探技术将会带来"一场革命",创造出一个"石油和天然气行业的谷歌公司"。这正是21世纪初那些雄心勃勃的投资者梦寐以求的那类故事:能够彻底改变整个行业,最好是能为最大的几个行业带来变革的颠覆性技术。从这个角度来看,每一个弱点都变成了优势,每一盏红灯都变成了绿灯。投资者应该担心奥尔森对石油行业一无所知这个事实吗?他们完全不担心。恰恰相反,每个人都相信突破性的创新从来都不是业内人士做出的,而是具有全新视野的颠覆性创业者做出的！那么，几乎所有专家都对这项技术持高度怀疑的态度，这个事实需要担心吗？也不用担心。Terralliance公司肯定有能力像暴风骤雨般横扫一切，突破这个保守的、死气沉沉的现状！

当你非常想相信某个精彩的故事时，那么一切有疑问的地方也会显得言之成理。Terralliance公司的骗局败露后，一位失望至极的投资者在这次投资中损失了部分财产，他反思道："因为用卫星就能获得那种数据，所以我最初没有被打动。而在会议结束后我却说'该死的，我最好再考虑一下。'简而言之，事情的真相其实与人类历史一样古老，一个魅力非凡的人给你讲了一个令人信服的故事，你就会鼓励自己去相信。"

本章小结

讲故事陷阱

- **讲故事陷阱**是指我们利用一些精挑细选出来的事实构建出一个连贯的故事。但是这个故事还可能有其他版本,而现在的版本有可能并不真实,很可能会让我们误入歧途。

- **确认性偏差**会使我们忽视或低估与我们最初的信念相矛盾的信息,也会影响聪明人和显而易见的"客观"判断。

- 当确认性偏差助长了我们对"优胜者"的信心时,它也会助长**优胜者偏差**。

- 当我们相信自己的经验的重要性时,就会产生**经验偏差**。如果某个故事是我们自己想要听到的,那么它对我们的影响就会变得非常大。

YOU'RE ABOUT TO MAKE A TERRIBLE MISTAKE

第 2 章

决策陷阱 2：
模仿陷阱

只有那些疯狂到认为自己一定能够改变世界的人，才能真正地改变世界。

——苹果公司广告语

第 2 章　决策陷阱 2：模仿陷阱

尽管离世多年，史蒂夫·乔布斯仍然受到很多人的崇敬。目前，市面上有数百种关于乔布斯的书，它们不仅维系着人们对他的崇敬，而且还可以使我们从中了解到这位苹果公司创始人的创新秘诀、设计原则、演讲技巧、领导风格、禅修、鲜为人知的习惯，包括他的着装习惯。

尽管对史蒂夫·乔布斯的这种崇拜就范围而言是独一无二的，但是在企业界，尊崇商业领袖，并将他们视为神一般的存在也并不是什么新鲜事。1981 年至 2001 年，担任美国通用电气公司首席执行官的杰克·韦尔奇（Jack Welch）和投资者的偶像沃伦·巴菲特（Warren E. Buffett）[①] 都是最早拥有狂热追随者的商业领袖。其他商界传奇人物还包括通用汽车公司第 8 任首席执行官阿尔弗雷德·斯隆、微软创始人比尔·盖茨、谷歌创始人之一拉里·佩奇，以及新近的埃隆·马斯克。所有这些魅力非凡的人都

---

① 沃伦·巴菲特的箴言录《跳着踢踏舞去上班》是全球投资界公认的解读巴菲特的必读之书。该书中文简体字版已由湛庐策划、北京联合出版公司出版。——编者注

已经或者正在成为世人的榜样。

对榜样型人物的推崇是可以理解的。对于任何一个管理者来说，将自己的方法与其他领导者的方法进行对比，以此来质疑和提醒自己，也不失为一种良好的习惯。然而，在追寻榜样的过程中，我们常常会犯以下三个错误：首先，把公司的成功视为某一个人的功劳；其次，把这个人的所有行为都看作他取得成功的推动力；最后，急于认定自己应该模仿这个榜样。

归因谬误，巨大的成功皆因为团队中的核心人物

第 1 章已经介绍了我们会如何本能地用故事将意义赋予某件事。还是以苹果公司为例。这家公司的故事我们已经听过不下几百遍了：难以置信的成功，然后经历失败，接着又出人意料地东山再起。整个过程恰恰与英雄故事的叙事结构非常吻合。

在这个故事中，英雄是史蒂夫·乔布斯，但成功是属于苹果公司的。毕竟，它是世界上市值最高的公司之一。虽然毫无疑问，在苹果公司发展史中，乔布斯发挥了决定性的作用，但是公平地说，苹果公司 6 万多名员工[①]也做出了相应的贡献。乔布斯去世后，苹果公司持续亮眼的业绩表现也证实了这一点。即便我们只关注造就苹果公司奇迹的"创造性"方面，也就是不断研发出革命性的新产品，乔布斯也肯定不是唯一一个应该得到赞扬的人。

---

① 统计截至 2011 年，即乔布斯去世的那一年。

那么，为什么苹果公司的故事和乔布斯的故事，会在我们的脑海中合二为一呢？因为我们迫切想听到的是有关英雄的故事。最激动人心的故事当然就是典型的英雄人物故事了。然后我们会把所有的结果都归因于这类人物，从而低估了团队中其他成员的作用，以及环境和竞争对手的影响。当然，我们还忽略了运气的影响，不管是好的还是坏的。

第1章讲述了罗恩·约翰逊在苹果专卖店诞生和发展的过程是如何被塑造成英雄的。事实上，在苹果公司之前，其他一些电脑制造商，比如捷威公司（Gateway），就曾经尝试过建立自己的连锁专卖店了，但是全都以失败告终。对此，一位金融分析师曾这样写道："没有人相信电脑制造商能够成为优秀的电脑零售商。"苹果专卖店的成功证明了这种看法是错误的。在不到10年的时间里，苹果专卖店的收入就达到了90亿美元，并一跃成为整个零售业的灵感来源。

凭借优越的地理位置、独特的店面设计、一流的客户服务和层出不穷的技术创新，比如让顾客不用在收银台前排队，苹果专卖店彻底颠覆了业界的传统观念。尽管也有乔布斯的影响，但这个概念显然是约翰逊的创意。约翰逊因此被誉为零售业的"迈达斯国王"（King Midas）[1]。一位业内专家这样评论道："罗恩·约翰逊真的能够点石成金，在我遇到过的人当中，从来没有人比他更了解零售业。"

---

[1] 传说中，迈达斯国王非常富有，能够点物成金。——编者注

然而，对于这个故事，也会有一种完全不同的解读。若把苹果专卖店的成功全部归功于创新的店面设计，进而归功于设计师，显然过于草率。我们不应该这么快就忘记了另一个相当重要的因素：苹果公司推出了消费史上最成功的三款产品。其实读者只需大致了解一下苹果专卖店的收入增长情况，事情就一清二楚了。2001 年，第一家苹果专卖店开业的时间，恰恰也是当时的革命性创新产品 iPod 上市的时间。2008 年，iPhone 发布后，苹果公司的产品销售额激增了 50%。在接下来的一年里，苹果公司的营业收入与上一年持平，但在 2010 年 iPad 上市后，营业收入又突然从 65 亿美元飙升至 90 亿美元。

换句话说，苹果专卖店的店面设计和销售成功之间，只能说存在着非常微弱的因果关系。那些在苹果专卖店门前整晚排队的顾客，并不是为了欣赏专卖店里的大理石地板或者金色原木装饰，他们去那里是为了买到在别处买不到的新产品。关于这一点，我们不妨进行一个假设思维实验。想象一下，苹果公司雇用了另一个名字也叫罗恩·约翰逊的人。他不那么有创新精神，而且只能构想出一种简朴的苹果专卖店，即与传统的电子产品零售商店相差无几的专卖店，如百思买。这种平淡无奇的苹果专卖店的销量效果会不会不如现在这样的店面呢？似乎有可能。如果从业绩上看，这些苹果专卖店是不是仍然算得上分销史上的成功案例之一呢？考虑到苹果产品优先在苹果专卖店售卖，并且产品供不应求，答案应该完全是肯定的。

这种看法的价值不在于它的独创性，而在于它的显而易见性。一家商店的成功很大程度上要归功于它所销售的商品，这一点早就不是什么全新的见解了。而且公平地说，罗恩·约翰逊自己也完全明白这一点。他之所以要冒着失去杰西潘尼百货公司传统顾客群的风险，也要急切地彻底改造该公司的产品线，原因也是如此。然而，当你在第 1 章读到杰西潘尼百货公司的故事时，你有没有想到这一点呢？你可能认为，约翰逊在杰西潘尼百货公司复制他在苹果专卖店的成功经验是一种极其愚蠢的行为。但是你想过没有，苹果专卖店的成功和他个人的努力之间到底有多大的关系，其实也很难说清楚。

如果你的脑海中从来不曾闪现过这个念头，那也不用难过，因为你绝非唯一一个。媒体人士、股票市场，当然还有杰西潘尼百货公司的董事会成员，他们似乎都不曾怀疑约翰逊在其中扮演了决定性的角色。我们的第一反应是把成功或失败归因于个人，归因于他们的选择和个性，而不是归因于环境。这是很自然的现象，我们甚至都不会注意到这一点。这就是我们在这里犯下的错误：归因谬误（attribution error）。

光环效应，天才做的每一件事都很英明

人们会因为崇拜某个榜样而去研究他的生活、他的决策以及使用的方法，并从中找到意义所在。早在 1920 年，美国心理学家爱德华·李·桑代克（Edward Lee Thorndike）就曾描述过这种错误，并称之为光环效应（halo effect）。一旦对某个人有

了某种印象，我们就会基于第一印象的"光环"去判断那个人的所有其他特征。例如，身材高大的人会被视为更具有领导才能，在其他条件相同的情况下，他们的薪水更高。另一个例子是，选民在一定程度上会依据候选人的外表来评判他们：政治家必须"看起来像个政治家"。从根本上说，我们这样做其实是利用现成的信息，比如身高或外貌，来逃避进行更困难的评估，例如领导力或技能。

管理学教授菲尔·罗森维（Phil Rosenzweig）在《光环效应》（The Halo Effect）一书中指出，这种效应不仅会出现在个人身上，也会出现在公司里。就公司而言，最常见的特征是人们最看重的品牌知名度和财务业绩。因此，我们在生产自己最熟悉的产品的那些公司中寻找榜样也就不足为奇了。看一看，你现在距离最近的苹果产品有多远。我们同样可以预料，人们会从股市表现最出色的那些公司中去寻找灵感。

就股市表现这个层面而言，不仅仅是苹果公司，人们还会把其他公司作为研究和模仿的对象。最好的一个例子是在明星首席执行官杰克·韦尔奇领导下的通用电气公司。1999年，韦尔奇被《财富》杂志评为"世纪经理人"。在任职期间，他为通用电气的股东创造了前所未有的价值：通用电气的股东总回报率大约为5 200%，远远超过标准普尔500指数中其他大型美国公司在同时期所能达到的回报率。同今天的苹果公司一样，这种成功导致了一股模仿通用电气的热潮。诚然，韦尔奇本人似乎也鼓励这种模仿，他鼓励通用电气的经理们在公司内部分享各种"最优做法",以便相互学习。如果"最优做法"可以从这个多元化企业集团的一个部门移植到另一个部门,那么为什么不能应用到其他公司和领域中呢?

但是,这个问题的答案并没有初看上去那么明显。模仿"最优做法"似乎是常识,我们希望通过从外部寻求灵感,来与自满情绪和非我发明综合征(not invented here syndrome)做斗争,因为非我发明综合征会导致公司拒绝接受外来的创意。如果我们选中用来模仿的外部公司的惯例、方法和措施是正确的,那么这样做没有什么大问题。然而很可惜,这些外来的东西通常并不适合本公司。

原因就在于光环效应。在通常情况下,我们会挑选一家成功的公司,然后选择其中一个"最优做法"来模仿。从理论上来讲,这样做确实有助于促进本公司的整体成功。但是关键在于,要想找出苹果公司或者通用电气的那些能够"解释"成功的"最优做法",并不容易。在这些公司做过或者不曾做过的所有事情中,哪些应该被视为创造卓越业绩的秘诀?从《追求卓越》(*In Search of Excellence*)到《基业长青》(*Built to Last*),无数管理类书籍都试图回答这个问题。这些书籍通过研究"最佳运营"或者"最有远见"的公司,竭力将影响结果的各种决定性因素分离出来,当然最好是经理们能够掌控的因素。然而很遗憾,迄今为止,对商业成功的普遍法则的探索一直没有什么结果。

在通用电气所有的管理实践中,最引人注目的当属自20世纪80年代开始在全公司系统推行的强制分级制度。这种考核员工绩效的制度要求每位经理必须将员工分为三类：表现最佳的20%、表现中等的70%以及表现最差的10%。杰克·韦尔奇本人解释称，对于表现最差的那些员工，公司"会给予一次改进的机会，如果他们在一年左右的时间里都没有改进，就会被要求离开公司。这个制度就是这样"。

于是，许多企业都尝试模仿通用电气公司的这种制度。通用电气公司的成功不仅赢得了尊重，而且这种强制分级制度似乎也是无懈可击的。谁会怀疑员工的素质高低是决定公司成败的至关重要的因素呢？谁会不想不断提高公司员工的素质呢？解雇表现最差的员工，自然能够提高员工的平均素质，谁又能否认这一事实呢？

然而，大多数采用强制分级制度的公司很快就不得不放弃了这种做法。采用这种制度的美国公司的比例从2009年的49%降至2011年的14%。许多企业都提到这种制度对团队精神、员工士气和创造力等方面都有很大的负面影响，而且它会助长公司政治和偏袒徇私的习气。就连通用电气本身也已经放弃了这一制度，它现在使用的是一种更加细致的绩效评估方法。很显然，通用电气成功的背后，有着比强制分级制度更多样化、更复杂的原因。

而且，这还不是全部。假设我们可以很明确地辨识出，哪些做法能够解释苹果公司或通用电气的成功，那么仍然还有一项任务需要完成，那就是分清哪些做法是适用于某种特定情况的，哪些不是。

让我们再回过头来思索一下杰西潘尼百货公司的故事。我们看到，罗恩·约翰逊在拒绝对他的新定价策略进行测试时，所引用的依据是，乔布斯就非常厌恶市场研究。同样，许多领导者在推出一项新产品之前也会过度依赖自己的直觉。"因为消费者只会去搜寻他们已经熟悉的那些东西"，这种类型的领导者往往会这样解释。因此，他们认为，任何真正想要创新的人都必须将自己的创意和自信置于大众意见之上。

对于突破性的创新来说，这个推论无疑是有道理的。的确，如果一家公司渴望从根本上改变消费者的行为，那么就有理由怀疑任何市场研究的预测能力，至少那些最传统的市场研究肯定没有这种预测能力。但令人惊讶的是，该论点也经常被用作拒绝测试各种渐近式创新的理由，比如产品线的延伸，或者任何仅仅希望取代现有产品的新产品。每个人都能分辨出，推出第一台 iPad 与推出一种新口味饼干之间存在的差异，但是，能够与一名颠覆性创新者站在同一战线上，似乎更加有诱惑力……

在寻找最优做法时还会出现另一个问题。它会分散公司的注意力，使公司忽视真正可能给他们带来优势的东西，那就是差异化。因为一个好的战略必须是与众不同的，模仿竞争对手的做法可能永远无法催生出好战略。

更具体地说，通常大而化之地归入"最优做法"名下的，其实包括了两类截然不同的做法。一类是作为运营工具的那些"最优做法"，即已经被其他公司实践证明确实有效的一系列方法和措施。在IT、营销、制造、物流和许多其他领域，这些做法明显能够提升运营绩效。但是单凭这些所谓的"最优做法"无法给你带来持久的战略优势，原因很简单：竞争对手也会模仿它们。依靠这些方法来取胜，其实是把战略效果和运营效益混为一谈。这是一种常见且非常危险的错误。

另一类"最优做法"则涉及战略定位。当你研究竞争对手的战略并将它称为"最优做法"时，就已经在无形中做出如下假设：在你所处行业中，只有一种通用的战略能够获胜。因此，只有瞄准相同的客户群体，利用相同的销售渠道，采用相同的定价策略，才能取得成功。航空公司、食品零售商和移动电话运营商通常都遵循了这种战略性模仿的经营模式。但其结果是无差异化竞争，导致消费者只关注价格，从而损害了行业内所有参与者的利益。如果只是简单地模仿别人的战略，不管这些战略对他们来说多么有效，对你注定是死路一条。

榜样或许有用，但是偶像崇拜则肯定不然。有时候我们需要把最优做法留给那些发明它们的人。

幸存者偏差,既然他这么成功,那么我们为什么不能模仿他

如果我们认为自己的榜样是天才,那么在模仿他们的"最优做法"之前一定要三思,这一点特别重要。我们在寻找榜样时,经常会犯的第三个错误就出自这里。当人们说"史蒂夫·乔布斯是一个天才"并得出了"所以我应该模仿他"这个结论时,其实忘记了三段论的第二个前提,即"我自己也是一个天才。"例如,在一级方程式赛车中夺得冠军的车手,当然是一个驾车高手,但是当你自己手握方向盘时,你是做梦也不会想要去模仿他的"最优做法"的。因为你知道,那些"神级操作"绝对不是普通人能做到的!在这个例子中,逻辑谬误是显而易见的,但是在讨论公认的商业奇才的方法时,我们常常会忽略同样的逻辑谬误。

不妨再以毫无争议的投资奇才沃伦·巴菲特为例。半个世纪以来,巴菲特的投资业绩一直非常出色,这曾使他成为全世界排名第三的超级富豪,截至 2020 年,他的净资产超过了 800 亿美元。投资者也确实极有可能去研究巴菲特的投资策略,因为这些策略看起来很简单,而且巴菲特本人已经用一种亲切随和且简明实用的风格将它们总结出来:只进行你能理解的投资;当心会导致泡沫的潮流和时尚;如果持有的股票还有升值潜力,就毫不犹豫地持有 10 年、20 年,甚至 30 年;投资不要过于多样化,等等。伯克希尔-哈撒韦公司数以万计的股东每年都要前往美国内布拉斯加州奥马哈市,聆听这位"奥马哈先知"布道,他们都希望能够吃透巴菲特的投资原则并运用到自己的投资上。

然而，大量证据表明，试图打败市场的尝试注定会以失败告终。在那些前往奥马哈的"朝圣者"当中，真的有人能够取得哪怕接近巴菲特的投资业绩吗？不太可能。事实上，就连巴菲特本人也曾告诫他们，不要尝试着去打败市场。这位智者很怀疑，为个人投资者提供投资建议的理财经理收取的费用其实并不合理，因此建议个人投资者应购买指数基金。与其他领域一样，如果投资领域真的存在天才，那么按照定义，天才本来就应该是极其罕见的。我们普通人不应该试图去模仿天才，因为我们永远无法达到他们的成就。

当然，这个并不是人们想要听到的消息！之所以急于去模仿天才，是因为人们总是高估自己的能力，正如第 4 章将要阐明的那样。再多的推理论证，再多的统计证据，都不可能真正说服我们，让我们相信自己不是一个出类拔萃的人。毕竟，如果史蒂夫·乔布斯、杰克·韦尔奇或沃伦·巴菲特当初听从了这种警告，他们还能够取得如此惊人的成就吗？这些人的存在，以及其他许多伟大人物的存在，难道还不足以证明，只要有足够的天赋和动力，我们就可以取得非凡卓越的成就吗？这难道不是真的吗？苹果的一则广告语已经深深地扎根于人们的脑海中了："只有那些疯狂到认为自己一定能够改变世界的人，才能真正地改变世界。"

当然，如果寻找的只是灵感，那么我们一定可以在这些非凡的人物身上找到灵感。但是如果想从他们身上学到切实可行的经验法则，那么我们就犯了严重的推理错误。

从定义上来说，我们所钦佩的榜样都是一些成功人士。但是在所有"疯狂到认为自己一定能够改变世界"的人当中，绝大多数都没能做到。也正因如此，我们从未听说过他们。我们忘记了自己只关注成功者这一事实。人们只看到了幸存者，根本不会关注那些冒着同样的风险，采取了同样的举措，最后却以失败告终的人。这种逻辑错误就是幸存者偏差（survivorship bias）。人们不应该仅凭一个只有幸存者的样本得出任何结论。但是我们确实这么做了，因为我们能看到的只有幸存者。

对榜样的追随或许会给人很大的激励，但是这种追随也可能会把人引入歧途。请收起自己的抱负，向与我们相似的人学习，向那些成就不那么耀眼的决策者学习，而不是向全世界都在努力模仿的极少数偶像学习。只有这样，我们才能真正受益。

不妨再进一步思考一下，我们为什么不去研究那些"最差做法"呢？毕竟，所有人都认同：从错误中学到的东西要比从成功中学到的东西更多。通过研究那些倒闭的公司，我们的收获可能比只关注那些成功的公司更大。从它们的错误中学习，可能是避免重蹈他人覆辙的最好方法。

模仿陷阱

- **归因谬误**导致人们把成功或失败归因于某个个体,并且低估了环境和机会所起的作用。
- **光环效应**诱使人们仅凭某个人的极少数显著特征就形成了对他的整体印象。
- **幸存者偏差**让我们只关注成功案例而忽略失败案例,并因此认为成功源于冒险。

YOU'RE ABOUT TO MAKE A TERRIBLE

MISTAKE

第 3 章

**决策陷阱 3：
直觉陷阱**

不要盲目相信任何人,即便是你自己也不例外。

——司汤达

第 3 章　决策陷阱 3：直觉陷阱

1994年，桂格燕麦公司（简称桂格公司）还是一家蓬勃发展的独立企业，它以高于所有其他潜在竞争对手的价格收购了茶饮料品牌斯奈普（Snapple），成交价高达17亿美元。桂格公司首席执行官威廉·史密斯伯格（William Smithburg）确信，收购价格虽然很高，但是仍然在合理范围之内，因为收购将会带来巨大的协同效应。在此次收购的10年前，史密斯伯格曾主导收购了佳得乐，并将其打造成了一个超级品牌。他坚信，这一次桂格公司还是会利用其营销力量，使斯奈普也走上与佳得乐一样的辉煌成功之路。

然而事实证明，这次收购是一场不折不扣的大灾难。3年后，桂格公司就不得不将斯奈普转手售出，而价格还不到收购价的1/5。这个错误最终让史密斯伯格丢掉了首席执行官的职位，也让桂格公司失去了自己的独立性，最终于2000年被百事公司收购。在投资银行家圈内，"斯奈普"已经成为重大战略错误的一个代名词。然而，作为业内经验最丰富、最受尊敬的经理人之一，史密斯伯格在收购斯奈普时对自己的直觉是充满信心的。

无论把直觉称为第六感、商业本能，还是眼光，大多数高管都会毫不犹豫地承认，他们就是依靠直觉做出战略决策的。这真是太荒谬了。当今这个理性至上的世界居然会推崇直觉能力以及拥有这种能力的人。无论是登顶成功的登山家，还是坐在树底下的发明家，关于他们的无数老掉牙的故事宣扬的都是天赋的直觉和灵感，而不是勤学和苦练。阅读成功的企业家、杰出的首席执行官或伟大的政治领袖的故事时，我们也会发现对他们的远见和直觉的颂扬，远远多于对他们的理性或自律的推崇。

当然，在现实世界中，直觉在人们做出决策时确实起到了一定的作用，而且往往会起到非常重要的作用。但是我们必须学会驾驭并引导直觉。我们需要知道什么时候它会帮助我们，什么时候会使我们误入歧途。而且很遗憾，我们还应该承认，在战略决策方面，直觉并不是一个很好的向导。

关于直觉的两种观点，启发式和偏差与自然决策

在研究直觉方面最重要的学者可能是心理学家加里·克莱因（Gary Klein），后来他被称为"自然决策"研究方法的先驱。自然决策研究者关注的是，在现实世界中，专业人士是如何做出决策的。他们观察军事指挥官、警察、国际象棋大师和新生儿重症监护病房的护士，研究他们的决策过程。很显然，这些决策者没有采用标准的"理性"决策模型来进行决策。他们没有时间先细致地分析情况，确定各种可能选项并对照既定的标准权衡利弊，

最后再选出最好的行动方案。那么，到底是什么指引着他们的决策呢？是直觉。

克莱因在他的一本书中讲述了一位消防队队长的故事。在一个火灾现场，这位队长不知怎的忽然就感觉房子马上就要塌了，于是他命令所有人急速撤离。几秒钟后，房子的地板果然塌了。当人们问他当时到底如何做出这个明智的决定时，这位队长也无法解释，他甚至怀疑自己是否存在某种超感官的知觉。

事发当时，这位队长想的是什么呢？他那拯救了很多生命的直觉从何而来？当然，克莱因并不相信这位队长所做的超自然的解释。直觉并不是什么神奇的东西。

很早以前，拿破仑就曾经这样写道："在战场上，灵感通常只不过是记忆。"今天，大多数研究人员都认同这一观点。持这种观点的人认为，直觉就是人们快速识别出自己以前经历过并记住的情况或场景的能力，即便从中得到的经验教训从未被有意识地总结或表述过，也不影响直觉的产生。克莱因将这种机制称为识别启动决策模型（recognition-primed decision model）。

这位队长的故事就是一个完美的例证。他一进入那幢房子，就接收到了一些客观的信号。尤其是他注意到房子里的温度很高，但听不见任何声音。任何一名消防队员都知道，火灾通常伴随着巨大的声响。这位队长一开始判断是厨房着火并燃烧了起来，但如果是这样的话，他就应该会听到从厨房里传来的响声。相反，如果厨房里的火势小到他根本听不见任何声音，那么房子里的温度就不会那么高。这位队长所感知到的信号与他想象中的场景不一致。后来发生的事情解释了这些矛盾的信号：这场火灾并不是从厨房里烧起来的小火，而是从地下室烧起来的熊熊大火。大火很快就吞噬了消防队队长和他的队员所站的那一层地板。

队长的决定是基于对已知情况的识别，或者更准确地说，是由于对当时情况的"无法识别"，因为他所感知到的信号与他最初的假设并不一致。多亏了经验，队长发现了这种不一致。他不假思索地立刻得出了结论：这不是普通的厨房着火。

这种利用经验迅速识别微弱信号的能力，使得许多领域的专业人士能够在瞬息之间做出关键决策。畅销书作者马尔科姆·格拉德韦尔（Malcolm Gladwell）的《眨眼之间》（*Blink*）就专门探讨了这个问题。这本书的主要观点是：只要听从自己的直觉，我们都有能力凭借直觉的力量做出明智的决策。

这是一个多么令人开心的论点啊！所有人都愿意相信自己的直觉的力量。像那位消防队队长这样的英雄就是一个绝佳的典范，他们比那些有条不紊、吹毛求疵的管理者更能鼓舞人心。如果这些必须时刻冒着生命危险的伟大消防英雄都相信自己的直觉，那么我们普通人为什么不能呢？

但实际情况要复杂得多，而且为了说清楚为什么我们不能完全相信自己的直觉，我们还得先把加里·克莱因及其同事的自然决策研究放一放。就在自然决策学派的研究者通过观察极端情况来构建自己的理论的同一个时期，另一个思想流派也在发展壮大，那就是认知心理学中的一个传统分支"启发式和偏差"学派。不过，后者的研究更专注于实验室实验，他们对于决策的研究得出了一些截然相反的结论。

在1969年的一项开创性实验中，启发式和偏差学派的创始人丹尼尔·卡尼曼及其研究伙伴阿莫斯·特沃斯基（Amos Tversky）[1]以经验丰富的统计学家为研究对象。他们分配给统计学家的任务似乎很简单：确定一项研究所需的最优样本量。这个问题虽然完全是技术层面上的，但是影响也相当大：样本量太大会产生不必要的费用，样本量太小则可能无法得出结论。当然，统计学家知道他们应该使用什么公式来确定最佳样本量。但是，由于专家们已经使用过这些公式不下几十次了，他们倾向于跳过计算过程，而直接根据自己在类似研究中的经验做出粗略的估计。经验不就是这么一回事吗？就像消防员一样，我们认为统计学家应该能够得到正确的答案，只是解答速度可能更快一点。

然而实验结果表明，这些统计学家给出的答案并不正确。卡尼曼和特沃斯基发现，这些经验丰富的统计学家所建议的样本量极不合适。由于相信自己的判断，他们高估了自身经验的重要性，

---

[1] 阿莫斯·特沃斯基的新书《特沃斯基精要》包含了特沃斯基一生最重要的研究，比如理性角色、偏好、启发式和偏差、不确定性等。该书中文简体字版已由湛庐策划，即将出版。——编者注

也高估了自己根据经验做出准确预估的能力。他们全凭自信进行估计。针对其他领域的专家进行的许多后续研究也得出了类似的结论。这些启发式和偏差学派的研究人员为我们划出了重点，即在直觉这个问题上，我们应该对那些过于相信直觉的自负的专家保持警觉。

可以相信直觉的两个条件，高效度环境和快速且明确的长期练习与反馈

自然决策学派和启发式和偏差学派的观点之间似乎存在着不可调和的差异。到了2009年，这两个流派的领军人物加里·克莱因和丹尼尔·卡尼曼却决定将他们的理论分歧放在一边，联手研究直觉在决策中所起的作用，这可谓是"对抗性合作"的一个不同寻常的范例。他们一致认为，关键的问题不在于两派研究者究竟谁对谁错，而在于"什么时候"某派的结论才是正确的。令人惊讶的是，一旦从这个角度去重新构建研究问题，这两位心理学家最终达成了共识。他们联名发表的一篇文章的副标题说明了一切：分歧的失败。

那么，我们什么时候才能相信自己的直觉呢？卡尼曼和克莱因都认为，要相信直觉，必须满足以下两个条件。首先，我们必须确定自己处在一个高效度（high validity）环境中。所谓高效度环境，是指在这样的环境中，同样的原因通常会产生同样的结果。其次，我们必须通过"快速且明确的长期练习与反馈"，以

便"有足够的机会用于学习环境"。换句话说，因为直觉只是对我们之前经历过的情况的识别，所以当我们能够识别出这些情况并且真正学会针对它们应该做出的正确反应时，就应该相信直觉了。

有了这两个标准作为基础，我们就可以更好地理解以下事实：关于专业知识在不同环境下的价值，各种不同的研究得出的结果明显是相互矛盾的。我们知道，消防队员或者重症监护病房的护士都是在相对高效度的环境中工作的。对此许多人也许会觉得有些惊讶，但是"高效度"一词并不意味着这些环境没有不确定性或者风险，而只是表示这种环境能够提供关于特定情况的明确有效的线索。观察着火的建筑物或重症监护病房中的病人，给他们提供了可靠信息，让他们能够预测将会发生的事情。消防队员和护士已经观察这些事物很多年了，也非常清楚在火灾发生或病情急速恶化后会发生什么，他们从中吸取了很多经验教训，也许比他们自己意识到的还要多。同样的情况也适用于试飞员、国际象棋棋手，甚至会计师：他们都是在常规性的环境中工作的，这种环境能够对大多数决策的品质提供快速且明确的反馈，因此学习是完全可能的。

这些任务与精神病学专家、法官或股市投资者要面对的任务形成了鲜明对比。在这些领域中工作的"专家"，可能也都认为可以相信自己的直觉。但是他们所处的环境相当复杂，基本上是不可预测的。在这种环境下，反馈即便真的有，也是模糊不清和延迟的。因此，他们不可能获得真正意义上的"专业知识"。

关于在什么环境下无法提升专业技能，也许最极端的例子是预测政治、战略和经济事件。心理学家菲利普·E. 泰特洛克（Philip E. Tetlock）收集了近300位专家在20年间对政治和经济趋势做出的82 361个预测。然后，他对每一个预测进行了评估：当某位权威专家预测经济会衰退时，经济真的衰退了吗？当一个政治评论员预测某位候选人将在选举中取得压倒性胜利时，这种情况真的发生了吗？泰特洛克最后得出的结论是，这些专家的预测并不比他们随便给出的答案准确性更高，甚至比不上业余人士的判断。在这些效度非常低的领域里，专家们的直觉不值一提。

这样一来，有现实操作意义的问题就变成了：我们的决策到底是属于哪一类的？在做出商业决策时，我们是应该像消防员和棋手那样依靠直觉，还是应该像精神病学专家和股票交易员那样对直觉唯恐避之而不及？

很遗憾，关于这个问题，并不存在一成不变的硬性规则。我们在做出每一项决策时，都必须很好地对照卡尼曼和克莱因提出的那两个标准。并不存在通用的直觉这种东西。在某些情况下，直觉确实对管理决策有用，但是这个结论只有在我们遇到足够多的类似情况，已经形成真正的专业技能时才成立。然而在现实生活中，这种情况并不常见。

例如，我们该怎样做才能做出合理的招聘决策呢？在挑选候选人时，你的直觉能提供什么有价值的东西吗？如果你为同一类型的职位招聘过许多候选人，而且又能够知悉你的招聘决策的结果，那么你的直觉或许有帮助。如果某位人力资源经理在过去的几年里已经为同样的初级职位招聘过数百名员工，并且追踪过这些受聘员工随后的工作表现，那么他可能已经培养出了良好的直觉判断能力。但这种情况只是例外，而不是常态。许多面试官都不是专职做招聘工作的专业人士，而只是招聘几个未来同事的经理。即便是专门做人力资源工作的专业人士，也不太可能反复招聘同一职位的人，因此他们很难获得能够相信自己直觉所必需的经验。此外，很少有组织会大费周章地系统性追踪过去做出的雇用和不雇用决策的品质。

因此，在大多数招聘决策中，卡尼曼和克莱因提出的条件无法得到满足，所以直觉将会是一个不可靠的向导。数十年来，关于人才选拔的实证研究有力地证实了这一点。在传统的非结构化招聘面试中，面试官会对应聘者形成一个整体的直观印象，但是在预测应聘者日后能否顺利成长方面的表现非常差。在许多情况下，简单的测试会给出更好的结果。

然而，我们仍然非常相信直觉的价值：我们坚信，在一个简短的面试过程中，自己能够评估出候选人的技能、优势、劣势、动机，以及是否适合本公司的文化。在求职的时候，如果一家公司没有经过面试就录用了某个人，那么这个人会很震惊。这就是绝大多数组织仍然选择非结构化面试，并在很大程度上根据面试官的直觉来做出招聘决定的原因。有三位顶尖的研究人员已经观察到，这种人才选拔工具"有效性低得令人尴尬"，他们认为，只能把这种不断出现的普遍现象描述为一种"虚幻的坚持"。

根据直觉做决策的另一个常见例子是，消费品和奢侈品公司推出新产品的决策。很多公司的高管都为自己拥有所属领域中无可替代的专业知识而感到自豪。正如其中一家公司总裁所说："我在评估某个产品是否配得上我们的品牌时，我的脑海里会浮现上千种产品发布案例。谁做出的决策能比我的决策更好呢？"的确，就以这位领导者为例，直觉所依赖的专业知识条件都得到了满足。在一款新产品成功与否可以立即得到验证的这类行业里，这位总裁在同一家公司累积的丰富经验是珍贵无比的。如果他对计划推出的新产品的判断，包括他的审美判断，经常是正确的，这不仅仅是因为如他自己所说的那样，他拥有"很好的品位"，而且是因为他通过数十年的努力工作，获得了足以形成直觉的专业知识，能够在相对高效度的环境下判断什么是可行的，什么是行不通的。

因此，让这位总裁成为所有产品上市决策的最终裁决者是非常合理的……直到他被一位更年轻的主管取代。这位新来者也非常出色，其行业经验却没有前任丰富，因此他的直觉就没那么可靠了。很不幸，他同前任一样，十分看重自己的直觉。

这些例子表明，问题不在于招聘和推出新产品是否属于直觉能发挥作用的决策领域；问题在于，根据决策者的经验，他的直觉是否适合做眼前的具体决策。经验丰富的高管往往认为自己的直觉弥足珍贵，而且他们往往是对的。但是只有睿智的人才能够知道什么时候该相信直觉，什么时候该摒弃直觉。

例如，一位经验非常丰富的交易老手这样描述他的直觉在各种谈判情境中的价值：他拥有丰富的谈判经验，因此他能够"摸清"对方的底细，感知到对手的疲劳或软弱，并且能够准确地察觉到自己应该何时乘胜追击，以及何时应该做出战术性的撤退。不过，尽管他依靠直觉来处理谈判中的各种"人性因素"，但是在对交易本身做出决策时，他小心翼翼地避免利用直觉。我们应该竞标这项资产吗？我们的最高价格应该是多少？必须满足的基本条件是什么？这些问题都不应该依靠直觉来回答。即便是对一个已经做过了几十笔交易的人来说，要判断是什么因素促成了交易的成功或失败也不是一件容易的事。"直觉发挥作用需要专业能力"这一条件并没有得到满足。交易谈判确实可以受益于直觉，然而决定应该促成哪些交易则不能依靠直觉。

说到这里，我们回过头再来看看威廉·史密斯伯格收购斯奈普的案例。史密斯伯格的直觉源自他的单一经验，即他曾经成功地收购了佳得乐。人们很容易将这样一次收购视为一个很容易复制的成功案例。但是，直觉让人忽略了外部观察者从分析中看到的信息：与收购佳得乐时的情况不同，斯奈普的市场份额在那个时候其实已经开始流失了，而且它的分销模式与桂格的分销模式完全不同，因此很难整合。茶饮料的生产方法也与桂格所熟悉的生产方法不同。斯奈普的品牌定位是源于自然但又有其他特点的产品，这种定位对桂格这样的公司来说是很难维持的。对于一个外部观察者来说，所有这些都表明，斯奈普与佳得乐之间存在着非常显著的差异。但是史密斯伯格对自己的直觉充满了信心，导致他只看到了两者的相似之处。

直觉是战略决策的坏导向，战略决策中的直觉无法培养

这个故事的寓意远远超出了史密斯伯格的案例本身。让我们回顾一下卡尼曼和克莱因提出的用来判断决策者的直觉是否具有相关性的两个标准：一是决策者必须处于高效度的环境中；二是经过了快速且明确的长期练习与反馈。当史密斯伯格决定收购斯奈普时，这两个条件都得到满足了吗？或者，一般来说，在需要做出任何一个战略决策时，这两个条件都能够得到满足吗？

战略决策的显著特征之一是相对罕见性。因此，一个需要做出某个战略决策的高管，过去几乎不可能做过许多相同类型的战略决策。当你开始进行彻底的组织重组，推出一项突破性的创新，或者试图进行一次改变公司发展方向的收购时，面对的往往是以前从未做过的战略决策。有时候，就像史密斯伯格和佳得乐的案例一样，只做过那么一次，因此很容易高估有限经验的重要性。

战略决策的另一个基本特征是，它们都以塑造公司整体的长期发展轨迹为目标。这就使得战略决策的后果一时半刻很难解析透彻。你所看到的结果，不仅仅是战略决策的影响所致，它们还与无数其他因素的影响结合在了一起，比如经济衰退和复苏、新的市场趋势、不可预见的竞争行动、不断变化的环境等等。除了一些无可争议的成功或严重的错误之外，对你过去做出的战略决策的反馈很少是快速且明确的。换句话说，即便你拥有战略决策的经验，这种经验也会阻碍你进行真正意义上的学习。

真实世界中的战略决策，不仅不符合卡尼曼和克莱因提出的可以依赖直觉的条件，而且恰恰与之相反。战略决策发生在一个低效度的环境中，在这个环境中，决策者的实践经验是有限的，决策的反馈是迟缓的，而且很不明确。如果我们要在教科书中寻找说明专家性直觉无法培养的例子，战略决策就是再好不过的了。

然而，大多数高管在做出战略决策时，都非常相信自己的"第六感"。对于我们中的许多人来说，尤其是对于那些曾经取得过成功的人，对主观信念的执着就主导了决策："如果有一丝一毫的怀疑，我就会按兵不动，但是如果有十足的把握，我就会勇往直前。"

在这样做时，我们忘记了那些被直觉误导的首席执行官、统计学家和股票交易员，他们也都对自己的直觉充满信心。而且，一般来说，我们总是过于相信自己的判断，这也是第4章要讨论的主题。

直觉陷阱

- **自然决策**学派的研究者强调直觉在真实世界中——通常是在一些极端的情况下的价值。
- **启发式和偏差**学派的研究者是通过实验室实验来研究决策的,他们通常认为直觉将会把人们引入歧途。
- 卡尼曼和克莱因两人的合作化解了自然决策学派和启发式和偏差学派之间的分歧,并且确定了要相信直觉必须满足的两个必要条件:高效度(可预测的)环境;快速且明确的长期练习与反馈。
- "我应该相信自己的直觉吗?"这是一个依具体决策而定的问题。答案取决于"高效度"和"快速且明确的长期练习与反馈"这两个条件是否得到了满足,而不是取决于我们对自己的直觉有多少信心。
- 通常情况下,决策的战略性越高,直觉的帮助就越小:战略决策很少见,而且是在效度很低的环境中做出的,反馈也模糊不清。

YOU'RE ABOUT TO MAKE A TERRIBLE
MISTAKE

第 4 章

**决策陷阱 4：
过度自信陷阱**

我们对泰坦尼克号有绝对的信心。
我们相信,这是一艘永不沉没的船。

——菲利普·富兰克林(Philip A. S. Franklin)
英国白星航运公司母公司国际商业海运公司副总裁

第 4 章 决策陷阱 4：过度自信陷阱

在刚刚进入 21 世纪的那几年，录像带及 DVD 影碟出租还是美国一个市场规模庞大且有钱可赚的行业。当时，这个行业有各种各样的从业者，无论是位于街角的夫妻店，还是地区性连锁店，都有一席之地。但是，这个市场当时有一个超级从业者——百视达公司（Blockbuster）。这是一家由约翰·安提奥科（John Antioco）领导的连锁机构，旗下拥有 9 100 多家门店，年收入约为 30 亿美元。

与此同时，一家成立于 1997 年的初创企业羽翼渐丰，而且开始以一种完全不同的商业模式参与了竞争。这家公司规定顾客只要缴纳一笔固定月费，就可以在公司的网站上在线创建一个 DVD 影碟"队列"，然后公司就会免费将影碟邮寄到他们家中。顾客将看完后的影碟寄回公司后，就会自动收到队列中的下一张影碟。尽管这种运营模式并没有太多高科技含量，但确实满足了消费者的需求：由于影片库是集中管理的，所以顾客租不到想看的影碟的情况不会经常发生，而且公司也能够提出更加符合顾客个人偏好的影片建议。不过，最重要的是，虽然这家影碟租赁店会严厉惩罚逾期归还的顾客，但是按月收费的模式就像一种全包式的电话套餐，自然而然保证了顾客不需要面对额外收费的风险。因此到了 2000 年年初，这家初创公司就已经有了 30 多万名订阅客户。读者应该不难猜出这家公司的名字，没错，它就是奈飞公司①。

就在互联网泡沫破灭的那年春天，当时奈飞公司还没有实现盈利，因此它急需融资。公司首席执行官里德·黑斯廷斯（Reed Hastings）带着关系最密切的几个同事，一起到百视达公司拜访约翰·安提奥科。他们向安提奥科提出了一个简单明了的提议：百视达收购奈飞 49% 的股份，将它改组为自己的互联网部门，并更名为 Blockbuster.com；同时，百视达公司的各个门店也可以出售奈飞的包月订阅服务。如果这个提议成为现实，将会打造出一个无缝对接的"虚实结合"的公司，而这正是今天许多零售商仍然在努力实现的目标。当时，黑斯廷斯给他的公司开价 5 000 万美元。

面对这个提议，安提奥科及其团队是如何回应的呢？"他们一笑置之，然后就把我们请出了办公室。"奈飞的几位领导者后来这样回忆道。对于安提奥科来说，奈飞根本不构成任何威胁。诚然，这家初创公司已经在网络上开发出了一个小规模的顾客

---

① 2009 年，奈飞公司发布了一份介绍企业文化的文件，累计下载量超过 1 500 万份。《奈飞文化手册》便是奈飞前首席人力资源官帕蒂·麦考德（Patty McCord）对这份文件的深度解读。该书中文简体字版已由湛庐策划、浙江教育出版社出版。——编者注

群。但那还是一个拨号上网的时代，离宽带连接成为标准网络配置还有很长的一段时间，在线观影对大多数人来说仍然是不可想象的。此外，安提奥科可能认为，如果百视达想要效仿奈飞的包月订阅模式，完全靠自己来完成就可以了。

现在，我们都知道这个故事的结局了。2002年，即奈飞上市的那一年，奈飞的包月订阅用户就达到了100万，2006年达到了560万。至于它的运营模式，则仍然保持了低技术含量的邮寄租赁模式。直到后来，流媒体的兴起才真正使它爆炸式地成长起来。2020年初，奈飞已经拥有了1.67亿订阅用户。它的市值超过了1 500亿美元，是它刚上市时价格的数百倍，也是安提奥科当时需要支付的金额的3 000倍。

至于百视达，它在2004年确实也曾经尝试过推出自己的订阅服务。然而规模太小，为时也太晚了。2010年，百视达公司申请破产。大卫打败了歌利亚。

当然，要批评百视达很容易。有人说，安提奥科太缺乏远见；也有人说，百视达坏就坏在未能改变自己的商业模式。但是，百视达并非孤例。初创企业颠覆整个行业，令行业内原有企业无法维持生存的例子不一而足。关键是，为什么"歌利亚"们会如此严重地高估自己的力量，同时低估"大卫"们的能力呢？如果不是这样，安提奥科也许会接受黑斯廷斯提出的条件。至少，安提奥科可以利用宽带互联网普及之前那几年的时间窗口进入在线订阅领域。诚然，即便他真的这样做了，也不能保证百视达能够在技术变革的动荡期继续保持领先,但整个故事肯定会有所不同。

过度自信,我绝对不会犯这样的错误

你还记得你读到本书第 1 章用飞机"嗅探"石油的故事时的感想吗?如果你与大多数人一样,那么读到奈飞的故事时,你的第一反应可能会与读到飞机探油故事时的感觉非常类似。"百视达的领导者只是考虑不周,"许多人都会郑重其事地宣称,"如果换成是我们,绝对不会犯这样的错误。"

我们有理由相信,这种反应恰恰反映了我们自己的过度自信。颇具讽刺意味的是,这种错误与约翰·安提奥科低估里德·黑斯廷斯时所犯的错误是一样的。①

一般而言,我们会认为自己明显地比别人高明,这种过度自信有时也被称为过高定位(over-placement)。简单来说,所谓过度自信,就是指在涉及各种各样的重要特质时,我们会认为自己比大多数人要强。

例如,88% 的美国人认为,他们开车时的安全性比 50% 的司机同行更高,有 60% 的美国人甚至声称自己是位居前 20% 的

---

① 这种反应也表明,我们倾向于根据事后得到的信息判断过去的决策。这就是"后见之明偏差",我们将在第 6 章对此进行讨论。

优秀司机。同样，大约有95%的MBA学生认为自己在班级里的排名是前50%，即便在自己能够定期收到成绩通知单，可以与同班同学进行比较时，他们的感觉也是如此。教授们也会受到同样偏差的影响，例如一位顽皮的学者曾问同事，他们是否认为自己属于前50%的教授。然后，他发现94%的教授认为自己肯定是。如果你自问一下，自己的工作表现与大多数同事相比孰优孰劣，那么很有可能你会认为自己肯定在中等水平之上。看完这些数据，对于大多数人都认为自己比百视达公司的领导者更优秀这种现象，你也许就不会觉得惊奇了。

乐观预测与计划谬误，对未来过度自信的两种表现

除了对自己能力过度自信外，人们通常也会对未来过于自信。这种过度乐观有以下几种表现形式。

第一种形式是最简单的：对于实际上无法控制的未来事件，人们往往会在理论上给出非常乐观的"客观"预测。经济预测就是典型的例子。一项针对33个国家的研究表明，官方所做的经济增长预测一般都过于乐观，而且如三年期这样的中期预测的过度乐观程度比短期预测更甚。

过度乐观的第二种形式通常被称为计划谬误（planning fallacy），尤其表现在，人们对完成某个项目所需时间和经费的预估经常过度乐观。大部分装修过房子的人都知道这个问题。如

果换成更大规模的项目之后,这个问题就可能会变得极其严重。悉尼歌剧院始建于1958年,最初预计的造价是700万澳元。但结果这项工程最终耗资高达1.02亿美元,而且用了整整16年。事实上,类似的例子不胜枚举。引人瞩目的洛杉矶盖蒂中心于1998年才开始投入使用,比原计划晚了10年,耗资高达13亿美元,几乎是最初预算的4倍。位于法国弗拉芒维尔的新一代核电站本应在2012年竣工,预算为35亿欧元。结果截至目前,计划投产时间推迟到了2024年,而预计耗资则追加为124亿欧元。芬兰的奥尔基洛托(Olkiluoto)和英国的欣克利角(Hinkley Point)这两座采用同样技术的核电站预计也会出现类似甚至更严重的延误和超支。一项全球性研究考察了258个交通基础设施项目,其中涵盖了铁路、隧道和桥梁,其结果表明,其中86%的项目都超出了最初预算。当然,航空航天和国防项目也往往因天文数字般的超支而臭名昭著,比如F-35联合攻击战斗机项目,其最终成本按计划将超过初始成本数百亿美元,甚至有望达到数千亿美元。

也许你对这些例子并不感到特别惊讶。事实上,对于公共资助项目的成本失控,大家几乎已经见怪不怪了。即便不是顽固的愤世嫉俗者,我们自己心里也已经准备好了一个解释:那些投标的公司为了赢得合同,肯定做出了过度承诺,他们或许料定了以后能够重新谈判。同样,由于收购方公司还必须说服己方利益相关者同意签署协议,因此也倾向于将成本和风险强压到最低。牛津大学的研究者本特·弗莱夫布耶格(Bent Flyvbjerg)收集整理了关于各种大型项目的大部分统计数据,他的发现证实,这种

"马基雅维利式"解释本身就是问题的一部分,"错误不是造成低估的理由,最好的解释似乎是策略性的虚假陈述,换句话说,就是撒谎"。

然而,计划谬误导致项目的倡导者低估所需时间和成本,这种问题并不仅限于公共资助的项目。完全由私人投资的项目也会出现延期和超支的问题,甚至即便是个人也很难避免计划谬误:必须按期完成论文的学生,或者承诺在某一日期前交稿的作者,几乎总是会低估所需花费的时间。

这就表明,除了"策略性"原因或"马基雅维利式"解释之外,计划谬误的存在还有许多其他原因。我们在制订计划时,不一定想到可能导致失败的所有原因。我们忽略了这样一个事实:成功需要许多有利条件的配合,而一个小差错就可能会使一切偏离轨道。最重要的是,我们往往只专注于从"内部视角"看待计划;也就是说,很少去考虑过去发生过的类似项目,问问自己这些项目预期的时间进度和预算是多少,它们是否也出现过延期和超支问题。第 15 章将会回过头来讨论如何使用"外部视角"来化解计划谬误。

即使很悲观,也会过度精确地表达预测

过度自信的第三种表现形式,与前面讨论的那两种截然不同:表达预测时过度精确,无论预测是否乐观。因此,即便预测

是悲观的，我们仍然可能会高估自己预测未来的能力。

当然，任何预测都有其不确定性。这就是为什么仅仅做出预测是不够的，我们还必须知道自己可以对这些预测寄予多大的信心，也就是置信水平。当进行定量预测时，这一点尤其重要。原则上，一个很好的做法是使用置信区间（confidence interval）。例如，如果我们希望对自己的预测有 90% 的信心，那么我们将会选择将预测确定为一个范围而不是一个点。选择这个范围是因为我们有 90% 的把握认定真正的结果将会落在其中。

这正是经典的"过度精确测试"实验中要求受试者做的事情。这项测试最初由马克·阿尔珀特（Marc Alpert）和霍华德·莱法（Howard Raiffa）设计，后来在 J. 爱德华·拉索（J. Edward Russo）和保罗·舒梅克（Paul Schoemaker）的努力之下得到了广泛采用。受试者需要回答 10 个常识性问题。如果充当受试者的是管理人员，那么他们需要回答的问题可能与他们的业务活动有关。不过，如果受试者是普通民众，那么他们需要回答的将是这样一些问题：估计尼罗河的长度、莫扎特的出生年份，或者非洲象的妊娠期。对于每个问题，受试者在回答时都必须指定一个区间，这个区间的范围要足够大，大到足以保证他们有九成把握认定其中含有正确答案。例如，你可能有九成把握认定莫扎特生于 1700 年到 1750 年之间。

可惜这个答案是错的：小沃尔夫冈生于 1756 年。不过无须沮丧，错的人不止你一个。几乎所有参加这个实验的人所选择的置信区间都太窄了。在接受拉索和舒梅克组织测试的 2 000 多人中，多达 99% 的人都是如此。如果能很好地判断自己估计的准确性，那么我们在 10 个题目中应该可以答对 9 题，至少也能答对 8 题。[①] 但是平均来说，在各个版本的测试中，受试者一般都只能答对 3～6 题。因此，我们所说的有九成把握的事情，其中至少有一半是错的。

值得指出的是，在这个实验情境中，研究人员并没有对受试者设定任何限制，并没有禁止答题者选择一个非常大的区间。回答莫扎特出生于 1600 年至 1850 年的受试者不会受到任何惩罚，这个答案我们有九成把握是对的，甚至可以有更高的置信水平。然而，在现实世界中，如果给出了这么大一个区间，预测者会立即声名扫地。企业可能会承认，商业环境充满着不确定性和波动性，但是很少有企业愿意奖励能够坦承自己的预测存在不确定性的高管。结果，大多数高管继续做出过于精确的预测，就好像未来真的完全可以预测一样。在他们预测营收增长或季度收益时，大家也都期望他们能够充满信心地给出具体而精确的预测。一个想让他人觉得自己很能干的经理，怎么可能不犯过度精确的错误呢？

我们总是高估自己，低估对手

对自己的能力和所做预测的过度自信，以及来自组织的无形压力，都使我们必须显得充满自信，这些因素合到一起导致了另

[①] 如果一个人回答了 10 个问题，而且每个问题答案的置信区间都为 90%，那么他答对 8 题的概率至少为 94%。

一个极具普遍性的问题：低估竞争对手。实际上，"低估"这种表达已经很含蓄了，因为通常我们会直接忽视竞争对手，根本不去考虑他们的行为和反应。

如果你现在或者曾经是某家公司的高管，可尝试以下这个快速评估。你肯定收到过或者提交过许多计划，例如营销计划、销售计划、战略计划等等。在这些计划当中，预测特定绩效指标的计划，比如关于顾客数量、市场份额等的预测，它们占多大比例？想必绝大部分计划都有这方面的内容。在这些计划中，又有多少计划曾经预测过，对于己方为了达到预期目标而采取的行动，竞争对手会有什么反应呢？可能一份也没有。当然，大多数计划都会对竞争进行评估，但通常只是把竞争描述为一个环境因素，最多只把竞争作为行动计划的背景来考虑。众所周知，在制订战略计划时，对竞争对手的描述和分析是首先要完成的工作，在计划书里，这一部分常常被称为"竞争格局"分析。顾名思义，这种战略计划只是把竞争者当成了"布景和道具"，似乎他们只会坐以待毙，而不会做出任何反抗。布景道具什么时候会反击？

我们非常容易遗忘的一个简单事实是，就在我们提出计划准备击败竞争对手时，对手也同样如此。当我们致力于捍卫或扩大自己市场份额时，他们也同样不会停止思考。加州大学洛杉矶分校教授、《好战略，坏战略》（*Good Strategy/Bad Strategy*）作者理查德·鲁梅尔特（Richard Rumelt）指出，我们完全可以预见，企业高管在思考战略问题时，可能根本不会考虑竞争对手会如何反应。"在战略活动中,那些警觉的参与者学到的一半内容是,即便没有人事先提醒也要考虑竞争者。"

如果把这种情况完全归咎于决策者的过度自信,未免有些夸张。有许多因素都会导致对竞争对手的忽视。首先,在提出一项计划时,你真正、直接的目标不是打败竞争对手,而是获得内部资源。如果别人都在承诺登月,为什么你就不能这样做呢?其次,预测竞争对手的反应非常困难,结果并不明确。这真的值得花大力气去做吗?最后,如果真去研究竞争对手可能的反应,你可能会得出一个没人愿意听的结论:这个计划很糟糕,原因要么是己方没有任何竞争优势,要么是竞争对手可能的反应会导致计划失败!

例如,宝洁公司前首席执行官 A. G. 雷富礼(A. G. Lafley)曾经讲述过一个故事,这个故事与宝洁公司试图进入漂白剂市场的计划有关。提出这个计划的人给出的理由很简单:只要借助宝洁强大的营销能力,"活力"(Vibrant)这款优秀产品就能轻松地在漂白剂这个细分市场上占据一席之地,从而挤垮当时无可争议的该市场领导者"高乐氏"(Clorox)。当然,宝洁的经理们也曾怀疑过高乐氏会有所反应,但是他们绝对没有想到对方的反应如此激烈!他们发现,在选择用来测试新产品的那几个城市里,高乐氏免费向每家每户送去了一加仑漂白剂时,可以想见他们是多么震惊。这种先发制人的反击自然成本高昂,然而如果站在高乐氏的角度看,这种反应也在预料之中。对于高乐氏来说,让宝洁侵入自己的地盘,侵占他们获取大部分利润的核心业务,是绝对不可接受的,因此高乐氏不惜一切代价向宝洁公司传递了一条清晰的信息。宝洁公司很快放弃了进军漂白剂领域的想法,雷富礼也学到了令人难忘的一课:"就像第一次世界大战那样,对固若金汤的城市发动正面进攻,通常会伤亡惨重。"

糟糕的决策者,却是优秀的领导者吗

上面描述的这个例子说明过度自信会给管理者带来很多实际问题。通常情况下,市场上每天都有新产品推出,它们中的大多数都基于一些过于乐观的计划。但是,如果我们用冷静且现实的眼光去看待环境、竞争对手,以及其他无数有可能威胁项目成功的不定因素,那么我们很可能会决定什么都不做,或者少做。当然,这肯定是最糟糕的战略。事实上,困扰许多公司的"分析瘫痪"肯定比乐观主义造成的损害更大。即便随后可能需要改变方向,乐观主义至少会促使我们采取行动。

因此,我们应该说得更明确一些:是的,乐观主义当然是有价值的,甚至是必不可少的!这就是一些组织有意且毫不掩饰地鼓励乐观主义的原因。在大部分管理情境中,我们都有意去混淆野心和现实、目标和预测、愿望和信念,因为那有利于行动。

这种刻意混淆的一个最明显的例子是确定年度预算这种惯例。预算既是参与的工具,也是预测的练习。经理人都希望达到你给他设定的目标，如果你信任他，你就相信他能够达成。预测和目标之间的紧张关系是这个练习不可或缺的部分。从理论上说，通过这样一个过程，能够使得双方协商出一个各自都认为比较现实的数字。于是，经理人的目标就等于是你的预测了。

然而，当两者之间的差异进一步加剧时，问题就来了，而且这种问题经常出现。例如，如果你认为经理人的目标似乎打了折扣，你会怎么说？你会告诉他，你相信这个目标仍然是切合实际的，仍然符合你的预测？或者你会坚持要求他达成你所预测的目标，即你把它当作你希望他实现的目标，而不一定相信它切合实际？这可能是一个你不愿意回答的问题。不管真心与否，让预测与客观、信念与愿望之间保持相对模糊的状态，维持下属的积极性，对你来说是最有利的。一个冷静且现实的分析师可能会宣称最初的目标绝对无法实现，那也许是一个合乎理性的判断，但是这种判断通常会抑制积极性。

那么，信念与愿望之间的分界点究竟在哪里？经验丰富的领导者并不愿意直接回答这个问题。对于高效的领导者来说，成为乐观的计划者可能是最有利的。

达尔文式的乐观主义，越乐观，越成功

乐观主义对决策不利而对领导者有利，还有另外一个原因：领导者自身都是乐观主义者。首先，就其本身而言，我们很崇尚

乐观这种品质。事实上，人们认为，乐观、雄心勃勃和大胆敢为，是能够激励人心的领导者必须具备的一种品质。其次，还有一个不太明显的原因，即在根据结果来评估是否成功时，受惠的往往是乐观主义者。

为什么人们会受制于各种各样的认知偏差？为什么我们在推理过程中会系统性地犯错，就像那些由过度自信和过于乐观而导致的错误那样？或者，我们应该问一个更具体的问题：在人类进化过程中，为什么自然选择将这些偏差保留下来了？如果由认知偏差产生的系统性错误对人类的适应和生存有害，自然选择就会淘汰存在偏差的个体，让偏差变得更为罕见。然而现在偏差却普遍存在于人类个体中。这就表明，对于我们的祖先来说，这些偏差，或者换一种说法，这些有时反而会启发自己的特质，它们并不是缺陷，而是某种"资产"。我们不难想象，自然选择偏爱的是那些乐观、进取和敢冒风险的人，而不是那些胆小、保守和谨小慎微的人。

在组织中，对于乐观偏差的选择也同样是不可避免的。组织领导者如果是在某种精英领导体制下选拔出来的，那么这种选拔机制多少会有点类似达尔文进化论中选择了乐观偏差的自然选择。任何有抱负的领导者，都希望获得明显可见甚至是丰硕的成果，这很正常。无论是企业还是实验室，获得此类成果的最佳途径都是相同的：冒险，以及好运气。那些安于现状的人，谨慎却胆怯，满足于勉强可接受的成果，或许能够为自己保住一个长期受人尊敬的职位。他们固然不可或缺，但绝不会有出色的表现。

相反，敢于冒险的人，虽然往往会碰得头破血流，但是其中肯定会有一些人最终成功。

因此重点是，成功的领导者往往都是乐观主义者，而不是那种谨小慎微的人，或者运气不佳的人。越乐观越好！当这些乐观主义者一旦登上了巅峰，就会过于相信自己的能力、直觉的价值，或者自己做出的预测的品质，对此我们实在也不应该感到惊讶。毕竟，到目前为止，他们取得了惊人的成功……

创造未来需要乐观，预测未来时的乐观却可能致命

既然我们都有对乐观的内在需要，尤其是处于领导者的地位时，那么我们怎样才能知道积极有效的乐观和过度自信之间的界限在哪里呢？一个大胆而乐观的领导者，与一个戴着玫瑰色镜片的傻瓜之间，到底有什么不同呢？

答案并不简单，但有一条很好的指导原则。按照菲尔·罗森维所做的一个简单但非常重要的区分方法来看，那就是我们必须区分出能够影响的未来和不能影响的未来。一方面，人们正在创造未来；另一方面，人们只是在预测未来。对于前者，乐观是必不可少的；而对于后者，乐观则可能是致命的。

让我们以新产品发布为例来说明。我们对项目中己方能够影响的各个方面保持乐观是有益的，这些方面包括：必须满足的生

产成本、根据市场平均水平确定的价格点，甚至还包括目标市场份额等。通过谨慎乐观地设定这些目标，我们就是在完成一项管理行为，即明晰愿景并鼓励团队尽力实现。

相反，如果有意无意地对不可控因素保持乐观，情况就大不一样了。在讨论市场规模、竞争对手反应、市场价格变化、投入成本、汇率，以及无数其他不可控变量时，我们必须尽可能站在中立的角度去预测未来。对无法控制的事情保持乐观就是自欺欺人。

然而，真正的困难在于，问题并不总会以如此明确的方式呈现。例如，在推出一种新产品并对此做出销售预测时，计划者并不总能明确区分可控与不可控因素。因此，他们通常会对整体目标表现出一种管理者的乐观态度。

正是基于这一原因，许多明智的领导者往往会不知不觉地在其无法控制的事情上支持过于乐观的计划。

本章小结

过度自信陷阱

- 我们高估了自己,有可能是相对于他人而言高估了,也有可能绝对高估了。
- **计划谬误**是指我们对自己的计划过于乐观。
- **过度精确**是指我们对自己预测的准确性过于自信。
- 我们会严重低估自己的竞争对手,有时甚至完全忘记预测竞争对手的反应。
- 与自然进化一样,公司也偏爱乐观主义者,因为乐观对成功至关重要:成功的领导者往往都是乐观主义者。在我们开始相信自己的宣传之前,乐观主义都是有用的。对能控制的事情乐观,而不是对不能控制的事情乐观,这才是健康的乐观主义态度。

YOU'RE ABOUT TO MAKE A TERRIBLE
MISTAKE

第 5 章

**决策陷阱 5：
惯性陷阱**

如果我们想让事情保持原样，
那么事情就一定会变。你明白吗？

——朱塞佩·迪·兰佩杜萨（Giuseppe di Lampedusa）
意大利作家
《豹》(*The Leopard*)

第 5 章　决策陷阱 5：惯性陷阱

1997 年，宝丽来公司是全世界摄影业的领导者，因其精湛的技术、高超的营销技巧和稳固的市场主导地位而备受推崇。此前一年，宝丽来公司的营收为 23 亿美元。股市对宝丽来公司当时新上任的首席执行官加里·迪卡米洛（Gary DiCamillo）及其新战略计划也满怀信心。自他上任以来，股价几乎上涨了 50%。然而，仅仅过了 4 年，宝丽来公司就申请破产了。

乍看起来，这个故事似乎是因数字技术这一颠覆性创新而突然死亡的又一个例子。但是，宝丽来与百视达的境遇截然不同。迪卡米洛和他的前任们都没有低估数字摄影技术的重要性。早在 1990 年，长期担任宝丽来首席执行官的麦卡利斯特·布思（MacAllister Booth）就告诉股东："我们计划成为电子成像这一新兴强势领域的领导者。"布思的整个职业生涯几乎都是在宝丽来公司度过的。1996 年，宝丽来的数字业务收入就超过了 1 亿美元，而且增长非常迅速。宝丽来的旗舰数码相机 PDC-2000 也被公认为是当时同类产品中的顶级产品。迪卡米洛完全意识到了这场技术革命的重要性。在他的战略计划所涵盖的三大主题中，数字化排在了第一位。宝丽来这艘巨轮的沉没不是因为船长没有看到冰山，而是因为船太大了，掉头太难。

这是一个普遍存在的问题：组织并不总是会按照领导者做出的决策去行动。当企业面临着某种颠覆性的市场力量时，公司的应变速度可能会比管理层的指令要慢得多。员工努力的重点和财务资源的分配，并不能如实反映领导者所陈述的战略。这种惯性源自一系列认知偏差和组织因素的共同作用。在很多时候，这种惯性是致命的，就像宝丽来公司那样。

调兵遣将很困难，战略目标与资源分配总是脱节

一家公司对资源的分配往往不能如实反映其领导者的意图，这里需要稍微解释一下。毕竟，公司就像政府和国家一样，都有自己的优先事项、战略计划、预算和其他工具，用以辅助船长掌舵。从理论上说，公司要先设定战略目标，然后对实现这些目标所需要的财务和人力资源进行分配。这些流程需要耗费大量的时间和精力，任何曾经在大公司制订过计划或做过预算的人都明白这一点。

但这些程序是否真能帮助公司以不同的方式分配资源呢？几乎不可能。每年花好几个星期举办马拉松式的预算会议之后，大多数公司最终还是几乎完全照搬上一年的方式去分配资源，而对

市场环境的变化置之不理。

这个令人惊讶的结论是由麦肯锡公司通过研究业务多元化公司资源配置而得出的。麦肯锡的顾问们研究了美国1 600家多元化公司15年来的年度报告。他们的问题很简单：这些业务多元化公司会在多大程度上在各业务部门之间重新分配资源？研究结果表明，某一特定业务单位在某一特定年份获得的资金（用占所在公司资金支出总额的百分比来衡量），几乎完全可以用它上一年获得的资金来预测。这两个数字之间的相关性高达92%。在被调查的所有公司中，这种相关性高达99%的公司占1/3。与其忍受马拉松式的预算会议，负责确定预算的主管们倒不如去打一场高尔夫，因为最终结果基本上是一样的。无论多么积极而真诚地试图重新分配资源，他们都会撞上一堵牢固的惯性之墙。

当然，这并不意味着预算数字是直接从上一个财政年度复制粘贴而来的。有些年度预算会增加，有些年度则会减少。但从总体上看，资源分配模式并没有因为预算数额的增减而有所改变。例如，如果外部经营环境要求全面削减资本支出，那么所有单位都倾向于以相同的百分比削减支出。有时候，高管会挑选出一个战略重点给予特殊对待，从而期望摆脱一般的惯性。但这只是例外，并不是普遍现象。最终结果通常是，高管提出的战略重点与预算的实际分配完全脱节，公司最终还是没能把钱花在他们的战略重点上。

重新分配资源，做敏捷的公司

有人可能会忍不住要为这种资源再分配的无力寻找理由。随时收购或剥离、把握趋势、追逐机会……这些难道不是对基金投资组合经理人工作职责的描述？它们并不是企业战略制定者的工作职责啊。一项持续多年的企业战略要想取得成功，就必须坚持不懈地贯彻到底。资源分配的一贯性不正是这种要求的体现吗？

其实很容易看出这个反对意见本身就有点自相矛盾。那些经常无法重新分配资源的公司，其领导者往往会在致股东的信中诉说，他们面对的经营环境是多么不稳定和不确定，对他们来说，迅速抓住新机会又是多么重要。换作当下流行的字眼来说就是，必须成为一家非常"敏捷"的公司！这一切当然很难与一成不变的资源分配相协调。当然，每一年的预算不可能是从头开始的。但如果一家公司连续15年的预算，90%与前一年相同，那还有什么"敏捷"可言？

此外，这种"敏捷"能不能带来成功的回报？对此已经出现了不少实证研究，并且有了一个明确的答案：确实能。麦肯锡的研究者根据公司每年的资产重新分配程度，将样本公司分为3组。毫不奇怪，"高度重新分配组"的绩效要优于"低度重新分配组"。在15年时间里，"高度重新分配组"公司的股东总回报比"低度重新分配组"高出了30%。同时，这些公司破产或被收购的概率也更低。事实证明，"低度重新分配组"公司领导者的任期也不稳定。他们是在舵轮前睡着的船长。

锚定效应，无法摆脱的安全距离

与过度自信陷阱一样，惯性陷阱根源也在于认知偏差，而且它的影响也会通过组织的动态被放大。资源分配惯性背后的主要认知偏差是锚定效应：当我们需要估计或设定某个数值时，通常会倾向于使用一个现成的数字来作为"锚点"，然后在此基础上进行调整，但是调整往往不够充分。

锚定效应真正令人惊讶的一点是，即便当锚定数值与估计数值毫不相关，甚至用它们来作锚点明显很荒谬时，锚定效应仍然会产生影响。继卡尼曼和特沃斯基在20世纪70年代的开创性实验之后，两位德国的心理学家托马斯·穆斯韦勒（Thomas Mussweiler）和弗里茨·斯特拉克（Fritz Strack）以非凡的创造力证明了这种效应。在其中一项实验中，他们将受试者分为两组。要求第一组受试者回答的问题是：圣雄甘地去世时年龄是大于还是小于140岁。要求第二组受试者回答的问题则是：圣雄甘地去世时年龄是大于还是小于9岁。很显然，没有任何人会觉得这两个问题很难回答。但是接下来，当研究人员要求受试者估计甘地去世时的年龄时，这两个问题中所用的这些明显荒谬的"锚点"还是对受试者产生了影响：以140岁为锚定数值的那组受试者认为甘地死于67岁（按平均值），而以9岁为锚定数值的那组受试者则认为他死于50岁（按平均值）。实际上，甘地去世时78岁。

就像面对许多认知偏差实验的结果时一样，很多人对这个实验的结果往往会做出一种"防御性"反应。比如说，你可能会觉得怀疑，自己怎么可能会掉进如此明显的陷阱呢？尤其是，当这一决定涉及一个很重要且自己很了解的领域时。难道不是只有当受试者对答案所涉知识一无所知，而且对答案也完全不在乎时，这种形式的操纵才有可能发生吗？

正是为了化解这类反对意见，研究人员又设计出了其他一些实验。这一次他们要到现实世界中去，到专业人士工作的环境中去寻找"小白鼠"。其中有一类实验的受试者是法官。选择法官是因为他们从来都不能轻易地做出决定。研究人员向一组经验丰富的法官提交了一份文件，上面记录着一件商店盗窃案的详细信息，并询问他们会对小偷做出何种判决。但这份文件缺乏一个重要信息：检方请求法官做出的判决。实验人员要求法官们掷两颗骰子，记下自己掷出的点数，并写下两者之和，然后把这个数字当作检方要求判处被告缓刑的月数。以这种方式生成数字，目的是让法官们确信这个数字确实是随机的。法官们还被告知，之所以要随机确定这个数字，是为了确保这个数字不会影响他们的量刑决定。然而，事实是法官的量刑决定还是受到了影响：掷出的点数为 3 的那些法官平均判处被告 5 个月有期徒刑，而掷出的点数为 9 的那些法官则平均判处被告 8 个月有期徒刑！[①]

从这些实验以及许多其他实验中，我们得到的经验教训再清楚不过。无论如何竭尽全力让自己不受所接触到的数字的影响，

---

① 为了使结果更容易解释，实验中使用的骰子是被动了手脚的，所以所有法官掷出的点数不是 3 就是 9。

人们还是会受制于锚定效应。即便锚定的数字与问题明显无关，这些数字也仍然会影响人们的判断。

既然连任意给定的不相关数字都能轻易导致偏差，那么我们又如何保证自己真的能与相关数字保持一个"安全距离"呢？例如，在审查预算时，面对新预算案里那些前一年自己曾经认为是合理的数字，我们要怎样做才会不受这些预算数字的强烈影响呢？一旦理解了锚定效应的力量，企业在分配资源时存在惯性也就不神秘了，反倒是完全不存在惯性才令人意外。

惯性政治，"外来者"会对锚定效应更有抵抗力

人性，以及任何经验丰富的管理者都能够辨识的组织动态因素都会放大锚定效应。制订战略计划或确定预算，需要组织内部成员之间不断协商。在任何协商过程中，锚点的确定都是一件很重要的事情，作为协调起点的任何数字就是锚点。在确定预算的讨论中，这些起点是众所周知且显而易见的。如果一个业务部门去年的营销预算为 100 万元，它的负责人今年可能会要求 110 万元，一般很少会要求 200 万元。作为预算主管的你，头脑中也想着同一个锚点数字，可能会要求他接受 90 万元，但是你不会要求他接受 40 万元。锚定效应已经在暗中划定了协商的边界。

社会压力也会加大这种历史锚点的重要性。高管的个人信誉

取决于他们是否有能力维持甚至增加分配给本部门的预算。他们在同僚和下属眼中的威望也取决于此。当然,这些同僚和下属在评价自己的主管时,也会以去年的数据作为参照点。

如果我们不是从管理者的角度,而是从试图重新分配资源的首席执行官的角度来看这件事情,那么问题就简单多了。正如有位首席执行官曾经无奈地指出:"我本应该削富济贫,但我不是罗宾汉啊!"一般来说,首席执行官最好的做法是从成熟的业务部门获取资源,资助那些有更大增长潜力的部门。但是,资金充足的业务部门"富有"的经理们不会这么认为。他们不希望看到自己的预算因为需要补贴那些"贫穷"部门而遭到削减;事实上,对于分配给他们的资金,他们通常早就想好了怎么花。而且更妙的是,他们可以解释说,如果被迫在资金拮据的情况下运营,那么他们的部门将很难产生公司所指望的现金流量。在这场协商中,昨天的赢家还是会占上风。

我们回想一下,这些讨价还价的参与者去年也都参与了同样的协商过程。如果从根本上改变资源分配,那么就意味着他们在质疑自己往年的判断。难道自己去年的决定看起来是错误的吗?当然,我们都认为自己有能力做出适当的决策,并且在资源分配中做到比他人更加"敏捷"。当最高层管理者被问及他们的公司是否会"承认错误并及时终止不成功的计划"时,80%的人表示会。但是,当我们从最高管理层往下移动,向中底层管理者问同一个问题时,52%的人却表示不会。那么你会相信谁?

所有这些原因都可以解释，为什么重大的资源重新分配如此困难。不过幸好，能够实实在在地促成资源重新分配的因素或条件还是有的，那就是全新的视角。在新首席执行官上任后一年中，企业对资源的重新分配明显增多。当首席执行官是一个"外来者"时，这种情况尤其突出，因为他们对来自组织内部的锚定效应和社交压力更具有抵抗力。因此可想而知，这些新的首席执行官往往能够交出一张漂亮的成绩单，尤其是当他们迅速而果断地对资源进行了重新分配的时候。

沉没成本与承诺升级，有时候做得越多反而错得越多

惯性，严格说来就是什么都不做。但是，有时候我们也会做得越多，错得越多。当面对一个必败无疑的行动时，如果我们不但没有维持现状，反而加大投入，那么就会造成这种局面。这种模式就是承诺升级（escalation of commitment）。

关于承诺升级，最悲惨的例子就是一个国家在一场注定无法取胜的战争中越陷越深。1965 年 7 月，美国副国务卿乔治·鲍尔在一份递交给林登·约翰逊总统的越南战备备忘录中就预言这样一种情况的发生："一旦我们遭受了重大的伤亡，就会开启一个几乎不可逆转的进程。我们将会深陷其中，执着于完成我们的目标，不到国家蒙受耻辱无法停止。"这个可怕的预言变成了现实。1964 年至 1968 年，美国派驻越南的地面部队人数从 23 000 人

一路飙升到了 536 000 人。

可悲的是，即使有前车之鉴，承诺升级逻辑依然不可避免地存在。2006 年，时任美国总统小布什宣称："我要向你们承诺，在任务完成之前，我不会宣布从伊拉克撤军，我是绝对不会让 2 527 名战士白白牺牲的。" 5 年后，不管总统先生所说的"任务"是否已经完成，美军死亡人数已经上升到了将近 4 500 人。2017 年 8 月，时任美国总统唐纳德·特朗普替他向阿富汗增派军队的决定进行辩护。尽管他最初反对继续这场战争，但他再次宣称最重要的是争取获得"光荣和持久的结果，不愧于已经做出的巨大牺牲，特别是生命的牺牲"。

这其中的逻辑始终是一样的：损失越高，就越有必要让自己相信，一切不能白白地牺牲掉。这种用已经遭受的损失来证明未来加大投入具有"合理性"的做法，构成了经济学家所称的沉没成本谬误（sunk-cost fallacy）的完美例证。这种辩护在逻辑上的谬误应该是显而易见的：是否投入新资源的决策不应该考虑永远无法挽回的损失，即那些永远无法收回的成本或生命。在考虑未来可预期的投资回报时，要关注的重要问题只有一个，那就是从预期的结果看，我们今天额外投入资源是合理的吗？

但是，就像我们在日常决策中经常看到的那样，用这种方式来进行推理是相当困难的。如果你曾硬着头皮吃光过多的食物，强迫自己读完一本无聊的书，或是忍受着重感冒带来的不适去看已购票的电影，那么你就已经感受到沉没成本的影响了。

在商业领域，承诺升级最显著的例子是那些拼命挽救濒临失败计划的公司行为。在这方面，一个引人注目的例子是土星汽车（Saturn）项目部。它是通用汽车公司在1983年为了与日本汽车竞争而设立的一个部门，最初的想法是创建一个"不同类型的公司"，生产一种"不同类型的汽车"。土星汽车项目部的产品和做法都不受通用汽车这个庞大的公司及其臃肿疲惫的官僚体系的约束。但并不是所有事情都会按计划进行，这样说已经很客气了：到2004年，在成立20多年之后，土星汽车项目部已经烧掉了150多亿美元，但是根据汽车行业分析师的说法，它从来没有赚过一分钱。那么通用汽车公司管理层对此是如何决定的呢？他们决定再追加30亿美元，并将土星汽车项目部转变为通用汽车公司的一个"普通"事业部！然而，这个新的事业部并没有比当初作为一个半独立项目时更成功。直到2008年，通用汽车公司才在政府救助计划的要求下，将土星汽车挂牌出售。当然，那时已经没有任何企业愿意接手了，这个部门最终在2010年关门大吉。

土星汽车是一个极端的例子，很少有公司能够承受27年的持续失败和高达200亿美元的损失。但是，通用汽车公司迟迟不愿放弃一项失败的业务，这种"坚持到底"的精神，以及对后续一系列扭亏为盈计划的无限信心并不是什么新鲜事。事实上，大型公司从某项失败业务中撤资的频率远远低于人们的预期。一项长达17年、覆盖了2 000家公司的研究表明，这些公司平均每5年只会撤资一次，撤资时收回的资金仅为当初收购价的5%。

正如这些例子所表明的,仅仅"愿意"承受无法收回的成本损失并不是导致承诺升级的全部原因。我们还必须让自己相信并没有走在一条死路上,而是走在一条通往辉煌未来的康庄大道上。在向战区增派部队时,军事领导人确信,只要拥有必要的资源,这一次就肯定会胜。投资者之所以要加码投资某一只已经崩盘的股票,是因为他坚信它马上就会反弹。通用汽车的领导在执行每一项新的复兴计划时都深信,这一次制定的新战略、配备的新总裁,或者更有利的市场环境,最终一定会让土星汽车走回正轨。

读到这里,你应该已经意识到,这正是第 4 章中讨论过的过度自信的表现。承诺升级并不仅是一种惯性。与此同时,产生它的基础也包括不合理的乐观主义。承诺升级之所以如此难以克服,正是因为人们一方面对沉没成本无法释怀,另一方面对未来的计划又过度自信,这两种心态交织在一起,实在是雪上加霜。

面对危险的信号,总是做得太少又行动太慢

本章开头所讲的 1997 年宝丽来的故事,描述了一种我们熟悉的模式:强大、盈利丰厚的老牌企业在面临市场环境的重大变化时,不能克服自身惯性,无力重新分配资源。唱片公司被数字音乐所颠覆,电信运营商在网络科技巨头和灵活的应用程序供应商的夹击下挣扎求生,软件开发商面临着云计算的残酷竞争,实

体店铺面临着电子商务的严重威胁……所有被数字革命颠覆的公司都面临着同样的困境。

这些公司必须做出的选择,其实都可以归结为一个简单的问题,即是否应该立即拥抱新技术,使得自己与自己现有的核心业务竞争,从而在别人淘汰自己之前先自我淘汰?在短期内,新业务不可避免地将面临更加激烈的竞争,产生的利润也会低于原先被它取代的成熟业务。但从长远来看,毫无疑问新技术将会取代旧技术。

从后见之明的角度看,答案似乎是显而易见的。但是在当时那一刻,情况要复杂得多。任何领导者都可以找到许多让自己犹豫不决的理由。传统业务是否肯定已经无可救药了?难道没有一种两全其美的方法,例如推行混合型技术?在所有这些新近涌现的技术当中,应该押注在哪一种上?考虑到自家作为大型公司的成本结构,我们怎样才能利用新科技获利?此外,怎样稳妥地向新技术过渡,既不要太快,也不要太慢?

关于奈飞的案例充分表明在这种情况下时机的重要性。我们在第5章中已经看到,面对DVD影碟和互联网同时兴起的局面,百视达的反应太迟钝了。奈飞很好地利用了第一个转型机遇。几年后又出现了第二个转型机遇,也可以说那才是真正的大转型:随着宽带互联网的出现,流媒体电影取代了DVD影碟。

奈飞的联合创始人里德·黑斯廷斯从竞争对手的错误中吸取

了教训。他尽一切努力确保奈飞公司不会像现有的老企业那样行事：为了保护自己原先核心的邮寄业务而忽视新兴的在线流媒体业务。2011年，他提出了一个相当激进的解决方案：将奈飞拆分为两家公司。一家将专门做在线流媒体业务，另一家名为Qwikster的公司负责管理邮寄DVD的传统业务。这两家公司分别由截然不同且相互竞争的团队领导。黑斯廷斯认为，这才是一条两全其美的道路，既可以实现增长，又能够实现盈利。

然而该计划的效果适得其反。消费者认为这种方案过于复杂了，完全没有必要，为什么他们必须管理两个账户呢？此外，他们还认为，这么做其实是奈飞公司在耍伎俩，试图让人们为同样的服务花两份钱。仅仅过了几个星期，里德·黑斯廷斯就意识到犯了大错，马上终止了分拆公司的举措。这番折腾虽然只持续了一个季度，但奈飞仅在美国就流失了80万订阅用户。黑斯廷斯承认错在自己，不过他后来又坦称，自己只是行动得太快了一些：未来肯定是属于在线流媒体订阅的，而不可能是属于DVD出租……只是那种情况暂时还没有到来。

即便你知道一项当前正在盈利的业务日后注定要失败，也很难预先知道它还能维持多久。有些人，比如黑斯廷斯，可能起步得太早了一些，但如果说真有什么"指导原则"的话，那就是百视达公司表现出来的那种惯性，它才是规律，而奈飞的突进则是一个例外。因此，当一个传统企业面临颠覆性技术（disruptive technologies）①带来的挑战时，几乎总是会以推迟重新分配资源来应对。绝大多数公司都不会做出过度反应；相反，它们通常会犹豫不决，直到为时已晚。

这似乎正是当时宝丽来公司上演的故事，尽管它的历任领导者都极具战略远见。迪卡米洛在担任首席执行官时发现，宝丽来虽然利润率很低，但非常自信。它的营销部门漫不经心地向他报告称，本公司已经占据了100%的市场份额。但是，这里所说的"市场"是"美国的即时成像照相机市场"。同时，它的实验室创造了非常多的新观念、新设计。

迪卡米洛立即意识到，这种企业文化存在着很大的问题。他一上任就着手对宝丽来公司进行全面改造，第一步是强调实验室中的研究开发一定要更加贴近市场。在这个问题上，他是这样告诫员工的："从事这一行，并不是要获得更多的专利，写出更多的研究论文，也不只是为了看看到底能做出多少发明创造。"这是一个非常强烈的全新信号。迪卡米洛对公司进行了重组，解雇了2 500人，占员工总数的1/4。很显然，他既没有低估形势的紧迫性，也没有低估需要尽快带领整个公司完成转型以应对不利局势的重要性。

但是，任何组织都不可避免地会受到惯性的影响。宝丽来的

---

① 这个术语可能是克莱顿·克里斯坦森（Clayton Christensen）首创的，现在已经广为人知了。克里斯坦森的知名作品《创新者的处方》和《创新者的课堂》中文简体字版已由湛庐策划、中国人民大学出版社出版。——编者注

实验室和这些杰出的研究人员在做些什么工作呢？他们也在开发数码产品，但主要是在原来的即时成像照相机基础上进行延伸，以推出更实惠的新型号，其中有一些也相当成功。另外，宝丽来的经济模式也助长了惯性：它采用的是经典的"剃须刀加刀片"式商业模式：先以低价出售相机，然后通过销售胶卷来获利。但是，在不存在胶卷这种消耗品的数码世界中，这种模式是不可能复制的。为了完成过渡到数字技术的目标，宝丽来需要实现一场激烈、高风险的彻底转型：大幅削减成本，积极重组核心业务或出售部分核心业务，并大规模地投资数字技术。

就像宝丽来一样，许多公司在面对不断变化的环境带来的挑战时，做得太少，行动也太迟缓，而且也从未成功地完成全面重新分配资源的工作。一项关于"退出决策"的关键研究的作者认为，认知偏差会"导致公司忽视危险信号，面对新信息时无法调整目标，而且白白花冤枉钱"。

现状偏差，不做决定比做决定更容易

阻碍公司放弃业绩表现不佳的业务，或者说导致它们掉进惯性陷阱的另一个原因是：许多人根本就不会去想，要不要提出是否应该放弃业绩不佳业务这个问题。这就是现状偏差。我们都会受现状偏差的影响，因为不做决定比做决定更容易。

试着想象一下，假设你刚刚继承了一大笔钱，可以选择用不同的方式投资，买股票或债券等。当然，你的选择取决于自己的偏好，尤其是风险偏好，以及你对可选的各种投资机会的看法。并不是所有人都会以同样的方式做出反应，这是意料之中的事情，但如果继承的遗产是一个投资组合，所有的钱都已经投资在了某几项资产上，你又会怎么做呢？在一项关于现状偏差的开创性实验中，经济学家威廉·塞缪尔森（William Samuelson）和理查德·泽克豪泽（Richard Zeckhauser）测试了这一命题。实验结果表明，有很大一部分受试者都选择保持原来的投资组合不变，而不是根据自己的偏好重新进行分配。不做决定的舒适感，战胜了他们原本理应遵循的理性偏好。①

我们发现，在无数存在着"默认选项"的情况下，人们都表现出了维持现状的偏好。无论是在挑选汽车颜色时，还是在退休计划中分配资金时，甚至在是否同意器官捐赠时，我们都倾向于"不做选择"，采用默认选项。对此，塞缪尔森和泽克豪泽写道："在现实世界中，第一个决定是'承认确实需要做出一个决定'，但是，这种'承认需要做出决定'的决定不一定会发生。"

与个人一样，公司和企业也会受到现状偏差的影响。通常，在确定年度预算的过程中，总部会分别审查每一个部门的预算。总部一般不会明确地参与到涉及所有部门的资源重新分配工作中去。因此，总部的默认选择就是稍微对各部门的资源分配做些调

---

① 改变投资组合需要付出一定的交易成本，这可能是支持惯性的一个理性原因。但是在这个实验中，受试者已经被告知交易成本为 0。

整。撤资或退出的项目数量非常少，这个事实也体现了这种现状偏差：对于一家公司来说，默认选择是保留原有的业务部门，而不是出售。

除了锚定效应、沉没成本和现状偏差，在重新分配资源的决策中，或更确切地说，在"不进行"资源重新分配的决策中，另一个偏差也在发挥作用，那就是损失厌恶（loss aversion）。我们将在第 6 章中对这个偏差进行讨论。

惯性陷阱

- **锚定效应**鼓励我们根据脑海中出现的数据进行估计或预测,即便这一数据与手头上的事情毫不相关。
- 锚定效应在**资源分配惯性**中起着关键作用。组织内部的资源争夺战加剧了这一问题。
- **承诺升级**是惯性偏差的一个极端例子,比如在亏损的投资上加倍押注。
- 惯性导致了对颠覆式创新反应不足。
- 不做决定比做决定容易,这就是**现状偏差**。

YOU'RE ABOUT TO MAKE A TERRIBLE MISTAKE

第 6 章

决策陷阱 6：
风险认知陷阱

不要打安全牌,这是世界上最危险的一件事。

——休·沃波尔(Hugh Walpole)
新西兰演员

假设目前有一个投资项目，它需要你出资1亿美元而且资本不可收回。如果投资成功，很快就会给你带来4亿美元的利润。如果投资失败，则将血本无归，不但没有利润，而且连原来的那1亿美元也将分文不剩。为了同意这个投资项目，你会要求多高的成功概率，或者说所能容忍的最大失败概率是多少？

简而言之，这也就是每家企业经常要面对的问题。例如，上述假设的这种情景与高风险的研发投资非常类似：如果进展顺利，那么押下的"赌注"可能会带来巨额回报，否则就会失去一切。

那么，你应该容忍多大的风险呢？答案取决于你自己！我们唯一能肯定的是，如果血本无归的概率为75%，那么这项投资的预期收益将为0：赚到4亿美元的概率为25%，什么都赚不到的概率为75%，因此期望回报为1亿美元，恰好能够抵消最初的投资。因此，接受超过75%的损失概率是不理智的。例如，假设损失概率为95%，那么很显然，你当然不会愿意花1亿美元来换取这个只有5%的概率赚得4亿美元的机会。

如果损失的概率低于75%,那么选择哪种损失概率水平就取决于你自己了,而且你的选择可以反映出你个人的风险偏好或风险规避水平。假设戴夫的回答是50%,特里的回答是25%,那么就意味着,勇敢的戴夫准备在获利概率低得多的情况下承担与特里一样大的损失风险。在这两个人当中,谨慎的特里更不喜欢承担风险,他的风险规避倾向更强。

麦肯锡的一个研究团队向大型公司的800名高级管理人员提出了这个问题。平均而言,他们表示能容忍的最大损失概率约为18%。只有不到1/3的高管愿意接受超过20%的损失概率。这个数据反映了一种相当强烈的风险规避倾向:如果要让他们接受一项可以获得初始投资额4倍收益的投资,那么他们将要求成功概率必须超过80%。如果赌徒都这么厌恶风险,那么很少有博彩公司能够生存下去了。

当然,经理人不是赌徒,而是企业资源的管理者。他们保持谨慎绝对是合理的,特别是当事关1亿美元的投资成败时。对于一个中型公司来说,遭受如此大的损失可能是致命的。为了衡量这一因素的重要性,研究人员对另一组经理人受试者提出了一个稍有不同的问题:这次他们面对的投资项目的投资规模为1 000万美元,而不是1亿美元,同时,潜在获利则为4 000万美元。

这种情况下,我们可能会认为,人们的风险规避倾向应该会比较低一些。试想一下,假设公司不是在做一项一次性、孤注一掷式的投资决定,而是有能力对呈现出这种风险特征的多个研究项目进行组合式投资。那么,接受更高的损失概率将会带来好处。例如,假设投资了 10 个项目,它们的损失概率均为 50%。最有可能的情况是,其中 5 个项目将会获得成功,到那个时候,公司的初始投资金额将会翻上一番,这无疑是一个极为可观的回报。

然而,奇怪的是,当投资总额改为原来的 1/10 后,经理们的答案几乎没怎么变。因此,让这些决策者否决投资项目的并不是投资总额本身,而是损失的概率,无论金额是多少。

如果你已经习惯了在企业环境下进行这种类型的决策,应该就不会对这个结果感到惊讶。当一项投资的失败概率为 50% 时,没有人会希望自己的名字出现在签名栏上。此外,正如前几章已经讨论过的那样,我们有理由认为投资的成本可能被低估了,而预估利润及其实现的可能性则过度乐观了。

但是,这种行为仍然非常令人困惑。同样以这些决策者为受试者,使用的也是同一份问卷,当要求他们描述自己所属的公司对于承担风险的态度时,有 45% 的人认为公司对风险规避过于敏感了,只有 16% 的人持相反的观点。另有 50% 的人认为他们的公司投资力度不够,只有 20% 的人持相反观点。基本上,他们希望自己的公司承担更多的风险。但是,考虑到他们对我们给出的假想投资项目的反应,他们不太可能是解决这个问题的合适人选。

照我说的做，别照我做的做，过度的风险规避与不合理的乐观一样有害

我们在这里看到的是一个深层的矛盾。一方面，从理论上讲，任何公司，尤其是大型公司，整体上对风险都有相当合理的容忍度；另一方面，公司内部的经理人个体却有着相当强的风险规避倾向。这样一来就会导致一个真正的问题：过度风险规避可能与过度乐观一样有害。

风险规避的一种令人不安的表现是，大型公司不愿将营收现金用于再投资。截至2018年，美国所有上市公司已经囤积了大约1.7万亿美元的现金。这表明这些公司未能找到足够有吸引力的投资项目。对于身处衰退行业的企业来说，这或许可以理解。但是这些未动用现金储备的企业近一半属于高科技领域。仅苹果公司就坐拥约2 450亿美元的现金，超过当年美国所有公司缴纳的联邦企业所得税。这家因创新能力而广受赞誉的公司用这些额外的现金买了什么呢？自家股票。自2012年以来，苹果一直在实施史上规模最大的股票回购计划。研究创新者是如何瓦解大型企业业务的克莱顿·克里斯坦森和德里克·范·贝弗（Derek van Bever）发现："尽管利率处于历史低位，这些公司却坐拥巨额现金，根本没有对可能促进增长的创新项目进行投资。"

很显然，这些企业巨头缺乏可投资的新项目，这一点让人感到疑惑不解，因为开展新项目需要的所有资源对它们来说都唾手可得：当然首要资源是现金，此外还包括人才、品牌、专利权、

分销网络等等。与此同时，没有以上这些资源的创业者却在千方百计地创办创新型企业。一些初创公司，比如 WhatsApp[①] 走的是"创立—被收购"的路线。其他一些"独角兽"企业，比如 Spotify 或优步，则是在最终上市前通过私募融资了数十亿美元。所有这些变革型创新企业有一个共同点，那就是它们并非诞生于大公司内部。

如果询问一家大型公司首席执行官这个悖论性问题，那么很可能得到下面这种回答："我很乐意批准更多的风险投资项目，但是没人跟我提过啊！"首席执行官们认为，创新和高风险计划很可能还没有到企业高层那里就被扼杀了，或者提出者在自我审查时就已经将其否决了。一些首席执行官甚至对本章开头描述的那个简化投资建议感到困惑，他们说从来没有人敢向他们提出如此高风险的建议！

为了解决这个问题，许多企业领导试图鼓励自己的员工更具冒险精神。"要勇于承担风险！"经常会成为大型公司的座右铭。为了实现这一目标，有些公司还发起了创意竞赛，设立了专门致力于大胆创新的部门，或者成立了内部风险投资基金。需要通过各种方法鼓励承担风险这个事实本身就充分说明，一个成熟的组织要想支持有风险的项目有多困难。

出现这种困难的原因，要从个人和集体对待风险的态度中去

---

① 2014 年，Facebook 以 190 亿美元收购了 WhatsApp。

找。要想理解这些原因，我们必须先讨论一下三种不同的偏差。这三种偏差结合起来，就产生了企业中所呈现的非理性的、过高风险规避倾向。

损失厌恶，失去一美元的痛苦比赢得一美元的快乐更强烈

在这三种偏差中，第一种也是最重要的一种就是卡尼曼和特沃斯基所说的损失厌恶。请注意，损失规避和风险规避并不是一回事，前者是一个更为基本的现象：即便是在程度相等的情况下，损失和劣势也会显得比收益和优势更加重要。失去一美元的痛苦要比赢得一美元的快乐更强烈。

要衡量你对损失的厌恶程度，最简单的方法就是回答以下这个问题："现在来玩一个抛硬币游戏。假如结果是反面，你将损失 100 美元，那么当出现正面时能赢多少奖金你才会玩这个游戏？"理论上，对于一个完全理性的人来说，101 美元应该足够了，但对于大多数人来说，可以接受的答案是约 200 美元，也就是说，反映出来的损失厌恶系数（loss aversion coefficient）为 2。当赌注增加时，损失厌恶系数也会随之增加，甚至可能接近无穷大。除非你非常富有，又有极大的赌瘾，否则没有任何潜在的收益能够让你同意参加一场可能会输掉 100 万美元的抛硬币游戏。

损失厌恶会产生数不胜数的实际后果。例如，损失厌恶是许

多大家耳熟能详的销售技巧的基础。通常来说，与其向消费者许诺好处，还不如强调怎样才能避免损失，例如"不要错过这个独一无二的机会啊""明天就太晚啦"等说辞。也许你已经注意到了，本书的英文书名（You're About to Make a Terrible Mistake!）也同样应用了这个原则：强调它能帮助你避免决策错误（那是一种损失），比承诺会给你带来好处更有说服力。如果书名改为"如何做出更好的决策"（How to Make Better Decision），你还会拿起这本书吗？

而且，损失厌恶的重要性远远不止于此。丹尼尔·卡尼曼认为它"无疑是心理学对行为经济学最重要的贡献"。例如，在谈判过程中，与获得同等收益相比，双方更愿意为了避免损失而做出让步。变革之所以难以实现，也可以认为是损失厌恶所致：改变往往会产生输赢，输家对损失的感受要比赢家对收益的感受更加强烈。这一点显然有助于解释为什么少数人经常会采取行动阻止多数人都支持的计划。

不确定性厌恶，比起未知的风险，我们更愿意承担一个可量化的风险

造成风险规避程度反常的第二种偏差是不确定性厌恶（uncertainty aversion）。本章开始部分提出的那个风险投资问题经过了人为简化，现实世界中的风险投资从来都不会那么简单明了。商场不像赌场，当我们在掷骰子的时候就已经知道了确切的

获胜概率。在现实世界中，我们永远不可能精确地知道一个项目的成败概率。此外，每当有人在提出一个项目建议时就估计出了它成功的可能性，我们就会怀疑他是不是过于乐观，而且这种怀疑通常都是正确的。

至于投资回报，也从来都是不确定的。有时候，我们可以确信，万一投资失败，我们就会血本无归。但我们从来都不可能准确地知道，假如投资成功，预期的利润是多少。甚至连需要多长时间来确定项目是成功还是失败，都是一个不小的挑战。

此外，当决定是否要进行风险投资时，你还会考虑无数其他因素，比如：对这个项目熟悉吗？对工作团队有多大的信心？能在多大程度上控制项目的实施过程？是否有办法将项目分成好几个阶段，以限制最初的现金支出？

现实世界中的投资几乎完全不同于纯粹的赌博。做出投资决策时，我们不仅要面对风险，还要面对经济学家弗兰克·奈特（Frank Knight）所说的不确定性，即无法加以量化的风险。如果说有一种情况能够与损失一样让人厌恶，那就是不确定性。经济学家称这种现象为不确定性厌恶或模糊厌恶（ambiguity aversion）。俗话说："明枪易躲，暗箭难防。"很多实验也都证实了我们愿意为避免不确定性付出额外的代价。比起未知的风险，我们更愿意承担一个可量化的风险。

后见之明偏差，我就知道它会发生

人们之所以过度规避风险，还有第三种偏差。为了更好地理解这种偏差，读者不妨先想一想最近的新闻报道中让你感到惊讶的某个事件，或你个人生活中发生的事。现在再一次思考这些事情时，你能够找出早该料到它会发生的理由吗？当然，你的回答是肯定的。即便是一件完全出乎意料的事情，我们也能够迅速而简单地找到某些理由去解释它。例如，一些专家在投票日当天还自信满满地宣称唐纳德·特朗普永远不可能当选美国总统，但第二天他们就找到了许多理由，合理地解释了为什么他会当选，甚至认为他一定能当选。

这种在事件前后对其发生的可能性的巨大态度转变，就是心理学家巴鲁克·菲施霍夫（Baruch Fischhoff）所说的后见之明偏差（hindsight bias）。菲施霍夫让志愿者充当受试者，根据他们估计政治事件发生的概率，从而发现了这种效应。例如在一个实验中，菲施霍夫要求志愿者估计尼克松1972年访华的潜在后果发生的概率。过了一段时间之后，当这些事件真的发生了或者没有发生，菲施霍夫就要求同一批志愿者回想他们当初给这些事件设定的概率。当然，很少有人能清楚地记得他们当时设定的确切概率，但是大多数人都犯了同样的错误，当事情发生后，他们都高估了自己之前设定的概率："我就知道它一定会发生的！"相反，当特定的事件并没有发生时，他们却大多忘记了自己当初对此的笃定："我就知道这种事情是不可能发生的。"

后见之明偏差随处可见,甚至在历史教科书中也比比皆是。我们都会分析"第一次世界大战的成因"或者《凡尔赛条约》的后果"。但是,对于善于构建合乎逻辑的因果关系的一些历史学家来说,他们会在近乎无限多的事实中精挑细选。在事件发生时,通常几乎完全没有人注意到这些原因。

最近,一个由历史学家和人工智能专家组成的团队证实了这一观点。他们训练机器学习算法,试图只根据同时代的信息去预测特定事件日后是否会被视为具有重大历史意义。最终得出的结论是,重大历史意义是极其难以预测的。这个世界实在太混乱、太随机了,根本无法进行这种预测。只有利用后见之明,历史学家才能挑选出符合特定叙事架构的事实,并排除其他所有事实。这就是为什么历史可以有很多种似乎都合乎逻辑的解释,也是为什么不断会有新的历史修正理论会涌现出来。

这也解释了,为什么执着于"后见之明"的那些人,会如此固执地认为某些原属偶然的事件必然会发生。1940年,当英国面临纳粹德国迫在眉睫的致命威胁时,这个国家需要选择一位不屈不挠的"战士"来担任首相。我们今天很难想象,除了温斯顿·丘吉尔之外,这位首相还能是谁。但我们经常忘记,就在国王任命丘吉尔出任首相的前几天,下议院还没有人愿意赌他成功。挪威战役是一场军事灾难,而丘吉尔正是那场战役的主要策划者。不过,在一场关于挪威战役的议会辩论中,事态发生了异乎寻常的转变,最终促成丘吉尔出任首相。有人曾经问丘吉尔的传记作家马丁·吉尔伯特(Martin Gilbert),通过撰写这部鸿篇巨制学到了什么。吉尔伯特回答:"它让我明白了,历史上尽是悬而又悬之事。"

所有这一切不仅适用于重大的历史进程,也适用于我们自己的个人历程。当试图解释意外事故或失败时,我们往往会被后见之明偏差所累。回想一下我们当初假设的投资决策吧。如果最终在这个高风险投资中损失了1亿美元,那么没有人会记得当初决定承担风险是完全合理的选择。相反,每个人都会想出1 000个理由来说明失败是不可避免的。即便导致投资失败纯属意外,他们也会问为什么当时就没有预料到这种困难。毕竟,完全意料不到的事情是极其罕见的;他们会说,无论是谁在管理这个项目,都应该考虑到所有可能的意外事件。基本上每个人都会想,就像参加了菲施霍夫实验的那些志愿受试者的说辞一样:"我就知道它会发生!"

提出创业方案的管理者深谙此道。他们充分意识到,一旦事情有了结果,人们就会用后见之明对他们的主动行为做出评判。那么,他们为什么还要支持这种有风险的项目呢? 2017年诺贝尔经济学奖得主理查德·塞勒认为,在实践操作层面上,这种问题几乎无法解决。他写道:"首席执行官们面临的最棘手的一个问题,就是说服手下的经理人,让他们明白如果预期收益足够高,就应该接受高风险项目。"

损失厌恶、不确定性厌恶和后见之明偏差,共同导致了过度的风险规避。这有助于解释为什么企业真正愿意承担的风险远远低于它们能够承受的风险,不仅低于它们理应承担的风险水平,也低于它们的领导者自己所表示的可以承担的风险水平。①

谨小慎微的选择,大胆无畏的预测

但是,既然我们观察到,过度的风险规避与过度乐观一样,会导致许多错误,那么这两种情况为何会同时存在呢?比如说,杰西潘尼百货公司或者桂格公司的领导者们为什么没有因为风险规避而放弃冒险?当企业家决定把他们的资金和时间押到了具有内在风险的项目上时,为什么他们似乎完全不像上面讨论的经理人通常体现的那样,受到过高风险规避倾向的影响呢?换句话说,我们刚才分析的这种过分谨慎的风险规避行为,是怎么与第4章中讨论的那种大胆且过度自信的冒险行为共存的呢?

其实,这个悖论是很容易解释的。即便作为风险规避者,如果没有意识到风险的存在,仍然会做出有很大风险的决策。这就是企业会下大赌注的原因,因为在大多数情况下,它们并不知道自己的行动要承担多大的风险。

如果你有机会观察组织内部做出决策的过程,那么请你回忆一下最近一次参与风险投资项目讨论时的情景。是否有人认识到项目中包含着固有的不可降低的潜在风险,并且会将其提出来讨

---

① 除了这些经得起时间考验的解释之外,我们近年来观察到,还有其他一些因素也会导致大型公司的再投资处于历史低位,包括宏观经济背景和税法的变化。

论？提出这个项目的人有没有试着评估过失败或成功的概率？换句话说，这个风险投资决策和掷骰子看起来有什么相似之处吗？

你对这些问题的回答很可能都是响亮的"没有"，而且都有充足的理由。决策者原则上都会承认未来是不确定的，投资是有风险的。但是他们并不认为自己是根据统计计算得出的成败概率去下注的赌徒。对于他们来说，"风险"有着另外一层含义。风险是他们想要最小化的麻烦，是他们有责任去应对的挑战。只要经理人一提到风险，他们就应该同时列出为了减少风险必须采取的措施，或提出相应的建议。经理人眼中的风险与决策理论家眼中风险的含义截然不同。在决策理论家看来，风险指某种无法控制的东西，而在经理人看来，风险是一种必须加以控制的事物。[①]

这有助于解释为什么过度自信会导致错误。当某家公司铤而走险时，几乎从来都不是因为它有意决定把大赌注压在某一个高风险、高回报的项目上。相反，这通常都是因为该公司对一个过度乐观的前景有接近百分之百的信心。

形成这种错觉的决策过程，实际上是受到了第 4 章中讨论的那三种偏差——过度自信、计划谬误和过度精确的直接影响。投资项目可能存在风险，但是与之相关的预测往往过于自信。对销售、利润、完工时间等因素的预测总是过于乐观。同样重要的是，

---

① 这里的一个例外与金融机构有关，在这类机构里，风险通常被视为是一种技术性的业务变量。

过度精确也会导致决策者放大他们对这些计划的置信程度。

一个典型的例子就是那种同时包括了一个"基准情形"和一个"悲观情形"的营收预测报告。后者是一种预防措施，用于显示该项目推动者的主张的合理性。可以肯定的是，"基准情形"实际上是乐观的，而"悲观情形"却远远不是"最坏的情况"。对于计划提议者来说，根本目标是要将拟议中的项目描述得几乎肯定会产生令人满意的结果。而从公司政治的角度来看，这当然是一种聪明的做法：以不可动摇的信心去推动一个能够被视为"稳赢"的计划，获得批准的机会当然是最大的。

这些因素解释了企业为什么会既过度自信又高度风险规避。这两种偏差本来应该产生截然相反的两种效果，但这两种效果却不能相互抵消。丹尼尔·卡尼曼和悉尼大学商学院战略管理学教授丹·罗瓦洛（Dan Lovallo）在一篇名为《谨小慎微的选择和大胆无畏的预测》（*Timid Choices and Bold Forecasts*）的文章中这样描述这个悖论：在做出选择时是风险规避的，但当选择基于过度自信、过度精确的预测时，又似乎是很容易做出的。

当然，并不是组织中每个人都能让一个大胆的预测变得可信。投资流程的设计，在很大程度上就是为了"挑战"投资项目的倡导者，并对他们计划的真实可行性进行压力测试。在大型公司内部，项目投资提议会受到多个层级和部门的全方位审查。在每一个阶段，投资提议都要经受严格细致的分析，以消除任何过度乐观情绪的影响。

从这个角度来看，最大胆、风险最高的项目往往也是规模最大的项目，这种说法是有道理的。如果一个项目的倡导者处于接近组织层级最顶端的位置，那么他的建议、预测和假设就不会受到太多的审查。在最极端的情况下，有些项目本身就是首席执行官倡导或支持的，比如说大型的对外收购或彻底的组织变革。这么说来，发生于斯奈普公司和杰西潘尼公司身上的故事也就不足为奇了，因为它们正好属于这两种类型。

相反，由更基层的员工提出的小规模项目却必须克服重重障碍，在得到批准之前要经受多层审查。读者还记得那些惊讶于无人向他们提议投资风险项目的首席执行官吗？他们应该责怪的也许是公司严格而有效地执行了政策和程序。他们要求对某一个项目必须具备一定的置信水平，然而这种置信水平却难以得到证明，由此有效地阻止了员工提出创新性提议。

反其道而行之可能更为合理。一个大型的高风险项目，即便具备了很大的优势，也可能会将公司置于危险的境地。此外，在小型项目上冒风险则应该得到容忍，甚至得到鼓励。因为在高风险、高回报项目上采用多元化投资组合应该是一种非常理性的选择。然而很遗憾，当项目规模很大时，乐观主义更容易占上风，而当项目规模很小时，风险规避则会取胜。谨小慎微的选择与大胆无畏的预测相结合，共同解释了同一家公司的矛盾行为：一方面因极度缺乏令人兴奋的投资机会而坐拥大量现金，另一方面还是偶尔会进行近乎疯狂的赌博。

"他们不知道这是不可能做到的,所以他们做到了",人们常常会引用马克·吐温的这句话,尽管他可能并没有说过这句话。这句话也经常被用来鼓励大家要勇于冒险。但是人们没有注意到,它同时也非常巧妙地揭示了通常促使我们会去这样做的原因:不是出于勇气,而是出于无知。尝试着去做明知不可能的事情当然是下下策,因为顾名思义,"不可能"意味着成功的机会极其渺茫。但是,克服风险规避倾向,更多地去尝试一些需要冒一定风险的难事,同时保证完全明白自己正在做什么,则更是明智之举。就专业投资人士和风险资本家而言,风险是家常便饭,所以他们已经发展出了能有助于实现该目标的一整套方法,甚至可以说是一种文化。第三部分将更详细地讨论这个主题。

风险认知陷阱

- 公司似乎不敢冒险:囤积现金,经理人拒绝推行有风险的项目。这种风险规避倾向至少应该源于三种偏差:损失厌恶、不确定性厌恶、后见之明偏差。
- **损失厌恶**:人们因损失而感受到的痛苦大于因获得同等数额的收益而感受到的快乐。
- **不确定性厌恶**:比起未知的风险,我们更愿意承担一个可量化的风险。
- **后见之明偏差**:"我就知道它会发生!"
- 公司往往通过否认风险的存在来克服风险规避倾向。把有风险的构想包装成可靠的事情提出来,更容易得到批准,而不会给人留下冒险的印象。
- "谨小慎微的选择和大胆无畏的预测"这种组合导致公司拒绝低风险项目,而批准高风险项目;当然这与应该发生的情况背道而驰!

YOU'RE ABOUT TO MAKE A
TERRIBLE
MISTAKE

第 7 章

决策陷阱 7：
时间范围陷阱

我们终有一死。

——约翰·梅纳德·凯恩斯

第 7 章 决策陷阱 7：时间范围陷阱

"很多公司都不愿意对未来的成长进行投资。太多的公司削减了资本支出，甚至增加债务，以提高股息和更多地回购股票……如果出于错误的原因，以牺牲资本投资为代价，（向股东发放现金股息）可能会削弱公司获得可持续长期回报的能力。"

这段话是写给美国各大型公司的首席执行官的，目的是警告他们防范短期思维带来的危险。那么到底是谁有这个胆子？是某位政治活动家吗？是某个愤怒的工会领袖吗？还是某位担心州内就业机会减少的州长？都不是。这封信写于 2014 年 3 月，写这封信的人正是全球知名投资基金贝莱德集团的首席执行官拉里·芬克（Larry Fink）。芬克实际上是在说：不要给我更高的报酬；相反，我希望你们投资未来的事业，在研发或者员工培训上投入资金。

与那些常常因为鼓励高管关注股价和短期业绩而受到指责的股东、投资公司、养老基金和其他金融机构不同，芬克这位金融界泰斗一直担心企业没有把重点放在长期发展上。在芬克这封信公开数月之后，一向不喜欢批评资本主义的《哈佛商业评论》刊登了一篇封面文章《投资人对企业有害吗？》（*Are Investors Bad for Business?*）很显然，短期主义已成为一个令人担忧的因素了。更确切地说，人们担心的原因其实有两个，基于对短期主义的批判融合了两种截然不同的观点。

对短期主义的两种批评，摆脱股东至上，看向长远收益

首次对短期主义进行抨击并且备受瞩目的成文范例，应该是2019年美国"商业圆桌会议"发表的一份著名宣言。商业圆桌会议是美国非常有影响力的商界组织。这份由近200位首席执行官签署的关于"企业宗旨"的声明，宣称要摆脱"股东至上"的观念，重新强调必须以其他利益相关者的利益为目标，这其中应该包括顾客、员工、供应商，以及社区。

尽管存在着一些明显可见的阻力，这种批评却越来越被大众所接受，至少在原则上是这样。许多高管的行为都已经与过去那种坚持以股东价值为导向的原则渐行渐远了，那种原则可以用诺贝尔经济学奖得主米尔顿·弗里德曼（Milton Friedman）的一句名言来概括："企业的社会责任就是增加利润。"在这个方面，美国的企业正在追赶欧洲大陆的企业。在欧洲大陆，企业向来都有更广泛的社会愿景、更广泛的利益相关者群体，这早就成了标准。

此外，在许多国家，这些都已经被纳入了法律。

这种批评所引发的问题不仅涉及时间范围，它还涉及一个更大的议题，即关于企业在社会中应该扮演何种角色的问题。商业圆桌会议的宣言提倡"一种能够惠及所有美国人的经济"。对利润的追求与企业的社会影响、股东利益与其他利益相关者的利益目标之间存在着矛盾和冲突，这一点并不足为奇。事实上，这种矛盾和冲突是不可避免的。

或许更令人惊讶的是，即便我们只考虑财务目标，短期主义仍然会是一个问题。这也正是对企业短期主义行为的第二种批评。即便假设企业的唯一目的就是为股东创造价值，那么企业仍然有可能犯下严重错误，就因为它们会优先考虑眼前的收益而不是未来的利润。在写于 2014 年的那封信中，拉里·芬克想要传达的就是，如果公司今天不进行必要的投资，未来将无法维持盈利能力。①

要在不同的时间范围内取得平衡并不容易。研究表明，80%的经理人愿意放弃能够创造长期价值但无法实现近期利润目标的投资。在另一项研究中，研究人员采访了世界各地不同公司的大约 1 000 名董事会成员和高层管理者，其中 63% 的人表示，过

---

① 签署完 2019 年商业圆桌会议宣言后，芬克明确表示，他也关心公司的更广泛目标以及多方面的利益相关者。事实上，正如他在随后写给股东的信中所解释的那样，从长远看，这两个问题将会合二为一：无法证明自己对社会做出积极贡献的企业最终会无法经营下去，这对投资者来说不是好事。

去 5 年中，来自短期财报方面的压力有所增加。然而，近 90% 的人确信，如果站在更长远的角度制定决策，将会对财务业绩和创新能力产生积极影响。

这种偏重短期利润甚于长期收益的现象，有时候被人们称为管理短视（managerial myopia），这个问题在上市公司身上尤其突出。哈佛大学和纽约大学联合进行的一项研究证明，这种倾向已经发展到了相当严重的程度。研究人员从上市公司采样会计信息，将它们与同行业中规模相近的私营企业的对应数据进行比对。他们假设，股市的短期主义压力会导致上市公司的投资少于同行业中的私人企业。结果证实了他们的假设，而且结果相当惊人。在其他条件相同的情况下，私人企业的投资金额高达上市公司的两倍！此外，当营业收入增加从而投资机会增多，或者所在州的公司税税率降低，从而可以释放更多资金用于投资时，上市公司把握这些机会的速度也要比私人企业慢得多。

短期主义的两只替罪羊，短视的市场与贪婪的高管

对上市公司和私人企业的"管理短视"倾向进行的比较表明，我们很容易将短期主义的罪名归咎到投资者身上。不可预测且匿名交易的金融市场也是完美的替罪羊。对于公司高管们来说，随便给出的一个解释是，他们之所以不得不为公司每小时的股价变化感到烦忧，要怪那些反复无常的交易员。当然，残暴的股票市场还需要一些心甘情愿的"帮凶"，那就是首席执行官，因为通

过股票期权和其他机制，薪酬制度将他们个人的奖金与股价直接挂钩。按照这种观点，短视的市场再加上贪婪的公司高管，共同造成了短期主义。

这个解释似乎挺有说服力，但不能完全令人满意。它忽略了股市的一个基本事实：与通常的看法恰恰相反，股市并不执着于短期利益。事实上，股价所反映的主要是对公司在遥远未来会产生的现金流量的预期。大多数公司70%～80%的市值都反映了未来5年预期现金流量现值。换句话说，股市本身根本不是一个短期主义者，它会展望未来，关心的是公司的长期价值，而且在很大程度上这才是它要衡量的标准。

人们之所以很容易忽略这个简单的事实，其原因可以用一个术语来概括：波动性。尽管股价衡量的是公司长期价值，但这个指标每天都在变化。对未来价值的预期会受到公司及其环境的短期消息的影响。问题就在于，这种持续调整的过程经常被错误地解读为对短期结果的痴迷。例如，我们会看到一些报道称，股票市场"惩罚"了那些季度业绩很糟糕的公司。但这只是一个过分简化的说法。实际情况是，由于季度业绩惊人地下滑，市场修正了它的长期预测。股价之所以会在意外的坏消息后下跌，就是因为股市将这一消息解读为"它反映出影响长期业绩的潜在问题"。如果市场认为这些问题很严重，例如市场对一家公司的管理层彻底失去了信心，市场还可能会对新闻"反应过度"。这也正是公司高管们所担心的。

此外，股东和投资者也完全能够理解以长期结果为导向的战略。若非如此，亚马逊的股价就不可能在长年没有或者说几乎没有利润的情况下还能维持增长。那些所谓的"独角兽"企业也将不可能存在，因为它们在首次公开募股时通常还没有盈利，但是它们都承诺未来会有不俗的业绩。上市公司交易价格依据的不是短期业绩，而是这些短期业绩正在"讲述"的故事。

越来越多的大公司都在努力试图改变这个故事，他们与投资者之间的对话也是为了避免后者过度关注短期利益。例如，许多公司正在重新考虑业绩指导的做法。传统上，公司会将管理层为特定季度设定的每股收益目标作为评估指导提供给财务分析师。但一旦承诺，管理层就会被自己讲述的故事所困：如果未能达成目标，要么是因为未能实现计划，要么是因为计划一开始就不切实际。这两种解释都可以合乎逻辑地转变成质疑管理层能力的依据。它们会成为一种警告，对该公司实现长期目标的可信度产生负面影响。在这种情况下，管理层确实可能会受到股价下跌的"惩罚"。而为了避免这种短期后果，公司一般会削减研发或员工培训方面可自由支配的支出，而这样做可能会对公司的长期价值创造产生负面影响。

考虑到这个严重的缺点，提供收益指导似乎并不值得。相比较而言，估值倍数（valuation multiples）似乎不受短期目标承诺的影响；股价波动率也是如此。可口可乐、开市客（Costco）、福特、谷歌和花旗集团等许多公司都已经放弃了提供收益指导这种做法。联合利华公司现在甚至更进一步，与它主要的欧洲竞争对手一样，一年只公布两次业绩，而不是每季度公布一次。

那么，这些公司现在怎样了？投资者抛弃他们了吗？他们的股价崩盘了吗？根本没有。许多公司发现他们的投资者群体发生了变化，但这是一种积极的变化：吸引到了更多关注公司内在价值的投资者，而寻求快速获利机会的投机者则减少了。由于他们不再大谈特谈短期收益，因而吸引到了更关心长期收益的新股东。联合利华公司首席执行官保罗·波尔曼（Paul Polman）早在2014年就发现："当我们宣布终止发布业绩指导时，公司股价下跌了8%……但我并不在意这个，股价临时性下跌不会让我觉得烦恼。我的看法是，从长期来看，公司的真实业绩最终一定会在股价上反映出来。"2018年，沃伦·巴菲特和摩根大通董事长兼首席执行官杰米·戴蒙（Jamie Dimon）在《华尔街日报》上联名发表了一篇专栏文章，他们建议其他上市公司也采取同样的做法："减少甚至取消季度收益指导，并不能完全消除美国上市公司目前面临的短期业绩压力，但这将是迈向正确方向的重要一步。"

那么怎么看待很容易成为替罪羊的首席执行官和他们的薪酬方案呢？对公司高管的激励措施有没有在管理短视中发挥一定的作用？很显然，这个问题的答案取决于对高管的激励机制的具体结构。但是，经常受到批评的股票期权制度，实际上也可以用来鼓励长期思维。由于股票价格体现了长期因素，因此那些为了眼前的收益而牺牲未来的首席执行官将导致股票期权的价值下降。因此，如果股市确实比我们通常认为的更注重长远，那么股票期权的持有人也该如此。

总之，短期主义确实存在，但无论是来自股市的压力，还是公司高管的自私自利，都不能充分地解释短期主义为什么会存在。此外，短期主义的危害对象也远远不止上市公司首席执行官。说到对短期收益的偏重，公共机构不也想推迟长期的基础建设投资吗？想想大城市的交通管理部门的养护投资，或者高速公路系统急需的改造工程吧。简单地说，有人曾因为过度的长期思维而受过批评吗？

如果这些问题的答案是显而易见的，那是因为寻找替罪羊再次把我们自己引入了歧途。高管们当然过于关注短期利益，但关键是，我们每个人都是如此。

现时偏差，人人都是短期思维者

我们先引用一个经典的行为经济学实验。在这项实验中，受试者要回答这样一个问题：愿意今天就得到100美元，还是等到明天再得到102美元。你很可能会选择前者。这样回答是符合常识的，许多语言中都有类似表述，其中两则著名谚语就分别从不同角度诠释了这一点。第一则是"时间就是金钱"，今天得到的100美元，放到明天就能赚到一定利息。第二则是"一鸟在手胜过双鸟在林"，对任何事物的等待都是有风险的，因为承诺不一定可信。

在今天的100美元与明天的102美元之间做出选择，是经济学基础课程中的一个非常初级的问题。我们会使用贴现率（discount rate）来比较现在的价值和未来的价值。贴现率是一种能够同时反映时间因素和风险因素的利率。选择今天得到 100 美元而不是明天得到 102 美元，隐含地表明你的贴现率高于每天 2%。换句话说，必须用比这更高的利率来补偿你付出的耐心和承担的风险，你才愿意多等待一天。如果换成等到明天可以得到 150 美元，那么你很可能会选择等待。

到目前为止，一切都很顺利。问题在于，我们的贴现率根本不是一成不变的。下面用同样的数字，但把日期改一改。你是愿意一年后得到 100 美元，还是愿意一年零一天后得到 102 美元？对于绝大多数人来说，答案是显而易见的。既然我们已经等了这么长时间了，还在乎多等一天吗？不如多拿 2 美元！

这种想法看似非常自然，甚至可以说是显而易见的，但实际上是不合逻辑的。如果在第一种情况下你选择了 100 美元，但是在第二种情况下你决定多等一天得到 102 美元，那么为什么你的贴现率会随着时间的流逝而发生变化呢？或者，换一种更简单的问法，如果你在一年后愿意为了多拿 2 美元而再等上一天，那么为什么现在就等不及了呢？或者，再换一种更能突显出这个悖论的问法：在经过了整整一年后，第二种情况下的选择难道不是与第一种情况下的选择完全一样吗？它们都是在今天和明天之间做出的选择！

这个实验表明，当其中一个备选项涉及当下此刻时，我们的耐心就会少得多。也就是说，如果今天就必须做出决定，人们就更有可能选择"一鸟在手"，而对于将来才发生的事情，才更有可能选择"双鸟在林"。这种倾向通常被称为现时偏差（present bias），它已经得到了广泛证据的支持。例如，在一个类似于上述实验的实验中，理查德·塞勒也让受试者在现在支付 15 美元与将来支付更高金额之间进行选择。未来的支付金额需要多高才会让人觉得值得等待？如果延迟 10 年再支付款项，答案的中位数是 100 美元；如果只延迟 1 个月付款，答案的中位数则为 20 美元。这些数字乍一看好像没有什么不妥之处，但在经济学家看来，这些数字反映出了贴现率之间的矛盾：延迟 10 年的支付所隐含的年贴现率为 19%，而延迟 1 个月支付所隐含的年贴现率则高达 345%。

一个更明显也更常见的现时偏差的例子是自制力问题。我们通常很难抗拒甜点的诱惑，也很难戒烟，又或者很难坚持每天早起去健身房健身。尽管预料到将来肯定能够从这些良好行为中获得不少好处，但到新年来临时，我们还会再次许愿，发誓一定会清空存放糖果和香烟的橱柜，或者天天去健身房锻炼。许愿当然很容易，但这其实等于向自己承诺，我要从"明天"开始努力，然后到"后天"就可以收获好处了。同样，我们也拒绝从今天开始做，然后明天获得同样的好处。只要不需要马上去做，我们就能保持绝对的耐心。

如果将现时偏差与第 6 章讨论的损失厌恶结合起来，我们就能够很好地理解短期主义的行为基础了。回想一下，在成本—收益分析中，"损失"比同等大小的收益更重要。另外，在对现在和未来进行权衡时，现在则是更重要的。因此很显然，若选择为了明天的收益，而在今天承受损失或付出努力，则该主张毫无吸引力可言。宣布短期目标无法实现会被界定为是一种损失。即便可以用更长期的收益计算来解释，它也会被视为是一种失败。由此造成的信用和威望的损失似乎令人无法忍受。

短期主义也是惯性陷阱的成因之一，因为惯性会鼓励我们推迟做出艰难决策。选择停止承诺升级就是这种艰难决策。出售或关闭失败的业务部门，终止没有成果的项目，这些举措就会留下失败的记录。即便眼前的短期损失能够带来长期的收益，或避免更大的损失，但损失厌恶和现时偏差也会让制定这种决策变得非常困难。

所有这一切全都符合人性，非常符合人性……因此我们忍不住再一次要用美德和恶行、英雄和恶棍的对比来表述这个问题。例如，美敦力公司（Medtronic）前首席执行官比尔·乔治（Bill George）在讲到首席执行官的职责时曾经这样写道："优秀的管理者必须有勇气顶住外界压力，不向短期利益低头，专心致力于追求长远利益。"

如果问题可以用有勇气的"超人"与屈服于压力的"凡人"之间的对立来解释，那就简单了！但是解决这个问题需要的不仅仅是道德宣言。管理时间范围的难度在于，这不仅仅是资本主义的弊病，也不只是因为某些首席执行官缺乏道德信念，而是人性使然。

时间范围陷阱

- **短期主义**并不仅仅意味着把股东的利益置于其他利益相关者的利益之上,它也在于为了眼前利益而牺牲长远利益的偏好(**管理短视**)。
- 来自股市的压力并不足以解释短期主义,因为股价也反映了长期效益。
- **现时偏差**反映的是我们在时间偏好上的不一致。
- **短期主义**是损失规避加上**现时偏差**的结果。

YOU'RE ABOUT TO MAKE A
TERRIBLE
MISTAKE

第 8 章

决策陷阱 8：
群体迷思陷阱

为人处世的智慧教导人们,
宁可依循传统而失败,
也不要通过打破传统去追求成功,
因为前者的名声更好。

——约翰·梅纳德·凯恩斯

第 8 章　决策陷阱 8：群体迷思陷阱

1961 年，当选不久的美国总统肯尼迪在"吉隆滩战役"中一败涂地。此次战役也成为美国历史上的一个耻辱时刻。

许多历史学家后来证明，这次惨败与时运不济无关。提交给肯尼迪总统的计划本身就充满了各种矛盾和漏洞，以及不切实际的假设。令人不解的是，肯尼迪总统和他的核心决策圈子成员，都是同时代人中最优秀、最聪明的一些人，他们怎么会做出这样一个灾难性的决策呢？或者，借用肯尼迪总统事后的一句追问就是："我们怎么会如此愚蠢？"

同样的问题也适用于本书前几章讨论过的所有糟糕的决策。为什么没有人拉响警报，阻止情势失控？这些公司的董事会为何未能阻止出价过高的收购，或者他们为什么没有注意到危险的信号？

为了理解这一点，我们需要先暂时跳出认知科学领域，考虑一下社会心理学。领导者虽然必须承担最终的责任，但在组织内部，他们并不是独自做出决策的。之所以他们会犯下大错，通常是整个团队共同导致的结果。

消除分歧，人们为什么会"屈从"群体的观点

时任肯尼迪总统特别助理的小阿瑟·M.施莱辛格（Arthur M. Schlesinger Jr.）后来在回忆录中这样写道："吉隆滩战役之后的几个月里，我一直深深自责，为什么会在内阁会议室的关键讨论时保持沉默……除了怯懦地提出几个问题之外，我什么也没做。我这样做的唯一理由是，就算有人想给这一荒谬的行动敲响警钟，在当时那种讨论氛围里，那样的冲动也会烟消云散。"

这段思路清晰的坦白可谓群体迷思（groupthink）的一个完美例证。群体迷思这个词由美国社会学家威廉·怀特（William Whyte）于多年前创造，而后由心理学家欧文·L.贾尼斯（Irving L. Janis）推广开来。贾尼斯对群体动力学的研究，有一部分就是基于对吉隆滩战役决策的研究。施莱辛格是肯尼迪最信任的顾问之一，他从一开始就确信那个决策是错误的，并意识到其潜在的灾难性后果。然而，这位声名卓著的知识分子除了谨慎地提出几个问题外，没有其他任何作为。他把自己的疑虑深藏起来，遵从了整个团队及其领导者的普遍意见。

之所以会出现这种现象，关键就在于施莱辛格所说的"讨论氛围"。严格来说，群体迷思这种东西根本不存在，因为群体本

身根本不会进行任何思考，思考的是群体中的个体，而且个体的意见也并不总是完全一致。我们都曾目睹过与会人员因为彼此意见不同而激烈争论的情景，有时争论甚至会演变成个人冲突。然而，在吉隆滩战役的决策中，群体似乎有了自己的思维方式，甚至压制了与会者的独立想法。这种同质性到底从何而来？群体的每位个体成员究竟何时又是为何接受了他所认为的在群体中占主导地位的观点？

心理学家所罗门·E.阿希（Solomon E. Asch）在20世纪50年代率先探讨了这个问题。在一系列著名的实验中，阿希要求一小群参与者完成一项极其简单的任务：比较印在一张纸上的几条线段的长度。只不过，阿希要求他们一个接一个大声地回答。每一轮实验中最先回答问题的那几个参与者实际上是实验组织者事先安排好的"同伙"，他们全都以充满信心的语气，大声给出同一个错误答案。只有最后一个回答的那个参与者才是实验中真正的"小白鼠"。他的选择很简单：要么说实话道出真相，要么遵从群体的意见。在他之前，群体的所有其他成员都一致认同了一个显然错误的答案。

时至今日，这个实验的结果仍然会令我们惊讶不已。大约3/4的参与者至少有一次选择遵从群体的意见，即便他们非常清楚自己所表达的意见与自己了解到的证据之间存在矛盾。群体迷思的力量足以使这些实验参与者屈从群体的观点。

不要忘记，那是在一群完全陌生的人面前回答一个不需要思考或判断的问题，而且正确的答案就在眼前。在这种情况下，我们尚且决定选择遵从群体的意见，那么当面对可能有多个解决方案的复杂问题时，我们的意见很容易受到群体观点的影响，这又有什么值得惊讶的呢？如果我们面对的是同事和上级，前者的观点需要尊重，后者的指示必须服从，这时我们当然更容易受影响了。对此你还会感到惊讶吗？

正如对于之前讨论过的其他偏差一样，理智的"免疫系统"对这种偏差也会立即提出许多反对意见。我们可以想出很多理由来解释为什么我们自己能够对群体迷思免疫，不会像那些天真、容易受他人暗示影响的受试者。也许，阿希实验中的那些受试者是特别容易受影响的人呢？或者他们只是出于方便而选择遵从群体意见的吧？那样做可以避免尴尬。毕竟，在一个不会产生现实影响的实验中，不值得费心地去纠正无能的陌生人。

如果你的脑海中一直萦绕着这样或那样的反对意见，如果你怀疑群体迷思是否真的能够影响你，那么另外一个故事或许会让你重新思考。2014 年，在可口可乐公司召开的一次董事会会议上，管理层向董事会提交了一项股权薪酬计划，请求董事会批准。这个计划相当慷慨，因而招致多位股东公开反对。一名身为积极投资者的大股东认为，这项计划将大幅稀释股东权益。他甚至将这种否决视为对股东利益的保障，必须竭力抵抗管理层的贪婪之举，上市公司董事会必须为此尽到职责。在争取到其他一些持有股份的投资基金的支持后，他要求董事会否决这个计划。

对于这个积极投资者的观点，我们可能有不同的立场。当然，可口可乐的管理层并不认同他的观点。但是，解决这个问题是董事会的职责。凑巧的是，可口可乐的董事会里有一位非常出色的独立董事，他经常批评股票期权，甚至称之为"彩票"。经过一番计算后，他不赞成这项计划。这位独立董事毫不掩饰自己的观点，甚至在接受美国消费者新闻与商业频道（CNBC）采访时也明确表达了自己的观点。考虑到这一切，人们可能会认为他会投反对票。到了真正投票时，他却没有这样做，相反，他弃权了。后来有人问他为何如此，他的回答一如既往地坦率："反对这个股票期权计划有点像在餐桌上打嗝。我的意思是，你不能经常在餐桌上打嗝，否则，你很快就要被赶到厨房去吃饭了。"

你可能现在已经猜出来这位独立董事是谁了吧？是的，他就是沃伦·巴菲特。如果说有哪位董事有实力对抗董事会的其他同事，那就非他莫属了。作为股东，他当时拥有可口可乐公司约9%的股份，他的利益与他应该代表的其他股东完全一致，而不是与管理层一致。然而，尽管巴菲特确信那项股权薪酬计划非常糟糕，但是他拒绝破坏整个团体的和谐。他的评论道出了其中的真谛："我爱可口可乐。我爱这个公司的管理层。我爱这些董事。所以我不想投反对票。"

如果你以前认为，良好的公司管理无非就意味着董事会中拥有一批称职能干、意志坚定、立场独立的董事，那么这个故事应该足以让你三思了。但是，人们或许还可以这样认为：由于董事会当时已经形成了一种公开冲突的局面，巴菲特在这种情况下弃权不失为一个明智的战术选择。由于没有公开与公司管理层唱反调，巴菲特很好地维系了与后者之间的牢固关系，从而可以适时谨慎地利用这种关系，推动对股权薪酬计划的调整，使之更容易被其他股东接受。事实上，在这个具体案例中，事态的最终演变正是如此。但在通常情况下，情况并非如此。巴菲特说："在我任职的19家公司的董事会中，我还从未听说有人在董事会会议上公开说他们反对某项薪酬计划。"如果这才是常态，那么股东似乎不太可能指望董事会能够对这类计划施加有效的控制。

此外，即便是在气氛和谐、没有任何明显冲突的情况下，群体迷思也会影响我们。一家私募股权基金在审查负责批准收购与撤资的投资委员会的决策过程时，就发现了这一点。在这种情况下，委员会所有成员的利益是完全一致的，所有成员都在该基金中投入了资金，并根据基金的业绩获得附带权益回报。这应该能有效地激励他们做出正确决策吧！不过，为了保险起见，投资委员会还是通过了一项规定：要想批准一项投资，12位委员会成员中必须至少有10位投赞成票。也就是说，差不多要在所有委员一致同意的情况下才能批准进行投资。

然而，在分析过去的投资时，委员会成员发现他们有时候过于乐观了。他们对这个结果颇为惊讶。他们原本担心要征得几乎所有成员的一致同意才能批准投资的要求，可能会由于他们的过于谨慎而错过有吸引力的投资。但既然已经有了如此严苛的规则，他们为什么还是做出了有风险的投资决策呢？

只要仔细思考一下这个委员会中的人际关系，这种悖论就很容易解释了。这就像是足球队。对于任何一支球队来说，集体取得胜利当然很重要，但最好是由自己进的球。同样，假设一项投资大获成功，那么得分的英雄就是提案得到委员会批准的那名成员。今天要对"同僚"的投资提案进行投票的每一个委员，明天就有可能提交他自己的投资提案。如果他质疑别人的投资计划，那么日后自己的提案怕是也会遭到质疑。这样一来，群体迷思的陷阱就形成了。

而且更加糟糕的是，通过与委员会成员的进一步沟通，我们发现，"必须得到绝对多数同意"这个要求，不仅未能限制群体迷思的影响，反而使它的影响变本加厉。

要理解其中的原因，读者要设身处地为一个持怀疑态度的委员会成员想一想。你知道，如果你是第一个提出尖锐反对意见的人，那么其他人很可能会跟着提出疑问，特别是当你提出的观点非常有说服力的时候。也就是说，通过打破沉默以及这种沉默所隐含的"共识"，你也就给了其他人畅所欲言的权利。你还应该知道，只要再有两个人与你有同样的疑虑，就足以扼杀这个投资计划了！你当然也知道，提出这个投资计划的"同僚"已经为它辛苦工作了好几个星期，并且把自己的部分声誉押在了上面。你真的想让别人记住你就是发起这场不利于他人的讨论的那个人吗？

在这个以及许多类似的群体中，打消自己对他人提出的投资计划的疑虑，几乎是一种不可抗拒的诱惑，就像在所罗门·阿希的实验中的受试者必须压制他们对线段真实长度的怀疑一样。即便是那些利益完全一致且经验丰富的经理，也可能选择保持团队的和谐，而不是公开表达一个有充分根据的反对意见。

看待群体迷思的两种方式，社会压力还是自我调整的结果

人们用于描述群体迷思的词通常反映出自身的道德立场。我们会很自然地认为，屈服于集体思维的那些人都缺乏将自己的观点表达出来的勇气。

的确，群体迷思确实与社会压力有一定关系。由于害怕遭到报复，我们屈服于大多数人的想法。这种报复有时是真实存在的，例如投资委员会成员在投票时就必须考虑自己下一次提出的投资计划会受到何种"待遇"。不过，更常见的"报复"都是象征意义上的：如果你反对群体共识，群体的其他成员会觉得你的行为无法理解，然后他们会讨厌你，接着会排挤你。对于这种处境，沃伦·巴菲特用一句"被赶到厨房去吃饭"半开玩笑式的妙语做出了堪称完美的总结。无论报复形式如何，那些害怕报复的人都会保持沉默，以免真的遭到报复。不管你认为这是懦弱、明哲保身，还是懂得如何明智地选择战斗方式的务实标志，其根本机制都在于社会压力。

但是，让个体成员在群体内部保持沉默，还有另一个或许更值得称道的理由。我们之所以改变自己的观点，也可能是因为我们已经完成了根据多数意见进行的理性调整（rational adjustment）。当一个群体中大多数成员都持相同观点时，他们应该有很充分的理由，因此他们的观点很可能是正确的。这种假设完全合乎逻辑。这种基于常识推理的合理性，早在200多年前，就已经由法国数学家和政治哲学家孔多塞用数学方法证明了。在1785年发表的陪审团定理（jury theorem）中，孔多塞指出，如果几个选民独立地形成了他们自己的观点，同时每个人的观点正确的可能性大于错误的可能性，那么多数人所持观点正确的可能性将随着投票人数的增加而增加。换句话说，在这些看上去似乎相当合理的条件下，"持多数观点"的人越多，他们的观点越有可能是正确的。

就一个管理团队而言，假设你的每位同事的观点都更有可能是对的而不是错的，从逻辑上看是非常合理的。如果情况并非如此，那么你可能应该立即着手另找一份工作了。这一点不仅在一般情况下是正确的，而且在涉及某些特殊问题时也是如此。当你相信某位同事聪明能干、知识渊博，而且对你们正在考虑的问题有充分了解时，你就应该更加重视他的观点，这是明智之举。在私募股权基金那个案例中，该基金将"绝对多数委员都投赞成票时才能批准投资"这个规则视为对抗投资风险的一道"防火墙"，同时，投资委员会的每个成员都很清楚，提出投资计划的那个委员是相关行业的专家，并且已经对投资标的进行了细致的尽职调查。对于一个通才型委员来说，在第一次阅读投资计划时，尊重制订计划的人的判断是相当明智的做法。

在这种情况下，群体的热情可能比个人的怀疑更有分量，这种结果可能完全合乎情理。[①] 当你带着"少数意见"去参加会议，最终却选择保持沉默，这可能只是因为你意识到了自己最初的观点是错误的。接受多数人的意见并不一定是软弱的表现；恰恰相反，那可能是理性的选择。

那么，当个人选择遵从多数人的观点时，到底是社会压力的结果，还是自己理性调整的结果？哪一个动机更强一些？群体迷思的强大力量，就源于这两种机制之间不可分割的联系和交缠。也许，有些人有意选择把怀疑和问题留在心中，对外则缄口不言。但是大多数接受了多数观点的人，实际上已经改变了自己的想法。当群体共识逐渐浮现后，随着社会压力相应增加，他们会被自己听到的观点和论证真正说服，因此最终他们其实并没有压制自己的疑虑，而是已经消除了所有疑虑。而且，他们有现成可用的理由来解释自己为什么要改变主意。这并不是怯懦，而是一种明智的诚实。

信息级联与群体极化，要么更加极端，要么更有信心

典型的群体迷思会压制不同意见，从而使群体的所有成员都

[①] 一个人会根据他人的意见来理性地改变自己的观点，这种改变可以达到何种程度，是有可能通过定量方法加以确定的。我们将在第15章中再来讨论这一点。

向某个先前就已经存在的观点靠拢。但是在某些情况下,群体迷思还可能进一步强化多数意见。

要理解这一点,不妨想象一下现在正在举行一次管理层会议。与会者轮流发言表达自己对某个议题的立场,例如,他们是否支持一项投资计划。所有与会者当然都会进行"理性调整"。如果第一位发言人表示赞成该投资计划,那么第二个人在准备发言时就会将这一点考虑进去。如果第二个人有机会先发言的话,他可能会表示对该投资计划心存疑虑。但是现在自从听了同事的发言之后,他对这个投资计划更有信心了,更有可能毫无保留地支持这个计划。然后轮到第三个人发言了,他发现自己的两个同事都表示了赞同,于是他也更有可能投下赞成票。依此类推,每个人都会以一种完全理性的方式调整自己的判断,以便将前面发言的同事表达的观点考虑进去。这就构成了信息级联(information cascade)。

信息级联会带来两个重要的后果。如果你曾经主持过会议,就肯定很熟悉第一个后果:不同的发言顺序会改变讨论的结果。信息级联会赋予第一位发言人的观点极高的重要性。在第15章中,我们还将回过头来讨论这个现象,并分析它对那些希望建立高品质对话的人会产生怎样的实际影响。

第二个后果则更为微妙:信息级联可能会导致一个完全理性的群体犯下个体单独行动时本来可以避免的错误。为了理解这一点,让我们回过头去看一看那个人为简化的投资决策的例子。每个与会者都会考虑在自己前面发言的人的观点。假设先发言的人都表示赞成，再假设后来的发言人认为，前面那些发言人提出的支持该计划的理由比他们自己怀疑该计划的理由更有分量，于是这项建议最终获得一致通过。万事大吉！

只不过……这个一致通过的决定可能是个错误。信息级联的悲剧就在于，每个个体合乎逻辑的决定可能会给整个群体带来灾难性的结果。级联的每一步都会丢失一些信息，因为每一位发言人都会尽量避免提出忧虑和怀疑。如果把自己的忧虑和怀疑表达出来并被群体中所有成员考虑，那么就有可能打破群体的平衡。这就导致只有某些成员知悉的私人信息，无法被所有成员共享，或者只是得到部分共享，因此在讨论中没法发挥其应有的作用。所以讨论最终将会集中到那些已经公开表达出来的信息和观点上，而它们都是群体共识。总而言之，整个群体的信息量将低于其所有成员信息的总和。

至此，我们很容易就能看出，信息级联不仅会导致群体赞同多数人的观点，还会使这个观点变得更加极端化。许多研究都表明，以群体讨论的形式进行商议，同时会产生两个效应。第一个效应是，群体最终往往会得出一个比其一般成员最初倾向于提出的结论更加极端的结论。第二个效应是，群体中个体对群体结论的信心，将比没有进行讨论的情况下更强。这种双重放大，即结果本身的强化和群体对结果的信心的增强，也就是通常所说的群体极化（group polarization）。

最近的研究表明，公司董事会下设的薪酬委员会在讨论首席执行官的薪酬方案时，这种现象就会浮出水面。无论是好是坏，大多数公司都会根据某个基准水平来确定首席执行官的薪酬。它们这样做的目的是设立一个参照点，同一行业中规模大致相同的公司首席执行官平均薪酬水平。[1]然后，薪酬委员会以这个参照点为基础，决定本公司的首席执行官应该得到比这个基准薪酬更多还是更少的薪酬。为了评估群体极化现象有没有发生，研究人员分析了薪酬委员会成员在他们曾经供职过的其他董事会中的决策模式。结果发现，有些委员倾向于向首席执行官支付高于市场平均水平的薪酬，有一些则恰好相反。那么这种背景是否会影响他们在下一个董事会中的决定吗？答案是会，而且协商审议过程将进一步放大这种影响！如果董事会成员之前投票支持向首席执行官支付高于市场平均水平的薪酬，那么协商审议程序会导致他们赞成给首席执行官支付比以往还要高的薪酬。反过来，如果董事会曾经向首席执行官支付低于相关参照的薪酬，那么董事会成员设定的薪酬水平，甚至会比他们此前设定的薪酬水平还要低。薪酬委员会的审议程序强化了其成员的最初偏好，或者说，它们促成了群体极化。

群体极化经常导致的另一个现象是承诺升级，对此我们已经

---

[1] 将首席执行官的薪酬水平与同行业薪酬水平挂钩，这种做法仍然存在着不少争议，不仅因为这种做法容易受到群体极化的影响。很显然，大多数首席执行官都非常自信地认为自己的业绩高于同行的中位数水平，许多董事会似乎也同意他们的看法。这种做法还可能是近几十年来高管薪酬上升的一个重要驱动力。

在第 5 章中讨论过。一般来说，承诺升级的根源不在于个人，而在于团队，甚至在于整个组织。当决策由群体来做出时，承诺升级不但会更加常见，也会更加强烈。

群体迷思与企业文化，当违规成为规则

毫无疑问，所有这些群体动力学因素都会因文化的同质性而进一步加剧。当一个人对自己的同事产生了认同感时，他会更加尊重同事的判断，同时强烈的共同价值观也会增大个人遵从群体观点的社会压力。因此，同质性会同时强化群体迷思的两大"引擎"。许多研究都证实，当团队成员认同某种共同的组织文化时，他们更倾向于把自己的怀疑藏在心里，同时所持的观点则更加极端化，并且会固执地"一条路走到黑"。

当一个组织中的某个群体做出了该群体成员个人不会做出的有害决定时，群体认同的重要性就显现出来了，这个问题通常被描述为"有毒的文化"。在这个方面，富国银行就是一个很好的例子。它从 2016 年起陷入了一场持续数年之久的危机。富国银行鼓励自己的员工通过向客户"交叉销售"尽可能多的金融产品和服务，来提高自己的销售业绩。然而，向客户推销是一件困难的事情，而在不告知现有客户的情况下，将储蓄账户、信用卡、附加保险和其他服务添加到现有客户的账户中却要容易得多！为了做高销售业绩，富国银行的员工利用伪造的电子邮件、密码和地址，开设了数百万个虚假账户，有一名员工甚至还伪造了客户的签名。

显然，每位银行员工肯定都应该知道，这种做法是违法的。然而，它们在富国银行似乎一度非常流行。后来的调查表明，该银行的员工开设了 350 万个假账户，最终至少有 5 300 名员工被解雇。截至 2018 年年底，富国银行已支付了大约 30 亿美元的罚款与和解费用，而且还要面对更多的罚金和惩罚性罚款，总计可能高达数十亿美元。违规行为的规模已经达到了如此庞大的地步，我们要讨论的就不仅仅是"一筐苹果中的几颗烂苹果"了，而是"整整一筐的烂苹果"。后来，针对富国银行的调查报告得以公开，其中充斥着该银行员工的评论，他们痛斥富国银行"有毒的销售文化""残酷的企业文化"，以及各种各样的"文化问题"。

但是，当我们谈论"企业文化"时，它指的到底是什么呢？当然，我们要先来看一看银行本身是否有问题。一开始，富国银行出台了一系列激励措施，鼓励员工增加销售。幸好，并非所有必须完成销售目标的员工都违反了法律。要想形成"有毒的文化"，仅靠激励是不够的。当每个人都能在自己周围的环境中观察到违规行为时，违规行为就会变得猖獗起来。当许多你向来尊重的同事采取了不合规的做法，尤其是当你的老板也在这样做，或对此视而不见时，这种"不正常"也就变成了"正常"。群体迷思会使异常行为正常化。于是，违规反而成为"规则"。"既然他们都这么做，我为什么不能呢？"

拥有相同企业文化、随时可以观察到违规行为，以及服从集体思维，这些都是导致公司陷入下行螺旋的重要因素。当群体迷思不仅在一家企业出现，而且在整个行业出现时，或者当市场经济中的所有参与者都开始以同样的方式思考时，下行螺旋还可能以投机泡沫或系统性危机的形式出现。

关于群体迷思造成的破坏，我们在这里只是给出了一个简短的清单，远没有穷尽所有情况。即便如此，这个清单确实已经说明了群体迷思导致的各种重大错误的重要社会含义。

也许你还注意到了，所有这些错误中还有另一个重要的组成元素，那就是偏离组织目标的个人激励，这正是第 9 章的主题。

群体迷思陷阱

- **群体迷思**会导致掌握信息最多的那个与会者把疑虑藏在心里。
- 群体迷思对个人来说是理性的:部分是因为社会压力,部分是因为考虑他人的观点是合乎逻辑的。
- 群体迷思对群体是有害的,因为它导致有用的私人信息无法被公开。群体还会放大多数意见,导致**群体极化**。
- 同质性,即共同文化的存在,加剧了群体迷思。

YOU'RE ABOUT TO MAKE A TERRIBLE
MISTAKE

第 9 章

**决策陷阱 9：
利益冲突陷阱**

当一个人本来就是靠搞不清楚某件事来获得工资时，你是很难让他明白那件事的。

——厄普顿·辛克莱（Upton Sinclair）
美国作家

第 9 章　决策陷阱 9：利益冲突陷阱

个人利益会影响决策，这当然算不上一个全新的观念。但是关键在于，每当听到事情出了差错，我们最先想到的解释通常就是这个。造成 2008 年金融危机的那些银行家，他们的行为难道不受其薪酬结构的影响吗？还有那些热衷于进行高风险收购的首席执行官们，他们最关心的难道不是扩张自己的"地盘"，从而吸引媒体的注意吗？那些不断推迟艰难改革的政客，主要考虑的难道不是自己能否连任吗？

所有这些问题的答案似乎都是不言而喻的。早在 1776 年，亚当·斯密在谈到当时所谓的"股份有限公司"时就已经指出："这些公司的董事……因为他们管理的是别人的钱而不是自己的钱，所以你不可能指望他们像管理自己钱财的私人合伙公司的合伙人那样，尽心尽力，高度警觉。"

亚当·斯密的结论与现代经济学中的代理理论（agency theory）遥相呼应。代理理论，也称委托－代理模型（principal-agent model），它刻画了"委托人"将权力委托给"代理人"时会出现的问题。例如，首席执行官是股东的代理人，员工是领导者的代理人，民选官员则是"人民"的代理人。代理理论认为，由于委托人和代理人的激励不完全一致，同时双方所能掌握的信息也不同，因此代理人做出的决策从委托人的角度看，最多只能是次优的。根据这些见解，经济学家推导出了一系列重要结果，揭示了委托人与代理人之间订立契约的最优方式。委托－代理模型还推动了这样一种观点的普及，即公司高管的业绩表现应该只根据他们为股东创造的价值来评估，并据此进行奖惩。

事实上，当试图去理解人类的各种行为时，我们的思路一直与委托－代理模型的基本思想相当接近。我们常常"理所当然"地认为，每个人都是自私、不顾他人，甚至可以说是见利忘义、打着如意算盘的人。他们会抓住每一个机会，以牺牲他们所服务机构的利益为代价来追求个人利益。用马克思在《共产党宣言》中的那句名言来说就是，他们不惜将公共利益"淹没在利己主义打算的冰水之中"。然而，这个已经得到了普遍认同的解释有一个内在的矛盾，那就是，尽管它通常是正确的，但是我们将会看到，它同时也是非常不充分的。

我们不是天使，战略选择与个人利益密不可分

大量研究都为商业世界中的委托－代理模型的适用性提供了实证支持。公司高管们都不是天使。企业领导人的战略选择与其

个人利益之间存在着非常明显的联系。例如，无论是在财务上，还是在情感上，他们似乎有很强的动力去尽力扩大自己所领导公司的规模，哪怕这种行为不利于股东价值的创造也在所不惜。这种现象通常被称为"建立自己的帝国"，当然会导致对外收购时支付过高的价格这类问题，就像桂格公司收购斯奈普那样。

类似的紧张关系也经常会在公司的管理团队内部表现出来。按照惯例，高级管理人员的经济激励，主要是与自己所分管公司内部部门的业绩挂钩，而不是与公司的整体业绩挂钩。即便事实并非如此，也没有直接的经济激励机制在发挥作用，但高级管理人员仍会为他们自己部门的利益服务。而且，许多公司都会期待甚至鼓励各个部门的经理们如此行事。捍卫自己部门或团队的利益，代表高管们对本部门计划充满信心，而且这也象征他本人的承诺，最终演变成他对自己领导力的信心。这种"公司政治生态"并不是组织的病理反映，恰恰相反，它就是生活的现实写照。

在我们已经研究过的很多决策错误中，"公司政治学"都扮演了非常重要的角色，尤其是当损失厌恶开始发挥作用时。请读者回想一下我们在第6章中讨论的风险认知陷阱。我们看到，公司经理们很少会选择支持高风险投资项目，这会导致公司整体上的高度风险规避，从总体上看已经达到了非理性的程度。对于这种行为的一种解释是，个人的损失厌恶所针对的"靶子"，并不是公司想要避免的那种"损失"。对于公司高管来说，公司可能遭受的损失是次要的；最重要的是，如果项目失败了，他将会颜面扫地。而一次失败就可能会对他的信誉、声望和职业生涯带来很大的负面影响。公司在经受了一次挫折之后还会继续前行，高管自己的名声却可能承受不起一次失败的打击。

委托－代理模型还有助于解释违规行为。在富国银行的丑闻事件中，我们发现该银行为员工设定的销售目标是促成这起丑闻事件的一个关键因素。在其他涉及大规模违规行为的案例中，无论是股票选择权的非法回溯，还是违背公平竞争原则的暗箱操作，再到对汽车发动机排放测试数据的操纵，经济激励都发挥了非常大的作用。

犬儒主义的局限，行为并不总是被眼前的经济利益所驱动

应该不会有多少有读者会对上面这些观察结果感到惊讶。公司的经理们可能无法抵抗诱惑，将自身利益置于公司利益之上。事实上，这个看似不证自明的观念如此深入人心，激发了一系列现在得以推广的管理惯例。例如，人们通常认为，能否使个人的经济激励与公司的成功趋于一致，是建立一个高效组织的必要前提。这种看法一般来说是正确的。

然而，还有一个不那么明显的影响。根据委托－代理模型的思想来设计公司内部的制度和流程，会阻碍领导者听取他人的建议和意见。任何一位公司高管都知道，他应该料到自己的同事在某种程度上都是自私自利的。因此，他坚定地认为，必须随时随

地问问自己,坐在对面的那个人到底想要什么。而且,公司高管们甚至常常为自己不会被他人观点操控的能力而感到自豪,这些观点通常是别人为了达到目的或为了自我推销而提出来的。对于一个长期在大型组织中摸爬滚打、经验丰富的高管来说,这种防范心理已经成为他们的第二天性。

这种温和的愤世嫉俗论立场会带来一种颇具悖论特征的舒适感:我们通常认为,只要我们知道每个人想要什么,那么"自利"就是一个很容易管理的问题。由于公司高管们通常非常了解同事的动机,或者至少他们自认为非常了解,于是他们相信自己完全有能力看穿同事的把戏。

然而,认为公司高管们都是理性甚至有些自私自利的代理人的观点虽然已经得到普遍接受,但也遇到了不少强烈的反对意见。无论是随意观察,还是严谨细致的实证研究,都发现了大量的证据,证明个人的所作所为绝不仅仅是为了满足自身利益。事实并不支持这样的论断:人类像典型的"经济人"(homo economicus)①那样行事,或者说,人们的所作所为完全为了追求个人利益。

对于这种"经济人"假设,一个显著的反例来自关于最后通牒博弈(ultimatum game)的实验研究。这个博弈实验设定的场景是:让两个参与者去分一笔钱,其中一个是提议者,另一个是

---

① 理查德·塞勒将 homo economicus 简称为 Econ。

接收者，这两个角色是随机分配的。提议者提出一种分配方案，对于这个分配方案，接收者既可以同意，也可以拒绝。如果接收者同意，那么这两个人就按提议者提出的方案分钱。如果接收者拒绝，那么双方都得不到任何东西。

如果提议者是一个寻求个人利益最大化的"经济人"，那么他就应该提出一个可以使自己获得最大份额的分配方案。如果接受者也是一个"经济人"，那么他应该接受任何分配方案，因为无论他能够分得的份额有多小，也比什么都得不到要好。然而，事实并非如此。一般来说，提议者都会建议以相对公平的方式分享这笔钱。相反，当提议者表现得像自利的"经济人"那样，为了自己的利益而提出一种非常不公平的分配方案时，接收者在大多数情况下都会拒绝。接收者这样做，其实是在通过毫不犹豫地放弃自己的经济利益来"惩罚"那些做得过分的提议者。

人们已经在各种各样的社会环境中组织过多次这类实验，都得出了同样的结果。其中特别值得注意的是，在一些低收入国家，即便实验涉及的金额相当于参与人三个月的收入时，得到的结果也完全一样。

这是一件好事。最后通牒博弈实验的结果，以及我们每天都能观察到的许多现象，都传递出一条令人欣慰的信息：人们的行为并不总是由眼前的经济利益所驱动。追求公平或维护声誉的愿望等因素，也会影响人们的行为。很显然，这些因素在组织环境中的重要性，比在由素昧平生的人参与的博弈中更高。因此，那种认定所有经理和公司高管在任何时候和情况下都是根据个人利益来行事的假设，实在过于简单化了。

有限道德性与自利偏差，我们并没有故意歪曲事实

那么，这样说是否意味着我们可以无视经济激励的重要性？当然不是。经济激励确实并不是我们唯一的动力来源，但是最近的研究表明，它们对我们的影响比我们意识到的要大得多。即便经济激励不能决定所有行为，我们也不可能对它们的影响免疫。但是关键在于，经济激励影响决策的方式，可能与我们通常想象的完全不同。当人们观察到代理人优先考虑个人利益时，通常会假设他们是故意这么做的。人们认为代理人会对经济激励做出"反应"，这意味着他们会特意"计算"哪种行为对自己最有利。然而，现在的许多研究人员都持截然不同的观点。他们认为，人们往往无力抗拒经济激励的影响，即便我们发自内心地想要抗拒也无济于事。

这一点在许多专业人士身上体现得最为明显。他们有责任将客户的利益置于自己的利益之上，并且真心打算这样去做，同时也真诚地相信自己一直以来都成功地实现了这个目标。然而事实上，经验证据表明，个人利益还是会影响他们的判断。例如，律师有义务以最好的方式为客户提供建议；但是那些收取"风险代理费"，即根据案件的结果来收费的律师往往会建议他们的客户尽快接受和解，而那些按小时计费的律师则更倾向于庭审。同样，

所有医生都认为自己向病人推荐的治疗方案是最合适的，但是当外科医生的收入取决于手术数目时，他们就更倾向于推荐手术治疗而不是药物治疗了。不同的注册会计师对同一份财报会得出不同的结论，这取决于他们是否知道这些报表是属于客户公司的还是属于非客户公司的。当然，当他们获知，这些报表是客户公司的，他们更偏向于通过审核。

公司高管们当然也不能对这种形式的偏差免疫。在参与战略决策时，部门主管可能是真的认为他自己的部门应该分得更多资源。不管是否受到了经济激励的影响，对人、品牌、地点等情感上的依恋，也会影响判断。

这种行为，显然不同于"经济人"有意识地、自私地将个人利益最大化的行为。一般来说，没有证据表明，审计人员会故意伪造账目以取悦他们的客户，也没有证据表明医生会故意误导他们的病人。真正的问题反而在于，在大多数情况下，这些人都是完全真诚的，但还是不能对自身利益"免疫"。对于这种现象，学者们用有限道德性（bounded ethicality）这个术语来描述。这个术语是经济学中的有限理性（bounded rationality）一词的对位词。用哈佛大学工商管理教授马克斯·巴泽曼（Max Bazerman）[1]和加州大学教授唐·摩尔（Don Moore）的话来说就是，有限道德性描述的是"一种认知偏差，它会导致可敬的人做出不道德的

---

[1] 为什么你总对那些重要信息视而不见？你是否遗漏了信息背后的信息？马克斯·巴泽曼在《信息背后的信息》中介绍了5种突破信息获取屏障的方法。该书中文简体字版已由湛庐策划、浙江人民出版社出版。——编者注

行为，而那个人自己却没有意识到自己的行为是不道德的"。这通常被称为自利偏差（self-serving bias）。

这种分析很容易因为"过于天真"而遭到鄙视。确实，我们怎么可能知道这些人的行为是"真诚的"还是"虚情假意的"呢？为什么他们所犯的这种"诚实"的错误恰好与他们的自身利益相一致呢？我们怎么能确定他们不是在说谎呢？

这些疑问其实都可以通过研究各种偏差发挥作用的方式找到答案。不妨从第1章讨论过的确认性偏差入手。很容易看出，人们所做的第一个假设对我们有利，比如，认为自己支持的候选人"赢了"。然后，在没有意识到这一点的情况下，开始试图严格、批判性地审查与这个假设相矛盾的数据，但是在这个过程中人们会自动接受支持这个假设的证据。由于没有意识到这种扭曲的存在，人们还是真诚地相信自己正在以一种完全公正的方式审查事实。

另一个影响道德判断的偏差，则涉及"积极采取行动"与"不作为"之间的区别。对我们来说，让别人去做一件不道德的事，似乎比亲自去做这件事更不容易受到谴责，即便我们自己可以从这件事情中受益。有一项研究很好地说明了这种差异。在这项研究中，研究人员要求受访者评价制药公司利用其垄断地位大幅提高药品价格的行为。可以预见的是，所有受访者都"真心实意"地对这家公司表示谴责。然而，如果这家公司把专利卖给另一家制药公司，并且知道收购方甚至还会让药品价格变得更高，因为这样才能收回购买专利的费用,这些受访者就转而认为卖家的行为是可以容忍的。

同样的机制也可以帮助我们理解另一个现象:管理团队在做出集体决策时,是怎样让领导者做出错误决策的。这些管理者原本不会做出那样的决策,但是由于自己的"不作为"而促成了这种决策,这在道德上是不可接受的。这有助于解释,为什么我们很少会看到高管团队的成员因为在战略上的分歧而辞职。

我们可以找到更多偏差的例子,这些偏差不断地扭曲人们对现实的解释,使之对自身有利。一旦某个判断存在含糊不清的地方,当一个决定很难做出时,总是会出现这种情况,我们就会以一种精心选择的方式进行推理。因为采用这种推理,既有助于维护自身的利益,又能说服别人和自己,我们并没有故意歪曲事实。丹·艾瑞里用一句令人听过就很难忘怀的话总结了这种行为:"我们欺骗水平之高,足以维护诚实个体的自我形象了。"

还有很多其他实验也进一步证明了自利偏差的这种"真诚"的特点。在2010年的一项研究中,一些神经科学研究人员付费邀请一些人来评价当代绘画作品的品质。其中有一些画作在展示时,旁边放有某家公司的标志。组织者告诉受试者,是这家公司赞助了这项实验,受试者的报酬就是那家公司赞助的。这时,受试者们就会对摆在那家公司标志旁边的画作做出更高的评价。很明显,这些受试者的判断是有偏差的,即便他们与那家公司根本没有任何其他联系,即便那家公司只是向实验的设计者提供了赞助,而不是直接付钱给受试者。

这项实验更有意思的地方在于,研究人员不仅要求受试者对各个画作的品质做出评价,而且还让他们躺在功能性核磁共振成像仪中表达他们的"审美观点"。这样一来,研究人员就能够观察到,当看到那些摆放在赞助公司标志旁边的画作时,受试者大脑中解读艺术偏好的区域确实被激活了。与我们在第2章中讨论的光环效应类似,赞助公司给人们留下的正面印象转移到了与该公司相关的画作上。给这些画很高评价的那些受试者,似乎不仅仅是出于礼貌或假装如此,而是真心更喜欢这些画作。

错误的诊断与错误的疗法,自利偏差并不是蓄意撒谎

为什么我们必须理解,那些为了满足自身利益来做出决定的人是出于"真心实意",同时这种无意识的自利偏差,与那种有意识的自私算计是截然不同的?这种区别至关重要,原因有两个。第一,对自利偏差的误解,会导致我们对受这种偏差影响的人做出错误的判断;第二,这种误解也会导致我们采取很多无效的措施来防范自利偏差的影响。

对于那些陷入利益冲突的个人的行为,我们的评判会因对方行为究竟属无心之举还是有意为之而发生天翻地覆的变化。如果我们认为前面那些例子中的律师、医生和审计人员在撒谎,是有意为之,目的是以牺牲客户和病人的利益为代价,保证自己的收

入最大化，那么我们显然认为他们理应受到谴责。既然我们认为自己绝不会堕落到那种地步，所以认定自己即使站在他们的位置上，也一定能经受住这种诱惑。

已故美国联邦最高法院大法官安东宁·斯卡利亚（Antonin Scalia）所经历的一件事，可以作为这种推理方式的一个很好的例子。有一次，斯卡利亚法官必须决定自己是否应该退出一个案件，因为它牵涉时任美国副总统迪克·切尼（Dick Cheney）。斯卡利亚法官与切尼副总统关系很好，就在三个星期前，他还去过切尼家的农场。斯卡利亚法官拒绝回避，并写了一份长达21页的备忘录为自己的决定辩护。像我们大多数人一样，他相信自己在做出裁决时能够抛开友情或私利。他在备忘录中振振有词地写道："如果最高法院的大法官真能这么容易被收买，那么美国这个国家的问题就比我想象的还要严重了。"

那些发现自己处于利益冲突之中的人，也经常会像斯卡利亚法官那样愤愤不平："我怎么可能这么容易就被收买呢！"例如，令许多医生出离愤怒的是，许多人都认为医生真的会受医药代表留在办公桌上的那些象征性小礼物的影响。许多研究人员也真心认为，他们的科学结果不会受到资助公司的任何影响。正如马克斯·巴泽曼和唐·摩尔所指出的："在这些行业里，大多数从业者都认同确实存在着利益冲突……然而，同样是这些专业人士，却认为自己不会受到这种利益冲突的影响。"

透彻理解了自利偏差之后，我们就会给出完全不同的分析。

既然我们不可能把个人利益完全切割下来抛到九天之外，那么不管怎么努力，我们的判断都不可避免地会受到影响。我们当然无法确知，如果那个案件没有涉及切尼而是其他人，斯卡利亚法官的判决会不会有所不同：他赞同最高法院的多数意见，即投票支持切尼。我们确实有充分的理由认为这种可能性是存在的。建议他退出这个案件，并不是说他很容易被收买，而是因为他的判断可能会被改变。他并不是一个"故意犯罪"的推定嫌疑人，恰恰相反，他只是一个无意识错误的潜在受害者。作为一名美国最高法院的大法官，斯卡利亚应该是最希望摆脱这种处境的人。

低估自利偏差的力量还会导致另一个后果，那就是对透明化期望过高。许多人都相信透明化能够有效地防止利益冲突，但是这种努力不但可能完全无效，甚至还会适得其反。许多国家对许多行业的从业人员提出了信息披露要求。例如，对于其研究中提到的那些公司，金融分析师必须公开自己的持股情况。医生必须说明自己与制药行业的联系。政治人物则必须披露哪些人为他们的竞选提供过资金支持。研究人员也必须列出他们的资金来源。

然而，这些提高透明度的措施是一把双刃剑。对少数心怀恶意、为了一己私利而故意撒谎的人，它们或许可以起到一定的震慑作用。然而，从逻辑上说，它们不可能改变那些完全诚实并且坚信自己不会受自利偏差影响的人的行为。

更加糟糕的是，一些研究表明，信息披露要求不仅不会减少利益冲突，反而会使其加剧。这里的机制很容易理解：由于已经披露了可能存在的利益冲突，人们会觉得自己得到了"解放"，于是就变得更加不注意保持客观了。

与群体迷思一样，自利偏差很容易被误认为是道德上的缺陷或故意的违法行为。然而事实上，它之所以有害，恰恰是因为它通常是无意识的。正如群体迷思并不总是因为个人出于懦弱而有意屈从多数人的观点，自利偏差也并不总是因为有人故意撒谎或骗人。这就是为什么仅仅意识到自利偏差的存在，并不足以解决它所造成的问题。

利益冲突陷阱

- **委托-代理模型**表明，代理人以牺牲所代表委托人的利益为代价，追求自身的利益。
- 公司内部的政治操纵如此明显，以至于人们认为自己可以轻易地否决掉那些为自己谋利的人的建议。
- 除了一些我们认为是有意为之的影响之外，我们还会在无意识的情况下受到**自利偏差**的影响。自利偏差会导致**有限道德性**，从而影响我们的**道德判断**。必须尽可能回避利益冲突的情况，即便人们认为自己不会受到利益冲突的影响时也不例外。
- **信息披露**的规定不可能让自利偏差消失，有时反而会让情况变得更加糟糕。

YOU'RE ABOUT TO MAKE A TERRIBLE MISTAKE

第 二 部 分

认识偏差,做出正确的决策

YOU'RE ABOUT TO MAKE A TERRIBLE
MISTAKE

第 10 章

5 类认知偏差
与 3 个偏差误解

每个人都会遇到敌人,但那就是我们自己。

——沃尔特·凯利(Walt kelly)
美国演员、编剧

在本书第一部分中，我们列出了9大"决策陷阱"，用以概括商业领袖和组织一犯再犯的各种错误。我指出了认知偏差在这些错误中发挥的作用。所有错误的本质简单明了，但是非常难以处理，因为我们在现实世界中做出真实决策的方式，包括重大的商业决策，与我们在学校学到的关于理性决策的理想化理论模型几乎没有任何关系。

在本书第二部分中，我将简明地阐述一种新的决策方法，它会把所有偏差都考虑进去。但在此之前，我们要先快速回顾第一部分中讨论过的各种偏差，并将它们归入几个容易记忆的类别，从而有助于接下来的讨论。

5类认知偏差，一份实用的偏差地图

对各种偏差进行分类是一项非常有趣的工作。只要看一看专家们给出的近乎无穷无尽的偏差分类，我们自然就会得出这样的认识。在《决断力》（Decision）一书中，斯坦福大学组织行为学教授奇普·希思（Chip Heath）和美国杜克大学社会研究员丹·希思（Dan Heath）将各种偏差分成了4类，并称之为"决策四大拦路恶虎"。悉尼·芬克尔斯坦（Sydney Finkelstein）、乔·怀特黑德（Jo Whitehead）和安德鲁·坎贝尔（Andrew Campbell）也划分出了4类偏差，但与希思的那4类不同。在发表于1974年的开创性论文《启发式和偏差》（Heuristics and Bias）中，卡尼曼和特沃斯基则列出了12种偏差。而在一本权威的管理决策教科书中，巴泽曼和摩尔又给出了其他12种偏差。还有一些学者则力求穷尽所有偏差。瑞士学者罗尔夫·多贝利（Rolf Dobelli）整整列举出了99种偏差，其中包括了各种类型的推理错误。维基百科的"认知偏差列表"词目更是列举了大约200种偏差，并把它们汇集在一张难于阅读却又非常华美的轮状图中，从而使这个"偏差之轮"得到广泛的传播。但是，这其实还只是为初学者准备的内容。[1]

当然，对偏差没有绝对正确的分类标准，只要能达到目的，那么分类就是有用的。本节中提出的偏差分类表是经过刻意简化的，我希望利用它实现如下3个目标。首先，它必须便于记忆，这样就可以帮助我们在实践中识别各种偏差，如果给出一个过长的偏差分类表，就无法实现这个目标了。为此，我根据偏差的影

---

[1] 除此之外，还有一类独树一帜的偏差分类方法，即根据偏差影响行为的方式分类。其中最著名的是由英国政府下属的行为洞见团队（或称助推小组）提出的偏差分类表，其中包括的偏差类别依首字母可概括为MINDSPACE和EAST。

响而不是心理成因,将所有偏差分成 5 类,这样做的理由是,偏差的心理成因对观察者来说,在很大程度上是不可见的,而且也不重要。其次,这种分类方法能够很好地聚焦于那些影响商业决策特别是战略决策的偏差。我们特意去掉了许多会导致决策错误但在商业环境中不太重要的偏差。最后,它的设计是为了将不同偏差之间的相互作用突显出来。这一点非常重要,下文还将进一步展开讨论。

我们的偏差分类表将关注的所有偏差分成了 5 类(见图 10-1)。附录 1 则会给出本书讨论过的每一种偏差的定义。

我们先从图 10-1 顶部的"模式识别偏差"开始介绍。确认偏差是这类偏差中的"主角",不过这个偏差类别还包括讲故事的力量、经验偏差、归因谬误,以及其他一些偏差。

所有这些偏差发挥作用的方式都大同小异。它们利用我们之前经历过的模式来塑造我们对复杂现实的理解。我们认为是自己辨识出来的模式,其实可能只是经我们确认的一种假说、一个正在讲述的故事的线索、关键角色的个性,或者其他东西。但是,模式识别的这种效应都是一样的:它使现实看上去比实际情况更简单、更连贯、更容易处理。

因为模式识别偏差是假设(assumption)和假说(hypothese)的来源,所以所有推理背后都隐藏着这些偏差。

196 偏差 You're About to Make a Terrible Mistake!

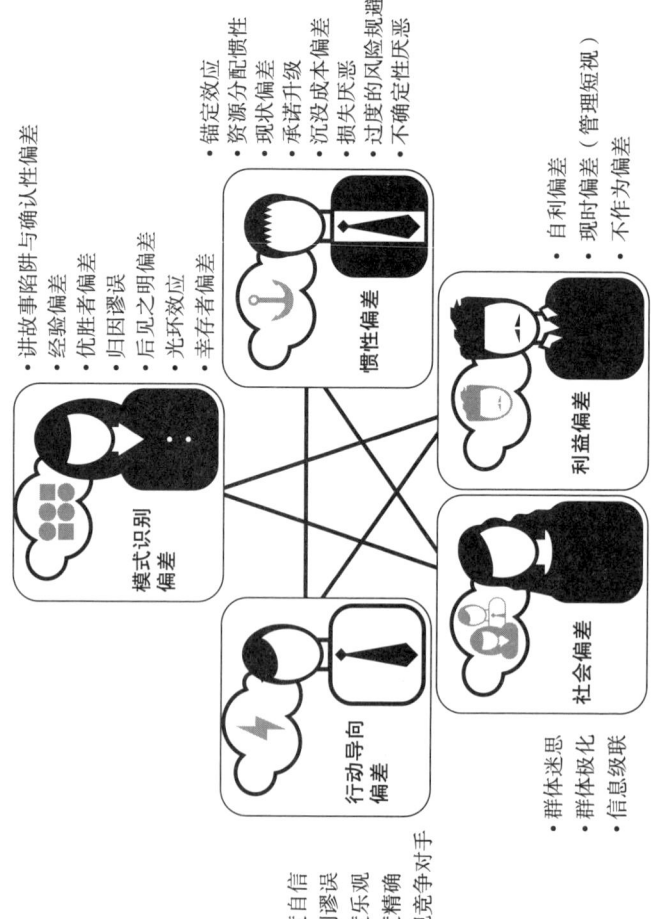

图 10-1 偏差的 5 种类型

在这里只需举一个例子。宝洁公司在漂白剂市场对高乐氏公司发起的挑战结局惨烈，其中起影响作用的主要偏差无疑属于一种过度自信。但应该不难想象，宝洁公司内部提出这个计划的那些经理肯定将这一举措与以往的成功营销举措进行过类比，也许他们想如法炮制也未可知。从模式识别的角度来看，抢占漂白剂市场似乎与宝洁公司过去的成功营销案例非常相似。而这项举措的独特之处在于，就漂白剂这个产品而言，已经存在一个规模很大的竞争对手了，他们在市场上占据着主导地位，并且技术高超，这就是高乐氏公司，但是这一点很容易被忽视。如果没有进行过这种误导性的类比，宝洁公司或许可以避免这个错误。

接下来的两类偏差，分别位于图10-1的两侧，它们是两种相互制衡的力量。

第一组偏差是行动导向偏差，包括了各种形式的过度自信。一般而言，各种行动导向偏差都会"鼓励"人们做不该做的事，冒不该冒的险。与行动导向偏差相反的一类偏差是惯性偏差，这类偏差会在人们应该行动的时候阻止他们采取实际行动，并导致他们拒绝承担应该承担的风险。锚定效应、资源惯性（resource inertia）和现状偏差等都属于惯性偏差。

尽管对行动的影响恰恰相反，但是在很多时候，行动导向偏差和惯性偏差会共存于同一种综合征中。我们在第6章中讨论"谨小慎微的选择和大胆无畏的预测"悖论时已经看到了这一点。还有其他更多的例子。在百视达公司和宝丽来公司的案例中，我们看到，在面对致命的威胁时，他们没有以坚决的态度积极应对，无疑掉进了惯性偏差的陷阱。但是，他们同时也表现出了过度乐观。他们的领导人在面对振兴其传统核心业务的计划时，无疑是太轻信了。某些模式识别偏差也可能发挥了作用。例如，如果你是百视达首席执行官约翰·安提奥科，那么在会见奈飞高管团队时，你很可能会想起许多曾经轻易击败或根本没放在眼里的小对手。在这些例子中，似乎是各种偏差共同在起作用，从而使这些偏差更加难以克服。

最后两类偏差位于图10-1底部，分别是社会偏差和利益偏差。在所有重大错误中，它们都扮演了某种角色。例如，在分析法国人被"用飞机嗅探石油"骗局迷惑的那个案例时，我们强调了讲故事的重要性。但是很明显，对某种能带来高额利润的新技术的渴望，给了那些决策者强烈的激励，同时闭门审议投资计划的做法又加大了掉进群体迷思陷阱的风险。领导者所采纳的错误信念很可能是他们自己想要相信的，而他们之所以会采取实际行动，则往往是因为整个群体也接受了那种信念。

3个偏差误解，对偏差保持谨慎

本书前面的章节表明，了解各种偏差至关重要，因此建构一种能够用来讨论它们的共同语言就显得很有价值了。在《思考，快与慢》一书中，丹尼尔·卡尼曼甚至把这一点视为该书的主要"教育目标"之一。他的目标是"丰富人们在讨论他人的判断和选择时所能使用的词汇。"然而，我们必须谨慎行事，避免仓促下结论。至少有三种常见的误解会让关于偏差的非正式讨论走上错误的轨道。

第一种误解是，放眼望去，偏差比比皆是。一旦对各种认知偏差有所了解，你很可能就会情不自禁地认为它们的影响无处不在，也许这本身就是确认性偏差的影响！事实上，并不是所有的错误都是由偏差造成的。有些糟糕的决策只不过是由决策者的无能或愚蠢造成的，还有许多低劣的决策则是仓促和粗心的产物。有些推理错误与模式识别无关，有些风险计算错误与过度自信无关。同样，不诚实或贪婪的人做出的选择，与受自利偏差影响的善意决策也有着天壤之别。无意识偏差的存在绝不能成为有意为之的借口。简而言之，偏差的数量是巨大的，事情出错的原因却是无限的。

第二种误解是，在事后将一个不受欢迎的结果归因于某种偏差。这种误解最明显的例子，就是在事后错误地将过度自信视为做出错误决策的原因。正如菲尔·罗森维在《左脑思考，右脑执行》(Left Brain, Right Stuff)一书中给出的非常有说服力的观点：太多的观察家将失败归咎于领导者的过度自信或傲慢了。但是，同样是这些观察家，在看到领导者取得成功后，也会第一时间不假思索地赞扬他们的远见卓识和领导力，尽管这种成功可能只是受幸运女神眷顾的结果。很显然，他们的分析受到了关于结果已知的信息的影响。在风险决策刚刚宣布时，对它们的判断可远远没有这么敏锐。每当试图找出那些可能导致决策结果不尽人意偏差时，我们就面临着后见之明偏差的风险。

那么，我们怎么才能知道自己现在没有掉进这个陷阱呢？当讨论罗恩·约翰逊的故事或斯奈普的案例时，我们显然都已经知道故事的结局了。那么，人们对这些故事的解读都是后见之明偏差吗？如果宝洁公司推出的活力漂白剂获得了巨大的成功，我们还会对宝洁公司的推理做出同样的分析吗？还是恰恰相反，我们会为其领导者的无畏和能力出众喝彩？我们注意到，宝丽来和百视达在面对颠覆性变革时表现出了巨大的惯性，但是，如果这两家公司的业务到今天仍然蒸蒸日上，我们还会做出同样的评价吗？

对于这种反对意见，有一个非常简单的回应。这些故事不仅仅是一件件奇闻逸事，它们都是原型（archetype）。我们在第一部分中用来说明"9大决策陷阱"的那些案例，并不是一些例外，不过，它们的规模有时可以算作例外。它们都是频繁出现且容易识别的综合征的典型例子。它们反映的是经常发生的情况，而且领导者在这些情况下做出的选择也会以同样可预见的方式出错。

不妨以桂格收购斯奈普为例。它不仅仅是一个令人难忘的故事。大量研究都表明，收购者通常都会高估协同效应，因而经常会开出过高的收购价格。同样，活力漂白剂遭遇滑铁卢这个案例，不仅仅是宝洁公司的一个故事。没有认真地预测竞争对手可预见的反应就贸然进入某个市场是一种普遍现象，而不是例外。通用汽车公司对持续亏损的土星汽车部门有着近乎无限的耐心，从成本和持续时间上看，也许是一个例外，但是它同时也反映出一个普遍现象：数以百计的跨国公司都坚决不肯放弃失败的项目。

每当我们怀疑偏差是否在过去的某个决策中发挥了某种作用时，我们就必须先分辨清楚这个决策涉及的是一则逸事还是有代表性的案例。例如，假设一款新产品没有实现推出时的设定目标，而你正在分析这个失败事件。那么你可能会问，新产品推广团队是设定目标时过度自信的受害者吗？这次失败是与任何偏差都无关的孤立偶发"事故"吗？或者，我们是否可以直接得出这样的结论：推出新产品原本就是一项风险很大的活动，必然会有一定的失败率。

所有这些解释都有一定的合理性，除非找到新产品推广团队明显犯错的证据，否则我们无法判断哪种解释才是正确的。而要想弄清楚偏差，比如过度自信是否在新产品上市过程中发挥了作用，我们需要一套统计方法，而不是孤立的故事。只有在对新产品发布的相关样本进行了统计分析之后，我们才有可能发现偏差存在的某种迹象，比如当时的预测是否整体上过于乐观了。如果没有这类数据，我们就应该保持谨慎，克制自己急于为某种特定情况找到一种普遍解释的冲动。

第三种误解是，必定可以找到"那个"偏差。的确，心理学家可以通过控制所有其他可能会影响研究对象的因素，在实验室中识别出某个特定的偏差。然而，在现实生活中，某个偏差就是引发错误的唯一原因这种情况几乎不存在。不管找出那个"根本原因"这个想法多么诱人。当人们陷入了我们在第一部分讨论过的某种陷阱时，通常的情形则是多个相互强化的偏差在共同起作用。

例如，在杰西潘尼百货公司担任首席执行官的罗恩·约翰逊的故事中，我们指出了约翰逊过去的经历所起的作用，正是那些经历让他试图复制其在苹果公司时做过的许多抉择。但是，其他偏差可能也在这里发挥了作用。董事会成员以及所有认为罗恩·约翰逊的"天才"创意才是苹果专卖店大获成功的主要原因的人，可能正是由于这一归因谬误而误入歧途的。同时，强烈的乐观主义偏差也在起作用，因为约翰逊自己就在这家公司中投资了 5 000 万美元，这是他自信心的一个可靠的信号。但约翰逊显然低估了时间，要说服更时髦的年轻客户群体来适应重新设计的杰西潘尼百货公司所需要的时间。此外，由于解雇了所有对他的措施持怀疑态度的人，并将很多人都换成了苹果公司的老部下，约翰逊还为团队内部强大的群体迷思培养了沃土。此外，在这个故事中，我们不难看到承诺升级综合征的影子：尽管立即可以而且会持续不断地看到灾难性的结果，但是杰西潘尼公司的管理层和董事会都没有考虑去改变他们的激进转型战略或是放慢执行速度。

又如，在桂格公司收购斯奈普这个例子中，以及它所突显出的收购价格过高这个更广泛的问题中，我们也可以看到多种偏差的综合影响。这些偏差分别属于 5 类偏差中的某几类。在错误地将斯奈普与佳得乐进行类比时，模式识别偏差的影响非常明显。

同时，行动导向偏差则导致人们高估协同效应。如果谈判一直锚定在了最初的出价上——这种情况经常发生，那么认为是惯性偏差导致桂格公司支付了非常高的收购溢价似乎是合理的。桂格公司的一些高管或董事会成员可能对这笔交易保持沉默，这是群体迷思的一种表现。当首席执行官热衷于扩张自己的"地盘"时，或者当银行收取的咨询费用取决于交易价格时，我们就应该怀疑是否存在自利偏差。并购是偏差的一个大雷区！

总而言之，并不是所有的错误都可以归因于认知偏差。而且，即便是在错误看上去似乎是由偏差所致时，我们也应该保持谨慎，没有足够证据，不要轻易下结论。我们要强调的是，仅凭个例不能说明问题。此外，我们还应该努力找到所有产生影响的偏差，而不能仅仅关注最明显的那一个。

应对偏差，改善自己的决策

了解了认知偏差，掌握了如何避免错误地识别各种偏差的方法，我们又能做些什么呢？当然，正如"引言"部分提到过的，利用他人的偏差来获利不但是一个很有诱惑力的想法，而且如果付诸实践也确实可以带来非常可观的利润，这也正是行为营销学、行为金融学，以及各种助推项目的目的。不过，助推项目可能出于非营利动机。但这都不是我们的目的。我们的目的是通过适当地应对我们自己的偏差，来改善自己的决策。这与"利用他人的偏差"完全不是一回事。本书剩余部分的内容就是讨论如何实现这个目标。

5 类认知偏差与 3 个偏差误解

- ▶ **模式识别偏差**（确认性偏差等）会影响我们最初给出的假说。
- ▶ **行动导向偏差**（过度自信等）让我们做出不应该做的事情。
- ▶ **惯性偏差**（锚定效应、现状偏差等）会让我们因为不作为而失败。
- ▶ **社会偏差**会让各种组织听任错误发生。
- ▶ **利益偏差**会进一步影响个体决策者的判断。
- ▶ 我们不应该认定偏差无处不在。不要忘记无能、粗心、不诚实等因素也都是真实存在的。特别是，在了解了负面结果之后，才从事后的角度去"发现"偏差的影响，这种做法隐含着很大的风险。
- ▶ 各种偏差会相互强化，严重的错误几乎总涉及多种偏差。
- ▶ 利用他人的偏差来获利是一回事，恰当应对自己的偏差以改进决策是另一回事。

YOU'RE ABOUT TO MAKE A TERRIBLE MISTAKE

第 11 章

克服认知偏差，
组织胜于个人

为什么看见你弟兄眼中有刺,
却不想自己眼中有梁木呢?

——《路加福音》6:41

第 11 章 克服认知偏差，组织胜于个人

现在，既然你已经知道了决策者会掉进哪些陷阱，也了解了导致他们掉进陷阱的各种偏差，你可能就会认为自己有能力避免它们。这些教训难道不是前车之鉴吗？既然我们已经知道了某类错误，为什么还会重蹈覆辙呢？这样一来，所有问题不都解决了吗？

这也正是某些作者所做出的承诺：只要自律，你就能保护自己不受各种偏差的影响。这类作者认为，意识到陷阱的存在，就足以避开它们了，"凡事预则立"嘛。还有一些作者则承诺能帮助我们识别可能存在偏差的危险信号。甚至还有这样一位作者，他声称有一种万无一失的方法："在需要做出可能会产生重大后果的决策，比如重要的个人或商业决策时，我会尽可能地保持合情合理。我会拿出事先制作好的错误清单，逐一核对，就像飞行员所做的那样。"由于他的错误清单包含了近百条需要避免的错误，因此这种做法势必会大大增加决策时间。

然而事实上，我们不可能像减肥那样摆脱自己的偏差。在试

图自我纠正偏差时,我们会遇到三种截然不同的问题。

你真的能意识到自己的偏差吗

如果借用《路加福音》中的一个比喻,第一个问题就是:我们很容易发现他人身上的小偏差(小刺),却很难看到自己身上的大偏差(梁木)。是的,我们的确很难意识到自身的偏差。

这也正是偏差与纯粹的错误之间的关键区别。我们都知道错误是什么东西;当我们犯错时,通常都能意识到,并且会避免再犯同样的错误。但我们几乎从未意识到自己存在偏差;相反,人们会觉得自己的推论是无懈可击的,对它非常有信心。例如,当受制于确认性偏差时,人们并没有意识到自己会去寻找证据证明那些假设是合理的,而不愿意去证明它们是不合理的。我们想尽办法去寻找证据,但事实上只是去寻找那些能够证实已存在观点的证据。因此问题是,如果我们从来没有意识到前方的道路上存在障碍,又怎么可能学会克服它呢?

过度自信这种比较容易度量的偏差,为这个问题提供了一个突出的例证。你还记得那个实验吗?在那个实验中,大约90%的受访者认为自己在驾驶技术排名中可以进入前50%。如果有机会,你可以重复这个实验,只要在场有十几个成年人就可以了。当大家举起手之后,每个人都可以看到,这群人集体高估了自己:认为自己高于中位数的人占比远远超过50%。然后再等一会儿,让尴尬的笑声消散,再问一个简单的问题:"请问在场的各位,有人在过去几分钟内对自己的驾驶技术改变了看法吗?"或者"现在你们是不是不像刚进来时那样认可自己的驾驶技术了?"几乎没有人会做出肯定的回答!每个人都能看到集体的错误,但是没有人会从这个集体的错误中得出个人判断失误的结论。当然,肯定有人高估了自己,但不是我,是他们!

如果上面这种统计反馈尚不足以消除偏差,那么更有力、更个人化、更响亮、更清晰的反馈能不能使我们做到这一点呢?在一项研究中,研究者分析了一群比较特别的司机的行为,他们不仅有糟糕的驾驶记录,而且大多数人都曾因车祸而入院治疗,而且车祸都是他们自己的疏忽导致的。结果研究人员发现,这个群体的成员和有良好驾驶记录的对照组司机一样都过于自信。大多数因驾驶技术较差而导致自己住院的司机,即便其中一些人在接受访谈时还在住院,也都认为自己的驾驶水平高于平均水平。

这些例子表明,我们不可能指望"一定要注意自己的偏差"这类提醒会产生任何实质性的效果。即便在理智上意识到了偏差可能存在,我们也会低估它们产生的影响。这个事实通常称为偏差盲点。正如卡尼曼指出的:"我们不但可能会对显而易见的事情视而不见,而且也可能会对自己的盲目性视而不见。"

我们很难在实践中觉察偏差,通过这个事实,我们就明白了为什么各种想要训练人们消除判断偏差的干预措施效果都极其有限。我们不妨用一个老笑话来说明这一点:在一部烂片放映过半时退场的那个人很粗鲁，出去时踩到了你的脚，但他很可能是一个已经意识到了沉没成本偏差的经济学家。但是，更有可能的是，这位经济学家只是认识到他之前所犯下的错误，想起之前忍着看完一部烂片的糟糕境遇，而不一定是因为他真的意识到了潜在的偏差。但是，我们也不能保证同一位经济学家在其他情况下也能够意识到沉没成本。例如，与一般人相比，他也许不一定能更快地决定放弃一个没有希望拿到手的博士学位，也不一定能更快地决定结束一段不幸的婚姻。

这些例子恰好反映了那些想要消除偏差的研究得出的一般结论：经过足够多的训练，人们可以认识并克服自己在特定领域的偏差；但是，除了个例外，这种训练并不能提高他们在面对其他问题和其他情况时的表现，因为除非有人在旁边时刻提醒他们，否则他们无法有意识地去应用所学。

因此，"正常的"错误与认知偏差之间存在着根本性区别。毕竟，如果在古罗马政治家、哲学家塞涅卡（Seneca）离世之后两千年，丹尼尔·卡尼曼重新发现了"犯错是人之常情"这个道理，他还能获得诺贝尔经济学奖吗？

偏差需要纠正，但是到底要纠正哪一个呢

在第 10 章中，我们已经简要地提到了造成偏差很难克服的第二个原因：与实验环境不同，在现实生活中，永远不会只存在

一种偏差。错误通常在发生的同时就存在多种偏差,这些偏差会相互加强,有时也会相互抵消。即便我们设法纠正了其中一个偏差,也不能保证决策最终能够得到改进。

举例来说,假设你从经验中得知自己很容易过度自信。那么,你能想出一个简单的方法来定期提醒自己要特别注意这种风险吗?如果能通过自我教育让自己获得急需的谦逊美德,那该多好啊!

事实上,还真有人尝试过这种方法。其中一位就是极具传奇色彩的广告大师比尔·伯恩巴克(Bill Bernbach)。1959 年大众甲壳虫轿车的广告语"想想还是小的好"(Think Small)就是他的创意。据传,伯恩巴克总会在夹克口袋里放一张塑封卡片,上面写着"也许他是对的"这几个字。伯恩巴克可能并不知道什么是偏差,但他已经敏锐地意识到了,自己也可能会犯错。由于他被公认为是广告领域的天才,因此以他的地位,是完全可以非常自信地驳倒任何异议的,但是他意识到了过度自信的风险。

但真正的关键是,他能避免所有的认知偏差吗?如果他更加关注同事的意见,那么他是否会变得可能容忍某种形式的群体迷思?当他选择拿出"也许他是对的"卡片来对某一个意见做出回应,而对另外的意见置若罔闻时,他实际上是不是已经屈从于优胜者偏差,只是更多地倾听一些同事的意见而忽略了其他人的意见呢?

如果足够幸运的话,伯恩巴克在某些时候也许确实能够发现自己过度自信了。但是他无法识别，更不用说控制所有其他干扰正确判断的偏差。更准确的自我告诫或许应该是这样的："也许是我错了。"然而很可惜，即便是这样的提醒，也并没有太大的帮助，因为更完整的版本可能应该是"也许是我错了，但到底是怎么错的呢？"

纠正偏差，需要付出多大的代价

第三个问题也许更加重要：即便我们真的能够克服自身的偏差，即便我们能够成为完全理性、冷静、精于算计的决策者，所做的决策依然会非常糟糕！正如我们在第 3 章中讨论直觉时已经看到的，偏差是启发式的副产品，而启发式则是"直觉的捷径"，是人们做出日常决策必不可少的强大、快速、有效的方法。人们每时每刻都可能需要做出决策，而对于绝大多数决策来说，利用启发式就可以得到很好的结果。

我们可以先来看看模式识别偏差。当人们根据以往的经验识别各种模式时，就是在运用决策启发式了。很显然，无论是利用过去的经验，还是依靠类比推理，又或者培养良好的直觉，并不一定会导致错误！同样，作为一种有效的启发式，保持乐观通常是有利的，而行动导向偏差则恰恰相反。社会偏差则可以说是如下这种启发式的一个结果：别人的判断往往可能是正确的，因为在很多情况下确实如此。当我们捍卫自己的利益时，可能需要冒自利偏差的风险，或者当我们优先考虑保持稳定而不是突然改变方向时，可能需要冒惯性偏差的风险。这些也是启发式的作用结果。

可能是因为已经听说过足够多偏差导致的损失，所以我们很容易忘记，偏差之所以存在不是没有原因的：启发式虽然可能会让我们误入歧途，但是它们也为我们提供了不可或缺的帮助。卡尼曼和特沃斯基在1974年发表的开创性文章《启发式和偏差》的第一段就明确指出："一般来说，这些启发式非常有用，但是有时也会导致严重的系统性错误。"因噎废食无疑是一种非常糟糕的做法。

无法消除的个人偏差，必须改进的团队决策

现在总结一下纠正偏差面临的三大困难：意识到我们自身的偏差是极其困难的；想事先确知要消除哪种偏差是不可能的；即便我们有可能成为一个没有偏差的决策者，那也是得不偿失的。因此要知道，我们自身的偏差不是想消除就能消除的。"自救"不能帮助你克服偏差。

正因为存在着这些难以克服的挑战，所以许多专家对消除偏差的可能性持相当悲观的态度。当被问及个人是否有可能消除自己的偏差时，丹尼尔·卡尼曼曾坦承："我对此真的很不乐观。大多数决策者都宁愿相信自己的直觉，因为他们认为自己能够看清楚形势。"丹·艾瑞里写过好几本关于非理性决策的畅销书，

但是他一直拒绝向读者提供保证能够避免偏差的"秘方",他也承认:"尽管我理解并能够分析我自己在决策时出现的一些偏差,但是我日后还是会受到偏差的羁绊,它们对我的影响永远都不会完全消失。如果你想成为更优秀的决策者,务必记住这一点。"此外,如果真的认为只要对自身的偏差有更好的了解就足以改善决策,那么我们现在应该早就可以观察到各种决策的品质有了明显的提升,因为从卡尼曼和特沃斯基发表第一篇论文到现在,已经过去了近半个世纪。但事实是,这些年来,这方面的进步并不大,或者至少可以说是不明显的。

但是,请等一下……如果我们没有办法克服自身的偏差,而偏差会导致错误,那么为什么这类错误的发生没有变得更加频繁呢?从逻辑上说,如果偏差有时(虽然并非总是)会导致错误,那就说明一定有其他因素在起作用。那么这些因素又是什么呢?

我们很快就会看到,这些问题的答案会引导我们逐渐做出更好的可靠决策。这是因为它们引入了一个我们目前尚未强调的本质区别,即两个分析层面的区别:个人层面与组织层面。

我们在这里讨论的各种偏差,在很大程度上都是影响个人的。过度自信、损失厌恶、光环效应、自利偏差等,都会影响个人的判断和决策。即便是群体迷思,也只与小规模群体相关,比如公司高管团队。但是,我们所分析的战略错误,并不只是由个人造成的。我们已经注意到了,从出价过高的对外收购,到项目超支或延期,再到对经营失败的子公司不断加码投资……所有这些失败都在频繁重复出现，但是我们未必意识到其实这是组织的错误模式。

在非正式的讨论中，我们经常会混淆上述这两个层面的分析。观察者们通常会将组织错误归咎于领导个人。然而，这是一种危险的过度简化。个人的性格特质、长处和弱点，并不能简单地直接放大到能够决定组织行为的程度。例如，我们经常会发现，一个组织做出明智选择的能力，是无法用领导层的平均智商来预测的；反之，一个公司可能雇用了一大批很有进取心和创造力的人，却依然无法在市场上成功地推出创新的产品和服务。

考虑到了这些因素之后，我们在把公司或政府的错误归咎于个人的偏差之前，就应该会三思吧。个人无疑会犯系统性的判断错误，但是为了解释组织的错误，还需要先考察一下个人选择如何转化为组织决策的机制。

从一个相反的角度来说，为了防止组织层面上的错误，我们也不得不去努力探寻那些能够抵消或对抗个人偏差而不是容忍或放大它们的决策机制。前面已经讨论过，大多数关于消除偏差的研究都发现，让决策者依靠自己的力量去消除偏差是非常困难的。但如果换个思路，想办法去改变决策者所处的环境，而不是去改变他的推理方式，往往会得到更好的结果。

因此我们最起码应该做到不要过多地纠结于我们自身的偏差以及如何通过个人努力去减少偏差，那基本上就是在浪费时间。

要提高组织决策的品质,就必须从改进组织的决策方法和决策流程入手。

下面这个至关重要的结论看上去有些啰唆:如果一项决策必须是组织的决策,而不仅仅是领导者的决策,那么这个领导者就不能单独地做出决策。决策的艺术必须包括一个集体的维度。面对战略选择时,聪明的领导者会依靠自己的团队,请教专家,咨询董事会成员,并与顾问商讨。因为这样的领导者深知,他不能纠正自己的偏差,但是他相信别人能很清楚地看到它们,并帮助他避免错误。即便他是做出最后决策的那个人,他也不会独自做出决策。正是因为承认自己在个人对抗偏差的战斗中已经败下阵来,他反而提高了集体在对抗错误决策的战斗中获胜的可能性。

但是,向更多方征求意见只是必要条件,而不是充分条件。如果一个群体总是能做出正确的决策,那么本书前面的章节中描述的那些错误就不会发生了。事实上,就决策而言,群体既能做出最好的决策,也可能会做出最糟糕的决策。

要想做出好的决策,关键在于合作与流程

历史上有一个例子非常鲜明地说明了集体决策的两个极端。本书第 8 章描述了肯尼迪总统的团队如何在吉隆滩战役问题上做出了一个灾难性的决策。在那场灾难发生 18 个月之后,肯尼迪总统却以极其冷静、清晰的头脑,成功地化解了古巴导弹危机。直到今天,在谈判学和国际关系课程中,这仍然是一个不断被探

讨的成功案例。这两个决策之间的差别显然不在于决策团队的组成,因为完成这两个决策的基本上是同一个团队,关键在于肯尼迪总统在第二个事件中采用的方法。

美国在吉隆滩战役中惨遭失败,在那之后,古巴大幅加强了与苏联的联系。美国怀疑苏联在古巴部署了核弹道导弹,1962年10月,更多的情报证实了这个猜测。这些导弹会使美国东海岸的所有城市都极易遭受核打击。对美国来说,这样的威胁是绝对不能容忍的。

肯尼迪总统迅速成立了一个由14人组成的"国家安全委员会执行委员会"来处理这个紧急情况。这个委员会需要想办法化解这场危机。同样是这个国家安全委员会执行委员会,还要协助肯尼迪总统处理与美国人民、美国的盟友以及苏联当时的最高领导人尼基塔·赫鲁晓夫之间的沟通事务。

在吉隆滩战役引发的危机爆发之初,军方为肯尼迪提出了两种选择方案:要么沉默,要么入侵古巴。他的许多顾问都赞成后面这个选择。而在古巴导弹危机中,肯尼迪总统转而采取了他的弟弟、时任美国司法部长罗伯特·肯尼迪建议的另外一种决策方法。这种方法是什么呢?在根据罗伯特·肯尼迪的回忆录改编的电影《惊爆十三天》(*Thirteen Days*)中,扮演罗伯特·肯尼迪的角色说过一番令人难忘的话:"不是有一群聪明绝顶的人吗?把他们关到同一个房间里,逼他们想出解决办法。"最终,国家安全委员会执行委员会真的在军方提供的两种极端方案之间,找出了其他几个解决方案，其中就包括海上封锁，后来的事实证明这一做法具有决定性的意义。

然后，国家安全委员会执行委员会成员又一起对各个不同的备选方案进行了评估。根据研究这场危机的历史学家的说法，在确认苏联已在古巴部署导弹之后的最初几天里，国家安全委员会执行委员会倾向于采取强硬方案。不过到了后来，人们逐渐打消了这个念头，决定采用海上封锁。这个方案最初是由时任美国国防部长罗伯特·麦克纳马拉（Robert McNamara）提出来的。尽管一些委员公开表示反对，但是总统最终认可了这个方案。

讨论非常激烈，整个过程峰回路转，出现过不少意想不到的变化。空袭的选择似乎一度占据了上风，但是时任美国副国务卿乔治·鲍尔（George Ball）提出了一个违反直觉的类比，有效地削弱了这种主张，他把计划中对古巴的袭击比作20年前美国遭受的珍珠港袭击。通过这个类比，鲍尔就迫使他的同事们不得不从敌方和国际舆论的角度来考虑空袭的后果。

在导弹危机持续期间，从时任司法部长罗伯特·肯尼迪，到国家安全委员会执行委员会的大部分成员，都曾经在某个时间点上改变过自己的观点，这不仅是因为有新的信息，比如通过秘密接触苏联外交官得到的新情报，而且还因为他们对各种备选方案成功的可能性和发酵后果的判断也随之发生了变化。肯尼迪总统指定他的两名顾问担任"智力监督者"，这是众所周知的"魔鬼代言人"的另一个名字，他们专门致力于找出各项计划的缺陷。

围绕每一项计划持续不断且通常非常激烈的争论，正是找到危机解决方案的关键。

国家安全委员会执行委员会对古巴导弹危机的正确应对，成了团队成功合作的典型例子。这个团队的表现与决定入侵古巴的那个团队截然不同，尽管成员几乎完全相同。他们避免仓促地做出决定，还迫使自己拒绝做出非此即彼的选择，期间形成了多种不同的备选方案。针对这些备选方案及其可能的组合，他们鼓励成员表达不同的甚至相互矛盾的观点，还允许成员改变原来的观点。他们还特别注意搜集信息，以便评估每个备选方案可能引起的反应和导致的后果。

总而言之，国家安全委员会执行委员会采取了一个有助于有效决策的工作流程。肯尼迪总统知道，自己身边已经围绕着一群才华横溢的人了，但这一点仍然不够。他很清楚，这个团队还必须遵循正确的方法，使用正确的流程来做出决策。

幸好，公司高管们需要做出的决策肯定不涉及核战争。但是，当他们要围坐在一张桌子旁讨论战略决策时，也应该问一问肯尼迪总统在1962年就给出过正确答案的那些问题：让哪一个团队来拟订方案？应该建立什么样的流程来发挥团队的最大作用？把首要的焦点放在团队和流程上，他们才能确保有机会做出更好的决策。

在第12章中，我们将会看到，这也正是人们在决策风险很高且不能失败的情况下所必须做的事情。

 ## 为什么你不可能克服自己的偏差

- 试图消除自己的偏差通常都是徒劳无功的。
- 偏差不是通常的错误,意识到各种偏差的存在并不足以纠正它们。
- **偏差盲点**:"我们不但可能会对显而易见的事情视而不见,而且也可能会对自己的盲目性视而不见。"(丹尼尔·卡尼曼)
- 在任何情况下,都存在多种潜在的偏差。要想确定需要对抗的是哪一个偏差并不容易。
- **启发式**对我们至关重要,而它的反面就是**偏差**。
- 与个人不同的是,组织可以通过改变决策方法和流程来提升决策品质。必须同时满足两个条件才可以做到这一点:一是合作,一些人可以纠正他人的偏差;二是流程,群体可借此免受群体迷思的影响。

YOU'RE ABOUT TO MAKE A TERRIBLE
MISTAKE

第 12 章

合作加流程,
健全决策体系的基础

失败不是一种选择。

——吉恩·克兰兹(Gene Kranz)
电影《阿波罗 13 号》(*Apollo 13*)中"飞行指挥官"一角的台词

一个阴雨绵绵的午后,在一个陌生的小城里,你漫步在湿滑的街道上。你来这里参加一个商务会议,但它在最后一分钟被取消了。运气不算好。为了等待回程的飞机,你不得不在这个城市消磨一段难挨的时光。现在,雨下得更大了。你抱着公文包,跑到一个拱门下避雨。这时,一群人走了进来。原来你碰巧站在了一个法院的门口。审判马上就要开始了。既然还有一些时间,又没有其他地方可去,不妨去旁听一下审判吧。这样至少回到公司后,你还有一个故事可以讲给同事听。

开庭了。你找了个位子坐下。在这个案件中,受审的是一个涉嫌入室行窃的人。检方控诉他在与房主对峙时开枪杀死了对方。医护人员赶到现场不久,受害者就身亡了。这真是一个阴郁的小城里发生的一个悲伤的故事……但是,至少你找到了一个有趣的方法来消磨时间了,还可以顺便避一避雨。是的,雨一直敲打着法院的窗户。

当然,事情总会……发生意想不到的变化。与无数罪案题材的电视剧中常见的庭审程序不同,检察官走到了一台投影仪前,打开了笔记本电脑,开始展示一组幻灯片。他熟练地利用幻灯片,从罪案发生当晚的各个事件的时间线入手,对被告的不在场证明提出质疑。这位检察官指出,从最后一位目击者看到被告,到谋杀发生,有足够的时间让他到达犯罪现场。检察官沉着冷静地进行着他的展示,吸引了法庭中的所有人的注意。他点开了一个又一个证据:犯罪现场的照片、凶器、法医报告、被告留下的指纹,甚至还有利用谷歌地图绘制的嫌疑人作案后的逃跑路线。在展示接近尾声时,检察官用一张幻灯片清晰而简洁地列出了前面所有幻灯片的要点。最后他做了总结陈词:被告应该被判有罪并被判处至少 20 年有期徒刑。

坐在法庭后排的你现在已经完全忘记了今天上午受到的种种挫折,完全沉浸在了这庄严的气氛中。检察官的陈述风格给你留下了深刻的印象,司法体系看来比你想象的要专业得多!你自然期待接下来会看到辩护律师以同样的专业水准向陪审团证明被告无罪,或者至少能够证明本案存在合理的疑点。

但是根本没有出现这种场景!于是你环顾四周,然后马上就注意到了,竟然没有陪审团。这个案子是由法官直接审理的。这已经够奇怪的了……然后,法官根本没有给辩方发言的机会,而是直接与检察官对话,质疑后者所提出的一些证据。法官请检方退回到第三张幻灯片,解释一下那条证据与整个事件的关联性。检察官随即相应做了解释。法官询问检察官能否确认凶器已经由弹道学专家做过弹道测试。检察官自信地回答:"是的。"就这样,法官又问了几个问题,检察官一一作答。然后,法官感谢检察官的陈述。最终,法官直接宣布被告有罪并判处他在监狱里服刑20年!

决策需要合作,不能独断地决定

就在那一刻,你才从这场噩梦中猛然惊醒。原来,你正坐在一架飞翔在雨云之上的飞机中。你已经离开那个陌生的小城很远了。你伸了伸懒腰,活动了一下手脚。多么奇怪的一个梦啊。幸好,现实世界中很显然没有任何审判会是这样的!即便是全世界那些最邪恶的独裁者,在把对手送进监狱时,也会做足表面功夫,以维持程序正义的假象。公平审判的形象,已经在我们人类的集体想象中占据了极其重要的位置,因此即便是恐怖组织,也会在处决人质前先做一个变态的虚假审判。

那么,当我们发现,这个出现在噩梦里的虚构庭审,其实与我们在审查投资提议、重组计划或新产品发布计划时在公司会议室里看到的情景非常相似。震惊吗?为什么不呢?

一位首席执行官,身边围绕着公司的管理层,正在听取关于某个"案件"(投资计划)的汇报,他必须做出最后的决定。一位研究过这个投资计划的经理坚决支持它,并且毫无保留地为它辩护。在这位"检察官"陈述自己的论点的过程中,其他听众可以提出问题或发表意见,但是没有任何人强迫他们必须这么做。

如果他们真的决定要表达自己的观点,那么他们的介入不需要遵循任何特定的程序规则。在那位经理完成了陈述之后,首席执行官接下来要同时扮演两个角色:一方面,他必须扮演反方的律师,对"检察官"陈述的事实和建议提出质疑;另一方面,他还必须扮演法官,一旦被说服,就做出最终决定。

当然,你可能会反驳说,管理决策与法庭裁决之间存在着非常大的不同,两者不可相提并论。公司内部的管理决策必须讲究速度,不能像司法程序那么缓慢,后者的缓慢是众所周知的。同时管理决策涉及的利害关系较小,一般不牵扯到人命关天的事情。此外,我们有理由认为公司高管们一般都有足够的能力,而且有适当的动机和激励,所以我们应该可以相信他们能够做出正确的决策。

但是,上面所说的这些差异也不足以说明这两类决策在方法上理应存在如此惊人的差异。正义是以人民的名义伸张的,因此人民有权利要求看到尽可能好的司法判决。同样的道理,任何一家公司的利益相关者,也有权希望看到高品质的商业决策。为了追求速度而放任这种差异出现,这种做法并不合理,因为在公司里,就像在法庭上一样,各种事务本来就有轻重缓急之分;而且司法程序之所以缓慢,也并不是因为法官需要花时间去听取控辩双方的意见。如果因司法判决和组织决策的利害程度不同,就区别对待它们,同样也是毫无意义的:即使违法行为很轻微,我们也不会放弃对正当程序的所有期许;而有些组织决策的后果也相当重大。此外,我们对决策者能力的信任程度,也不能成为是否遵循决策流程的理由：要求法官遵守程序规则，并不意味着我们怀疑他们的智慧或公正。

要想理解企业决策与司法判决之间在方法上的这种差异的根源，我们必须先弄清楚它们分别是如何产生的。传说法国国王路易九世曾坐在橡树下为他的臣民伸张正义，他后来被封为"圣路易"。他所用的决策方法看上去很像前述那场梦境中的审判。虽然 13 世纪的原告不会使用幻灯片，但是他们还是有机会陈述自己的观点，而那个无所不知的聪慧国王在问过一些问题之后就会宣布他的判决。当然，现代司法体系不再如此，那是因为中世纪决策模式的局限性过于明显，早已让人们无法接受。任何观察者都可以看到，法官即便是国王或贵族，也会受到情感和偏差的影响，可能会与原告与被告中的某一方有个人联系，可能会受到对事实的欺骗性陈述的影响，等等。抛开个人素质不论，法官也是人，很多因素都会导致他做出不公正的判决。这种风险永远无法完全消除，而民主司法制度的发展可以减少这种风险。通常称为"正当法律程序"的程序要求，正是防范武断和人为错误的保障。

除了某些特定的流程，例如为防止利益冲突而制订相关规则，公司决策系统没有经历过与司法体系类似的演化过程。与关心司法体系的公民不同，公司的股东和董事会成员显然没有充分意识到正确决策的重要性。从根本上说，这就是为什么今天的首席执行官们的决策方式，仍然与法王"圣路易"在橡树下做裁决的方式如此相似。

我们强调这个观察结论，并不是为了质疑这些公司高管的能力，当然也不是质疑他们的诚信。需要注意的是，当年也从来没有人敢于质疑法王"圣路易"的"英明"裁决！当然，有些人确实比其他人更善于克服自己的偏差。一些领导者可能有足够的洞察力来抵制许多模式识别偏差；另一些领导者则可能非常谦逊和谨慎，从而不会坠入行动导向偏差的陷阱；还有一些领导者则有勇气去打破组织内部的惯性偏差；另一些领导者则拥有足够高的独立思考能力，因此可以将自己从群体迷思中解放出来。另外，我们当然也愿意看到，有些领导者有足够的诚信，不会受自利偏差的影响。

但这只是一份值得期待的商业领袖美德清单。当然，决策者并不一定都会受到偏差的影响。但是反过来说，我们也不应该期望所有领导者能集所有美德于一身，并在所有决策中克服全部偏差。就像在法庭上一样，在董事会会议中，决策者只有德行是远远不够的。他还必须能够与他人合作，不能单独做出决策。智慧必须来自流程，而不是源于个人美德。合作加流程是健全的决策体系的基础。

利用检查清单，流程很重要

值得注意的是，在许多不容许失败的事例中都可以发现合作加流程在发挥作用。就像阿波罗 13 号上的宇航员一样，当我们知道"失败不是一种选择"时，当然会指望那些有才能的人，但同时也必须依赖团队合作以及精心设计的各种方法。

法国宇航员让-弗朗索瓦·克莱瓦（Jean-François Clervoy）是一名资深"太空人"，他曾经在亚特兰蒂斯号和发现号航天飞机上执行过三次任务。克莱瓦非常清楚"失败不是一种选择"这句话的含义。太空旅行是一项风险极高的活动。"根据历史数据，"他说，"宇航员知道他回不来的概率为 0.5%～1%。"自从人类开始探索太空以来，已经有 14 名美国宇航员和 4 名俄罗斯宇航员牺牲。

然而，所有航天事故都不是发生在航天飞船绕地球轨道运行时，而且只有一次事故发生在大气层外，不过那也是发生在准备返航阶段。那次事故发生在 1971 年，导致 3 名苏联宇航员丧生。其他所有事故都发生在起飞或重返大气层阶段，而且原因也与宇航员自身的行为无关。

这并不是说所有其他外太空任务都平安无事。宇航员曾经勇敢面对并成功地渡过多次严重的危机，包括阿波罗 13 号事件。该航天飞机曾经被闪电击中，他们曾经遇到过模块分离失败，还处理过有毒气体泄漏、飞船起火、太空碰撞和引擎故障。在极其恶劣的环境中，这些严重的事故为什么没有造成任何人员伤亡呢？

首先，因为设备在设计时就已经将风险降到最低了。正如克莱瓦所观察到的，"从设备设计开始，所有可能出现的故障，特别是那些最可能出现的或后果极为严重的故障，都已经识别出来并解决掉了。"其次,宇航员接受的训练也帮助他们做好了一切准备,能使其在最具挑战性与不可预测的情况下做出正确的决定:"70%的培训都是在高保真飞行模拟器中完成的。我们练习如何处理所有可能的状况,教官会使用越来越复杂的设备故障组合来考验我们。"

但最重要的是,这些太空探险者严格按照标准化程序进行所有作业。正如克莱瓦解释的那样,"对于每一种紧急情况,失火、空气泄漏、接触有毒物品,以及其他不太严重的事件,我们都会严格遵守一份详细的操作检查清单。在航天飞机上,这些规范白纸黑字印在一部很厚的手册中。我们没有任何即兴发挥的空间"。

显然,宇航员是从成千上万候选人中精心挑选出来的精英群体。在接受了极端条件下的大量训练之后,他们"对航天飞船了解备至,不会留下任何未知空间。"克莱瓦说。然而,当意外事故发生时,他们依赖的是预先确定好的流程。对于我们这些认为可以相信直觉的人来说,这是多么谦卑的一课啊!

以上说的是流程的重要性。那么合作呢?正如克莱瓦解释过的那样,即便所有的宇航员都经过了长期全面的训练,每人都必须分享他的疑虑,并且一定要本着完全信任他人的前提来进行交流。如果出错或曾经犹豫过,每个宇航员都必须要承认这些问题。电影《太空先锋》(*The Right Stuff*)中宣扬了一种"牛仔文化",即犯错是可耻的,必须掩盖起来。但是这种文化很久以前就在航

第 12 章 合作加流程，健全决策体系的基础

天界消失了。相反，宇航员必须表达所有疑虑并立即报告发生的所有事故。其他人则会感谢他们这样做，并将这些内容写入报告。这样一来，这些经验教训就可以用于培训下一批宇航员，或者用于完善检查清单。如果宇航员们做出了合理的能够拯救生命的决策，他们应该归功于流程，而不是即兴发挥；也应该归功于合作，而不是个人天赋。

航空公司的飞行员也了解一些"本可避免"的航天灾难，其中一件事故后来改变了民用航空的历史。1978年，美国联合航空173号航班准备在俄勒冈州波特兰国际机场降落时，机组人员发现起落架出现故障。机长开始驾驶着飞机在机场上空盘旋，同时努力寻找故障原因。30分钟后，飞机在距离机场仅有十几千米的地方坠毁了，8名乘客和两名机组人员遇难。

令人难以置信的是，这架飞机是因燃料耗尽而坠毁的。机长只关注起落架的问题，根本没有查看油量表。驾驶舱内的录音表明，机长无视副机长和飞行工程师多次发出的关于燃油量的警告，机组人员也没有根据情况的变化，以明确、果断的方式紧急向上级报告相关危险。这些都是这种人为错误的典型特征。由在场级别最高的人来控制一切时，最容易发生这种错误。机长过于自信，再加上身边其他机组人员都太过恭顺，不敢对他的决策提出疑问，于是机长自信地驾驶着飞机径直冲向灾难。

美国联合航空173号航班的坠毁至少让人们意识到了这个问题的严重性。在那之后，驾驶舱资源管理制度（Cockpit

Resource Management），或称机组人员资源管理制度（Crew Resource Management）逐渐建立了起来，到20世纪70年代后期基本成熟。这套技术由美国国家运输安全委员会和NASA联合开发，旨在改善机组人员之间的沟通，并为他们提供共同处理意外问题的手段。那么，机组人员资源管理制度是如何降低人为失误的发生率呢？很简单，它依靠的是合作加流程。随后，这套制度被其他多个职业的从业者借鉴，如消防员、空中管制员和某些医疗团队。

然而，机组人员资源管理制度只是民航业依赖的诸多流程中的一个。这些流程最基本的组成部分是一个检查清单。现在，各种检查清单的价值已经完全得到人们的认同。为了便于理解，不妨想象你正舒舒服服地坐在一架即将起飞的飞机上，忽然听到机舱广播传来以下通知："女士们，先生们，我是机长。欢迎登机。此次航班有所延误，但我真的希望你们能准时到达目的地。所以我决定不再浪费时间去逐一检查起飞前的对照清单。不用担心，我对这架飞机了如指掌。请您系好安全带！"听到这个通知后，你难道真的会安心吗？

这个假设的思维实验说明了非常重要的一点：当因高品质的决策而受益时，我们都能够清楚地看到合作加流程的价值，以及体现这些原则的工具的价值。但当我们把自己想象成决策者时，就看不到这种价值了，也不再喜欢强加在我们身上的制度化的纪律和规则。

美国著名外科医生阿图·葛文德（Atul Gawande）在他那本非常精彩的著作《清单革命》(The Checklist Manifesto)[1]中令人信服地阐明了这一点。葛文德在为世界卫生组织工作期间，主持制订了一份通用的外科手术安全检查清单。在高风险的手术室里，检查清单的作用与在飞机上是一样的。它们都能够强制建立流程，并能够强制实现某种程度的合作。例如，手术安全检查清单要求医疗团队核实患者的身份，确认正在进行正确的手术，并确保医疗团队所有成员都依照姓名和在手术中的角色进行自我介绍。这些检查看似简单，却可以带来显著的效果：减少了1/3的并发症和一半的术后死亡率。正如葛文德指出的，如果某种药物能够保证实现这样的疗效，那么它将立即成为一种明星药物。

然而，要想引入检查清单并不容易。即便在经过测试并验证了它的积极效果之后，仍然有大约20%的外科医生拒绝采用，他们声称不值得为此浪费时间。葛文德认为，有些经验丰富的外科医生有时会认为自己不需要呆板地遵循一系列标准化步骤。为此，葛文德问了这些外科医生另一个问题：如果你是病人，即将接受手术，你希望使用这种检查清单吗？结果有93%的外科医生坚持要求这样做。很显然，如果你是病人，你就不容许失败。

---

[1] 阿图·葛文德是美国著名的外科医生、哈佛医学院教授。他是美国麦克阿瑟天才奖获得者，被誉为医生中最好的作家。他的作品《清单革命》中文简体字版已由湛庐策划、北京联合出版公司出版。——编者注

为什么低级别的决策通常有正式的流程,战略决策却没有

司法、太空旅行、民用航空、外科手术……在所有这些领域,合作加流程都明显提高了决策品质。但是,在"普通"公司、大学和政府机关,情况又会怎样呢?

幸好,这些行业也开始采用"合作加流程"中的一些元素。最常见的一个例子是制造业中的全面质量管理,目的是全面降低原料的浪费,同时提高成品质量。丰田公司的"五个为什么"就是其中的一种方法。之所以要问五次,而不是只问一次,就是要越过肤浅的解释,找到问题的根本原因。合作也是大多数全面质量管理方法的核心元素,它依赖工人和管理者积极主动的参与来发现问题并找到解决办法。

其他方面也有一些类似的例子。例如,建立一个通过合作解决问题的工作团队,或者为该团队确定一个正式的工作流程,这些都算不上什么革命性的想法。但奇怪的是,组织利用合作加流程的倾向性与手头上要完成的决策的重要性成反比。大多数组织都将更正式的方法用于制定日常决策,而不是战略决策。几乎所有公司都有购买办公用品的正式流程,却几乎没有关于如何收购或兼并的正式流程。

换句话说,大多数公司都用严格的流程来确保产品质量,却极少在决策过程中采用同样严格的标准。任何组织,不管它"生

产"什么，都必定是一个"生产决策"的"虚拟工厂"，只不过这个虚拟工厂并不遵循与真实工厂相同的质量标准。

从理论上说，公司管理确实可以在保证决策品质方面起到一定作用。需要由董事会或监事会来批准某类决策，例如超过一定金额的投资，这就是流程的一种形式。而且由于董事会是一个合议机构，理论上当然存在着某种程度的合作。然而，即便董事会真能以有效和合作的方式运行，仅依靠良好的管理还不够。再回到工厂的类比，管理就相当于质量控制：它检查"产品"，也就是提交给董事会决定的那些决策，看看它们是否符合某种标准。只有质量控制并不保证能生产出优良的产品，但一个好的制造流程则可以做到。同样，有效的管理制度可以鼓励领导者为决策建立良好的"制造流程"，但是很显然仅靠管理本身仍然不足以提高决策的品质。

的确，在"失败不是一种选择"的情况下，"监督者"的存在并不是高品质决策系统得以形成的主要原因。法官对法律正当程序的尊重，并不是因为他们担心如果自己不遵守法律程序就会遭到罢免。NASA的宇航员之所以要使用检查清单，原因也与休斯敦任务控制中心有人随时看着他们无关。在这两种情况下，决策者都试图做出最好的决定，他们也都真诚地相信合作加流程是保证决策品质的最好方法。

这就引出了一个重要的问题。当谈到战略决策时，我们是不是也应该相信合作加流程的价值？我们怎么知道它们产生的结果要比其他方法更好呢？这是第13章要探讨的问题。

合作加流程

- 我们之所以认为正当程序至关重要,是因为我们知道仅凭法官的个人美德不足以避免错误的决定。然而,组织通常不会用同样的标准去要求自己。那么,既然公民关心司法判决的公正性,难道组织就不在意自己的决策的准确性吗?
- 一般来说,当"失败不是一种选择"时,组织会强制实施合作加流程方法。
- 较低级别的决策通常有正式的流程,而战略决策却没有。

YOU'RE ABOUT TO MAKE A TERRIBLE
MISTAKE

第 13 章

用正确的方法做出
正确的决策

成功不是凡人所能掌握的,
但是我们要更加努力,
森普罗尼乌斯(Sempronius)。
最终我们会得到我们应得的。

——约瑟夫·艾迪生(Joseph Addison)
英国散文家、诗人
《加图传》(*Cato*)

第 13 章 用正确的方法做出正确的决策

在 2010 年南非世界杯期间,一只原本生活在德国奥伯豪森的普通章鱼成了球迷和体育记者们关注的焦点,它甚至吸引了全世界的注意力。这只名叫"保罗"的章鱼似乎表现出了非凡的预言天赋:它能预测德国队参加的每一场比赛的胜负。

章鱼保罗的预测有着庄重的仪式感:在每场比赛开始前,保罗的主人都会在水族箱的两侧放入数量相同的食物,这些食物是装在盒子里的,盒子上面装饰着参赛球队所属国家的国旗。这只"通灵"的章鱼保罗通过"选择"吃掉哪个"国家"一侧的食物来做出预测。就这样,保罗一次又一次选对了比赛获胜者。它正确地预测到德国队将击败澳大利亚队、加纳队、英格兰队和阿根廷队。但是,不要误以为章鱼保罗是德国队的盲目支持者。它曾经毫不犹豫地预测德国队将在小组赛中输给塞尔维亚队,然后在半决赛中会输给西班牙队。它还预测,德国队将在季军争夺战中击败乌拉圭队,这一次它又对了。此外还有一个意外之喜:章鱼保罗还正确地预测到了西班牙队将在决赛中击败荷兰队,这个预测最终使它以"不败预言大师"闻名于世。总的来说,章鱼保罗准确地预测了 8 场比赛的结果。

很显然，绝大多数足球专家和评论员的预测准确度都远远比不上章鱼保罗。这就提出了一个问题，如果你是一名赌徒，或者是一家在线博彩公司的负责人，你是不是应该投资养几只有预测能力的章鱼呢？至少有一个人可能真是这么想的。俄罗斯在线博彩公司老板奥列格·朱拉夫斯基（Oleg Zhuravsky）出价 10 万欧元想买走章鱼保罗，遭到章鱼保罗主人的拒绝后，他又把报价提高了 3 倍，但最终还是遭到了拒绝。

运气与技能，决策的结果并不完全取决于决策最初的品质

当然，这只是一个公关噱头。朱拉夫斯基这么做，无非是想炒作一把，任何一个心智正常的人都不会相信章鱼保罗真的拥有高超的预测能力。章鱼保罗的出色预测记录说到底只是一个概率问题。利用这样一个随机过程连续 8 次正确地"选中"获胜球队的概率，等于抛硬币连续 8 次抛出正面（或反面）的概率，都是 0.4%。因此出现这种情况的概率相当低，但是当然也不是完全不可能。① 考虑到世界杯在全球范围流行的热度，我们完全可以假设"接受过一定训练"能够预测比赛结果的动物肯定数以千计。确实，只要在网络上快速地搜索一下，你就会发现许多人真的在训练奶牛、仓鼠、乌龟甚至大象做同样的事情。我们之所以

---

① 这里的计算没有考虑打平的情况，因此对三场小组赛略微做了简化。

没有听说过它们，只不过是因为它们的预测并不成功，这是幸存者偏差的一个简单例子。如果在中国有一只鸡，或者在斯洛文尼亚有一只鹅，它们连续8次"选中"输掉比赛的球队，那么我们肯定没听说过它们。尽管从统计学角度来说，得到这个结果的概率与章鱼保罗的"神迹"一样低。无论如何，章鱼保罗之所以能够成为一个如此出众的"决策高手"，原因只有一个：它的运气太好了。

然而，除了赌博，运气通常不是决定人类决策结果的唯一因素。技能也很重要。但是具体来说究竟有多重要呢？当然，在这个方面研究得最全面、最深入的一个例子当数基金经理的业绩，因为他们的业绩年复一年地受到衡量、分析和比较。尽管基金行业永远都会高悬一句警示："过去的业绩并不代表未来的业绩"，但是投资者在选择基金之前，还是会仔细研究各个基金过去的业绩记录。不管我们是否相信有效市场理论，当一个基金经理连续好几年都跑赢了该基金的基准指数时，我们就很难不得出这样的结论：这个人拥有高超的投资技能。如果这种成功持续很长一段时间，那么我们就会认为，这肯定是一位杰出的基金经理人。

美盛集团旗舰基金的基金经理比尔·米勒（Bill Miller）在21世纪初就获得了这样的声誉。米勒不是在一年内跑赢了标准普尔500指数，也不是连续3年或5年，而是连续15年。这种业绩记录实在令人惊叹，因此《金钱》杂志将米勒评为"20世纪90年代最伟大的基金经理"。晨星公司也多次将他评为"10年最佳基金经理"。甚至连一家作为竞争对手的投资银行，也在一封说明信中这样写道:"40年来,没有任何其他基金能够连续12年跑赢市场。"当然,更不可能有连续15年跑赢市场的其他基金了。

人们的这种热情是完全可以理解的。毕竟这种连胜现象纯粹出于偶然的可能性似乎微乎其微。至少乍看上去应该是这样。然而,如果我们仔细思考一下,就会发现适用于章鱼保罗的推理也同样适用于米勒。从1991年到2005年,有一位名叫米勒的基金经理连续15年跑赢市场,这种概率确实微乎其微。但这不是看问题的正确角度!市场上有成千上万个基金经理,从业15年的也有几十个,我们要考察的是,所有这些人在这15年内是否也取得了同样的成就。假设市场是完全有效的,再假设基金经理的工作只是一场大规模的碰运气游戏,那么我们至少可以在其他符合上述条件的人身上观察到一次这种结果的概率是多少呢?大约为75%。这是物理学家列纳德·蒙洛迪诺(Leonard Mlodinow)在他的《醉汉的脚步》(*The Drunkard's Walk*)一书中计算出来的结果。这个结果可以让我们对这种事件的罕见性以及米勒的卓越业绩有更深入的了解。

"你说的当然没错,"对于我说的这些,有的读者可能会这样评论道,"但是无论怎么说,能够做到这一点的还是只有比尔·米勒一个人。别人都做不到!你非要剥夺米勒应得的荣誉,是不是有点小家子气啊?"如果你是这么想的,那么我要请你考虑另一个因素。在米勒连胜的那15年里,他也曾连续在12个月内30多次跑输大盘。换句话说,如果稍微改变一下衡量米勒业绩的时间周期，不再看他在一个日历年内的业绩，而是看他从某一年 2 月到次年 1 月，或者从 9 月到次年 8 月的业绩，那么他的非凡业绩记录就荡然无存了。对于这一点，米勒本人也坦率地承认道："这只是日历年导致的一个意外……我们确实很幸运。当然，也许我们没有百分之百靠运气。或许 95% 都是靠运气。"因此，至少在这一点上，米勒是非常值得称赞的，很少有"幸存者"会记得自己只不过是幸存者偏差的受惠者而已。

我们可以从章鱼保罗和比尔·米勒的身上学到非常重要的一课。当我们评估某位决策者时，尤其是对待一位高级管理人员，一般会根据他的业绩来做出判断。人们很自然地认为一名好的决策者就是能做出好的决策的人，而好的决策就是能产生好结果的决策。然而这是一个非常危险的假设：如果根据决策结果去评估决策本身，那么我们往往低估了运气的作用。

但这还不是全部。除了不可避免的偶然因素之外，许多决策都包含着一定程度的风险。当事后评估决策时，我们不应该忘记将这种风险水平也考虑进去。回想一下第 6 章给出的有关风险投资的案例。在高风险、高回报投资计划上"下注"可能是完全理性的选择，但这种选择也可能会导致亏损。反过来看，想象一位公司高管在轮盘赌赌桌上用公司资产下注并且碰巧赢了。或者再举一个更具现实意义的例子，某家银行的一位交易员在未经授权的情况下进行了远超自己权限的交易，结果竟然盈利。显然，对于这两个人，我们不应该祝贺他们做出了正确的决策，因为他们的行为让公司承担了极高的风险水平。

此外，还有一个更加复杂的问题。我们观察到的结果并不仅仅取决于最初的决策。一个非常明智的决策可能执行得非常糟糕；而一个平庸的决策，也可能凭借完美的执行得以挽救。人们常说，在商业活动中，执行过程的品质比决策本身更重要。尽管这是一种有些夸张的说法，请回想一下本书第一部分中描述的那些战略决策，但是仍然包含了真理。

总而言之，当考虑一个决策结果时，我们所能看到的并不是最初决策品质的纯粹结果。这也跟运气好坏、承担的风险水平是否适当，以及执行得好不好等因素有关。因此，除了像本书给出的那些或成功或失败的极端案例之外，把结果好坏全部归因于最初决策的品质，显然是一种有风险的做法。早在1681年，概率论的早期研究者雅科布·伯努利（Jacob Bernoulli）就曾经一针见血指出："我们一定不能根据行为的结果来确定人类行为的价值。"

当然，问题恰恰就在于，我们实际上不得不根据人类行为的结果来判断其价值……而且我们永远不会停止这么做！众所周知，"重要的是结果"这条规则是最可靠、最根深蒂固的管理公理之一。或者，还可以说得更直白一些：聪明才智不如好运！正如我们已经看到的，后见之明偏差会导致我们认为决策者应该对失败负责，哪怕那种失败是完全无法预测的。反过来，归因谬误则导致我们把成功归功于决策者，尽管运气在其中起到了非常重要的作用。在很多情况下，只注重结果这一原则的简单易行性，以及由此所带来的可问责性，都有很多值得称道的地方。但是，我们也为这种简化付出了巨大的代价。若只根据结果来判断决策以及决策者的优劣高下时，我们与那个俄罗斯博彩业主一样在犯相同的错误。

这个观察结论引出了许多实际问题。如果不能根据结果来评估决策，那么又该如何评估决策呢？更具体地说，怎样才能知道依赖合作加流程是不是真的能够提高决策品质呢？

毕竟，这里有很多反例。有些专断的领导者根本不在意他们的合作伙伴的想法。有些人完全凭直觉行事，只要一听到"流程"这个词就会像得了荨麻疹似的全身不自在。但是他们往往非常成功！史蒂夫·乔布斯给人的印象就是一个极具个人魅力的领导者，他不太在意合作，而且完全不关心流程，但他的成功也是毋庸置疑的。

当然，另一方面，同样是这些人，也都犯过错。史蒂夫·乔布斯经历过的那些可怕的失败原本就是他的传奇故事的一部分。这些令人惊叹且相互矛盾的故事，为商界人士茶余饭后提供了绝佳的谈资："当然，依靠直觉不可能每次都会成功！但是有时确实非常有效……"然而，问题的核心在于，在一个不确定的世界里，没有任何方法能够保证一定成功。因此，我们应该把尝试解决的问题限制在如下这个更细致的问题上：一种决策方法与另一种决策方法之间，如果存在差异的话，差异有多大？更具体地说，这个问题就是，合作加流程这种方法对决策品质有什么样的影响？

"如何"大于"什么",做决策的方式比决策内容重要 6 倍

我们不可能指望通过讨论几个孤立的例子来回答这个问题。基于凭直觉做出的决策,既有许多成功案例,也有大量失败反例,我们也可以列举出许多遗闻逸事来支持或反驳"合作加流程可以产生好的结果"这种观点。只依靠一些例子并不能得出明确的结论,特别是考虑到风险高低、执行优劣和运气好坏都会对结果带来很大影响。

然而,我们可以把这个问题当作一个统计问题来分析,而要做到这一点,就必须考虑大规模的决策样本,并将那些使用了合作加流程的决策与那些没有使用合作加流程的决策进行比较。当然,这些决策的结果都肯定会受到某些偶然因素的影响,但没有理由认为幸运女神只偏爱以某种方法做出决策的人。因此我们可以预期,运气这个因素的作用可以相互抵消,这样一来,如果决策方法对决策结果的影响确实存在,那么就一定可以观察到。

这就是 2010 年一项关于决策的研究所秉承的观念,这项研究共涵盖了所有行业内的 1 048 个决策。该研究所讨论的都是投资决策,这是因为对于投资决策,投资回报的高低是衡量成功与否的一个无可争议的标准。而且大部分决策都是战略投资,包括并购决策、新产品上市决策等。为了确定合作加流程这一方法对决策品质的影响,对于每一个决策,研究者都要请受访者回答一

系列关于如何做出决策的问题。

一半问题都与使用的分析工具有关：例如，你是否构建了一个详细的财务模型？你对该模型的主要参数做过敏感性分析吗？这些问题是用来测试数据处理和事实调查的充分性的吗？简而言之，这些问题就是在考察决策者是否在决策前做足了功课。这些是关于投资决策的内容型（what）问题。

其他的问题不是关于内容的，而是关于方式（how）的，特别是关于合作加流程的：决策团队的成员是根据技能而不是职位来挑选的吗？有没有明确讨论过要做出的决策的不确定性？是不是召开过决策会议？会议上有人建议不要进行这项投资吗？

这项研究的结论是，方式因素体现了合作加流程的品质，可以解释53%的投资回报率差异；内容因素则表明了决策分析的品质，却只能解释8%的差异。其余39%的差异则可以用与行业或公司相关的变量解释，这些变量都不会随特定的投资决策而变化，所以决策者对这些变量几乎没有或根本没有任何控制权。

这个结果无疑非常惊人，值得反复讲。如果我们把投资决策中决策者不能控制的因素排除在外，那么合作加流程的重要性就会比分析大6倍。这也就是说，我们做出决策的方式要比决策的内容重要6倍！

少分析，多讨论

要想理解这些结果违反直觉的程度，请回想一下你最近的投资决策，或者考虑一下你将做出的下一个投资决策。如果你的公司的运行方式与大多数大型组织一样，那么要做出一个投资决策就要依赖于一系列的计算：销售预测、成本预测、现金流量预测、预期投资回报率和预期投资回收期预测等等。你可以请专业团队来执行和审查这些分析，并要求他们应用严格的标准化方法。公司财务部的专家们，则可能会对这些方法的具体应用有所争议：应该改变用于评估投资计划的最低预期投资回报率吗？是否应该引入那种包括了"乐观"和"悲观"等情景的多重情景分析？此外，如果这种研究得到了应有的重视，公司就会在这些内容上面投入大量的时间。

那么，你们到底花了多少时间去认真讨论这些分析及其背后的假设呢？此外，你们有没有认真考虑过使这个决策得以达成的决策流程？例如，应该在哪个级别的会议上进行讨论？谁应该参与讨论？会议应该在项目进展的哪个阶段召开？在许多组织中，从来没有人提出过这些问题。相反，决策者或决策委员会只是定期地开会，并把审查投资列为会议议程之一。决策者或决策委员会将收到一组支持拟议中的投资计划的分析报告，并且知道这些分析都是按照程序精心准备好的。决策委员会或决策者会对它们进行审查，有可能是在投资计划的主要倡导者做了介绍之后，然后再决定批准或否决该投资计划。

换句话说，我们把大部分精力都花在分析内容上面。但是我们在分析方式上面投入的精力则很少，但它才是起决定性作用的。等到了要做出最后的决策时，我们都非常关注投资项目中可合理化、可量化、客观的方面，却根本没有意识到合作加流程的影响。

要理解合作加流程的影响力，可以看一看分析方式会在哪些具体方面产生影响。在前面讨论过的有关 1 048 个决策的实践做法中，哪些措施与投资成功最密切相关呢？答案是，最密切相关的那些措施都纳入了合作加流程，用来对抗投资决策过程中典型的偏差。特别是如下四个问题，最能区分出最优决策和最差决策。

第一个问题，是否明确讨论过与投资提案相关的风险和不确定性？很明显，如果没有讨论过这方面的相关事宜，过度自信的风险就会很高。然而，很多公司通常都不会进行这种讨论，因为当支持投资的情绪高涨时，没有人愿意不识趣地说丧气话，给大家泼冷水。

第二个问题，在讨论投资提案的过程中，有没有人曾经发表过与高层领导意见相悖的观点？应该不难理解，这种做法可以对抗群体迷思。如果与会者有意或无意地一味迎合老板，那么与老板观点相悖的观点就不太可能公开表达。

第三个问题，是否曾经刻意去寻找过与投资提案中的论点相矛盾的信息，而不是只关注支持投资的数据？这是一个能够直接对抗确认性偏差的措施，而确认性偏差自然会导致我们默许投资提案。

第四个问题，核准投资提案的标准是预先就确定的吗？是否对所有参与讨论的人公开透明？这种做法有助于保护决策团队不受讲故事偏差的影响。我们很清楚，只要利用精心挑选出来的数据讲述一个很好的故事，就可以轻而易举地证明任何一个决策的合理性。如果没有事先准备好明确的标准，那么就会产生以下这种致命的风险：推理过程以及对推理所需数据的选择，都会受制于你们想要达到的结论："没错，这项投资不符合任何一项财务标准，但是我们还是应该基于'战略'层面的理由推进这项投资，这些理由包括……"或者，与此相反，如果某项投资满足了公司所有的投资标准，但你就是不喜欢它，于是你可能会说"在纸面上看起来还不错，但是我不认为它在现实中会成功，因为……"

本书的第三部分将讨论各种可以用来组织和促进此类讨论的技术，比如投资委员会召开的会议上的讨论。但从这项关于投资决策的研究中，我们最应该注意的是如下这个关键点：如果在需要做出重大决策之前，只有一小时时间，那么千万不要把时间花在做更多分析、寻找额外信息或再次运行财务模型上。相反，你们应该把这些时间花在高品质的讨论上。少分析，多讨论！

提高决策品质，从决策流程入手

根据这项研究，分析对决策品质的影响微乎其微，你可能很想知道为什么会这样。这是不是意味着，只要依靠讨论本身就能带来很好的决策？如果那样的话，我们岂不是只需要一边轻松地喝喝啤酒，一边友好地聊天就行了，把烦琐的计算数字的时间都省下来？当然不是。现实情况要更加微妙。

事实上，几乎所有人都能针对投资提案完成相当不错的财务分析。大多数人以及公司都采用了相同的分析程序，使用相同的分析公式和软件。因而，在技术层面上，财务分析的品质已经不再是区分投资决策好坏的依据了，而变成了一项常规操作。

当然，进行这种分析时使用的信息和数据，其品质有时也会产生很大的影响。但就投资决策而言，这种情况相对来说是非常少见的，因为用来支持财务模型的数据，比如销售目标、成本预测、预估的时间表等，通常都是由提出投资建议的人以同样的标准化方式收集的。除非有一个好奇心特别强的老板或一个特别执着的分析师，主动对投资建议的提出者发起"挑战"，否则例行性的投资分析通常不会使用非常原始的数据。

换句话说，真能对投资决策的品质产生影响的分析是不会自然而然地发生的。那么，什么能使这种有分量的分析更有可能出现？只有好的流程！例如，回到与决策品质关系最密切的那四个要素的其中一个上去，故意去寻找与投资提案中的论点相矛盾的信息，这虽然不是一种标准的做法，但它肯定是良好决策流程的一个标志。

最重要的是，即便是最好的研究和最深刻的分析，如不经过讨论的洗礼，也可能毫无用处。事后察看那些失败投资的"总结与反思"时，我们一般都能注意到这个问题。就拿我曾经合作过的一家基金公司来说，在经历了一次令人失望的投资后，该基金公司非常明智地重新审视了当初整个决策过程。领导者希望弄清楚，尽职调查团队和投资委员会为何决定收购一家事后看来明显存在严重问题的公司。于是，他们进行了深入的挖掘，调阅了提交给投资委员会讨论的各个版本的文件，结果发现了一个奇怪的现象。

在第一次提交给投资委员会的报告中，列出了三个可能会导致交易被否决的问题：一是部分核心高级管理人员的技能不足；二是市场对其中一条产品线的产品需求已经有所降低；三是有一项专利权的可靠性堪忧。但在第二次提交给投资委员会的报告中，这三个问题中的其中两个却突然不见了，而且第三个问题只是顺便提了一下。然后，在做出投资决策前的最后一版报告中，这三个可能破坏此项交易的问题全都凭空消失了。最后的报告没有解释这些问题是如何解决的，而且显然也没有任何一位成员对此提出过疑问。既然如此，随着每一版新报告的出炉，对投资计划的审议越接近最终的结论，整体基调就变得越发乐观。

有意思的是，这家基金公司的事后分析并没有就此止步。它还仔细地查看了负责此项投资的团队在完成了预定收购之后提交的报告。既然收购合同墨迹已干,投资团队就把几个月前在第一份尽职调查报告中提到过的那三个问题重新列了出来!其中有一个问题最终确实成为失败的主要原因。问题并没有消失,只不过在群体迷思和群体过度自信的压力下,它们被刻意地隐藏起来了。这就是参与过并购交易的任何人都熟知的交易狂热症(deal fever)。至此,这个投资失败案例的真相终于水落石出,与其他许多案例没有什么两样。所有必要的分析都做过,而且做得相当好。但是由于决策流程有严重缺陷,导致所有的分析毫无用处。

这个案例清晰地表明,将事实和数据与良好的流程人为对立起来并没有多大意义。如果统计分析表明,流程比各种各样的分析和计算对决策结果的影响更大,那并不是因为分析和计算没有意义,而是因为分析原本就是一个必要条件,我们需要一个好的流程来发挥它的作用。

说了这么多,其实决策流程在实际操作层面上的含义可以总结为一句话:如果你想提高决策品质,那就应该从决策流程入手。毕竟,一个遵循了良好决策流程的优秀团队,应该能够及时发现重要信息的缺失,并确保所需的分析能够迅速执行。在良好的决策会议上,人们一旦发现遗漏了某张电子表格,马上就能补上。但是反过来就不成立了,从来没有发生过为一张电子表格而召开决策会议这种事。

从决策流程到决策架构，做出正确决策的关键

所以，好的决策流程是做出好决策的关键。但是，"决策流程"这个术语经常让人产生各种复杂的感受。其实这还是一种有意轻描淡写的说法，许多领导者对这个术语都有几近过敏的反应。在许多人看来，将决策交由流程决定，是与商业判断完全背道而驰的一种做法，而做出商业判断才是他们的职责和本分。另一些人则一听到流程就会立即联想到官僚主义和繁文缛节：一项又一项的手续，堆积如山的报告，想想都令人头痛。当与合作的观念联系起来后，"流程"二字还引发了另一个恐慌：我们会不会陷入"分析瘫痪"和无休止的讨论？在这种情况下即便真的能够做出决策，那肯定也只是空洞而含糊的共识。人们常说，千万不要把"委员会的共同管理"当成秘方来用，他们觉得那只会淡化责任意识，削弱战略远见，打击管理者的勇气。

这些担忧当然完全可以理解。对于表达这些担忧的人，任何经历过公共部门或私人机构官僚体制折磨的人都会感同身受。但是，他们还是严重误解了合作加流程的含义。是的，合作意味着多个人要一起工作。但是，正如我们在鼓励机组成员发表不同意见，以及在与司法审判进行类比的例子中已经看到的那样，这些例子里所说的合作，恰恰构成了一味寻求共识的反面。它强调的是争论，以确保多样化、相互冲突的观点能够表达出来并被他人听到。而且，它也不意味着最终决定是以"民主的方式"或者多数人投票的方式决定的，因为无论是在国家的内阁、飞机驾驶舱还是在手术室，最后谁负责拍板，大家都是非常清楚的。

那么，流程的准确含义又是什么？的确，在组织内部，许多手续和程序都已经包含在必须强制执行的、预先确定的任务和分析中。随着时间的推移，这些往往会演变成一种无意识的勾选流程。正如前文讲述的那家投资基金公司的例子，如果这些"例行公事"的最终"产品"没有被人注意并提交讨论，那么这种例行程序终将无用。这种缺陷恰恰就是良好流程的意义所在：确保决策会议在开明领导者的主持下得到有效的组织和引导，并使领导者能够站远一些，以便综合整体形势，得出批判性的判断。

这与美国著名漫画家鲁布·戈德堡（Rube Goldberg）发明的那种将简单事情复杂化的机器①相比，难道有任何相似之处吗！如果你觉得"合作"和"流程"这两个词对你来说都不合适，那么为什么不换一个词呢？有些人更喜欢谈论决策的"最优做法"，不过，使用这个术语会带来一些风险。还有一些高管将这些决策方式描述为管理风格或个人的"决策系统"。有些公司则将它们系统化，并用多种不同的名称来描述：治理原则、规章制度或战术手册等等。

本书的第三部分使用的术语则为决策架构（decision architecture）。在《助推》（Nudge）一书中，理查德·塞勒和卡斯·R.桑斯坦都强调了决策架构师的关键作用。那些决策架构师有意或无意地设计了将可选项呈现给消费者或公民的方式。同样，为自

---

① 即鲁布·戈德堡机械（Rube Goldberg Machine）。它是一种被过度复杂化的机械组合，以迂回的方式去完成倒茶、打鸡蛋等简单任务。——编者注

己公司设计决策程序的高管也是决策架构师。如果设计出来的决策架构依赖于合作加流程来对抗偏差,那么"生活在"这个架构中的人,最显而易见的是决策架构师本人,将有可能更频繁地做出最优决策。

我之所以选择"架构"这个词,也是因为它可以让我们联想到生活中的建筑,这种联想有多种实用意义。首先,建筑不是一门科学而是一门艺术。把自己看作一个决策架构师应该可以提醒你,基于决策的艺术性,不要将其简化为纯粹的定量分析。

其次,如果只想搭一个工具棚,你通常不需要专门聘请一位建筑师。同样,只有当决策本身的重要性足够高时,也就是说,只有对公司的未来有重要意义的那些决策,才值得动用决策架构。这类重要的决策可能在公司历史上只需要做一次,如多元化经营或并购决策;也可能是需要反复做出的决策,这些决策作为一个整体,决定了一个公司的战略,例如制药公司研发新药或矿业公司的勘探投资。但是,为那些很小的决策而过度频繁地动用决策架构是没有意义的。有很多公司就掉进了这个陷阱,把过多的员工卷入了错综复杂的决策程序,那不是决策架构,而是官僚主义。

最后,"建筑"这个概念也意味着,决策者必须在工作开始之前就制订好计划。在决策流程启动之前,先定义好决策架构,确定如何做出决策,这是非常有意义的。当然,并不是在所有现实情况下都必须遵循这个顺序,例如在发生了重大危机的情况下,但这样做通常是可取的。

本书的剩余部分将集中讨论决策架构。这种讨论的目的是帮助你思考自己的决策,以及如何做出这些决策。换句话说,帮助你决定如何做出决策。讨论将围绕三个主题展开,或者说围绕健全决策架构的三个支柱展开。第一个支柱是对话(dialogue),即一群真诚希望倾听彼此想法的人,开诚布公地相互交流观点,而不仅仅是试图说服对方。对话是有效合作的先决条件。第二个支柱是分歧(divergence),它为对话提供了基于事实的原始相关内容,从而保证对话不会最终退化成为各种各样先入之见的冲突。第三个支柱是组织内部的决策动力机制(decision-making dynamics),它一定能够促进对话并鼓励歧异观点,而后者正是许多组织试图加以抑制的。

当然,仅有这些一般原则还不够。决策架构师还需要一系列的实用工具才能将决策架构变为现实。有些人将这些工具称为"规章制度"、"对抗偏差的对策"或"偏差克星"。在这里,我决定直接将它们称作"决策技巧"。每一个决策技巧都是某个偏差的解药。我们将看到,大多数技巧都是组织层面的,而不是个人层面的。这就是说,偏差是个人的,但是我们采用的补救措施往往是集体的。

在本书第三部分中,我们将逐一描述这40个技巧,并配以示例。附录2对所有技巧进行了总结。第14章概述了14个实用的技巧,它们用来创建一个能促进真诚对话的决策架构。第15

章给出的是 14 个鼓励分歧的技巧；第 16 章中的 12 个技巧，则主要用于在决策流程的每个阶段培养有效的决策动力。所有这些技巧都来自对决策流程的观察，还有对各类企业与组织高管的访谈，其中涉及了从初创企业到跨国公司的各种类型的企业、金融投资公司、专业服务公司以及公共部门。

正如你将会看到的，用来说明这些技巧的大多数例子都没有透露访谈对象的名字。这样做是为了保护隐私，因为在访谈中，这些公司高层领导者会分享他们的方法、他们的错误，以及他们从中吸取的教训。同样重要的是，这样做也是为了避免你掉入模仿"最优做法"陷阱。如果你知道是哪一家公司使用了某种工具，那么该公司的声誉就会影响你对该工具的判断。不知道某个想法从何而来，反而能让你更加自由地判断它的优缺点，再问问自己是不是可以将它应用到自己的工作中去。

当然，这张"决策技巧一览表"不可能详尽无遗。它的目的是激发你的灵感，帮助你更好地建立自己的决策架构。每个组织都需要自己的技巧。而且，每个领导者都可以自由地修正我们在这里给出的任何一个技巧，或者发明新的技巧。毕竟，虽然优秀的建筑师都会遵循相同的基本原则，但是他们不会设计出完全相同的建筑。

用正确的方法做决策

- ▶ 成功并不一定意味着当初做出了一个卓越的决策。运气、风险和执行力也都会发挥重要作用。**幸存者偏差**常常会让我们忘记这一点。

- ▶ 只有当某种决策方法已大量应用时,我们才可以判断它的优劣。数据表明,合作加流程是最重要的。

- ▶ 领导者的一项关键任务是成为确定"该如何做决策"的决策架构师,在组织的决策实践中引入合作加流程。

YOU'RE ABOUT TO MAKE A TERRIBLE
MISTAKE

第 三 部 分

应对偏差，健全决策架构的 3 大支柱与 40 个决策技巧

YOU'RE ABOUT TO MAKE A TERRIBLE MISTAKE

第 14 章

支柱 1：
对话，让观点面对面

我看到，所有人都完全同意这个决定了。
那么，我建议我们将对这个问题的进一步讨论推迟到下次会议，以便大家有时间提出不同意见，那时大家可能会对这个决定的真正要点有了更多的理解。

——阿尔弗雷德·斯隆（Alfred P. Sloan）

第 14 章　支柱 1：对话，让观点面对面

21 世纪初的某一天，你身处加利福尼亚州芒廷维尤，那是一片号称"硅谷之心"的神奇土地。在谷歌公司，新的一天开始了。你可能会以为那些"谷歌人"会匆匆忙忙地停好车，然后快步离开停车场，坐到办公桌前去准备征服世界。没有那么急，征服世界的事情可以先缓一缓。事实上，谷歌的停车场成了一场激烈的曲棍球比赛的赛场。下场比赛的球员没有一个会缩手缩脚，所有人都拼尽了全力。曲棍球棒猛烈地相互碰撞着，场内场外的呐喊声震耳欲聋。有几名球员倒下了，或许是因为他们实在太累了，或许是因为有人在冲撞中把他们推倒了。最勇猛剽悍的那些球员会赢得人们的欢呼。当谷歌公司的创始人拉里·佩奇和谢尔盖·布林也站到了球场上时，用他们一位同事的话说就是："所有人都展开了真正的肉搏战。"直到比赛结束后，这些汗流浃背的谷歌员工才走进了办公室，当然，那些必须先去医务室的人除外。

你可能会想，以这种方式开始一天的工作，真是奇怪啊，也许，谷歌的领导层是希望通过体育运动来调动员工的工作进取心吧。但是在谷歌的办公室里，尽管旱冰鞋和曲棍球棒都收起来了，

"比赛"还是一样激烈。在会议上，他们彼此会大吼大叫，而不会小心翼翼地照顾同事的感受。在这里，如果你听到有人说某个想法是"愚蠢的"，或者称自己的同事"幼稚可笑"，不必大惊小怪，他们对各种各样的斥责早就习以为常了。

这种管理风格当然不是任何公司都可以效仿的"最优做法"。而且谷歌如今也不再像以前那么"野蛮残酷"了。但是无论这个例子是多么极端，它都给我们上了很好的一课：要做出好的决策，确实需要发生一些冲突，经历一些不快。然而，许多公司却因为害怕不快而尽量避免冲突。

因此问题在于，我们要怎样做才能激发适量的冲突，同时又不会造成不必要的不快。当然，更不应该让冲突恶化到需要动用曲棍球棒的程度。这也正是做出良好决策的第一个支柱——对话：将不同观点之间的对立关系展现出来，但又不会上升为人与人之间的冲突。要做到这一点，方法是围绕当前需要做出的决策，组织一场真正的对话。

对话并非即兴发言，我们需要的是真正的对话

请读者回想一下你最近参加过的一次普通的决策会议，比如管理执行委员会对某个投资提案的审议。会上，一位经理熟练地使用幻灯片说明了关于一个投资项目的建议。有几位与会者率先对这个提议表示支持。按照许多公司的惯例，项目负责人在开会

之前，就会向某些关键的与会者"预先兜售"自己的计划，争取对方的支持，或者至少确保他们中立。主持会议的公司高管要求与会者发表意见，他希望大家能够迅速地达成共识。每个人都很快就觉察出了老板对这个提议的看法，并小心翼翼地避免说出不中听且无益的疑虑，因为所有人都明白，现在提出质疑已经为时过晚了。不出所料，提案很快获得了批准。大获全胜的项目负责人回到了自己的团队，那些焦急等待的下属问会议进行得如何。"好得不得了！"项目负责人回答道，"很快就批准了，根本就没有经过讨论！"

在许多组织中，"进展顺利"的会议，就是指那些没有出现过争论的会议。相互冲突的想法会带来强烈的不快，因此人们会通过避免真正意义上的讨论来避免这种不快。如果预料到会议讨论过程中可能会出现一些分歧，那些"聪明的"提案人就会在会前与关键利益相关者一一见面，将分歧提前消除。这样一来，会议就变成了走过场，只是为了给实际上已经做出的决策盖上认可的图章。本书的读者应该很容易就看出，这种行为为多种偏差的出现铺平了道路。最显而易见的就是群体迷思，因为大多数人都已经决定支持这个项目了；而当与会者听完了提案人讲述的故事后，就会产生确认性偏差；由于没有任何人挑战这个过于乐观的计划，过度自信也就不可避免了；当一个委员会的成员含蓄或明确地相互支持对方的提案时，就会产生利益偏差。这样的决策会议就像一口大锅，所有这些偏差都在里面翻滚。

当然，有趣的是，并非所有会议都是如此。例如，你可能参加过创意研讨会。通常在会议开始前，主持人会向与会者说明这种会议的规则：不会受到批评，不需要进行任何自我审查，没有"糟糕的想法"之说，你应该以主持人的建议为基础完善你的想法，等等。虽然有很多证据表明这些方法无效，但无论如何应该没人会介意在开会前被告知应该遵守哪些规则。但创意活动似乎是一种有些神秘的活动，不属于"普通会议"的范畴。这也就同前面描述的那种没有具体规则的决策会议形成了鲜明的对比。为什么在说到决策时，有人就会认为可以随机应变，不需要任何特定的工具或技巧呢？

要解释这种悖论现象产生的原因，我们还得再一次借助"偏差盲点"这个概念。如果聚在一起的目的就是得到一些有创意的想法，那么一旦未能想出任何想法，我们就能立刻意识到自己的失败。因此，我们很乐意接受并采用一系列会议技巧，从而避免这种结果。但如果聚在一起是为了做出某个决策时，我们却意识不到那些致使我们偏离正轨的偏差。这就是人们能够接受在没有正式流程的情况下召开决策会议的原因。

但是，对话并不是即兴发言。要容忍不同观点的表达已经不容易了，更不用说鼓励了。要想在不引起发言者之间冲突的情况下，让不同观点之间的对立关系明确地呈现出来，是一件相当困难的事情。对于那些坚定地持有某种观点并想极力倡导它的管理者来说，能够参与对话、坦诚发言并积极倾听对方的意见，实属不易。不过幸好，我们可以用一些技巧来促成真正的对话。

为对话创造条件，对话从来不是突然发生的
技巧 1：确保足够高的认知多样性

成功对话的第一个先决条件，几乎就是一种同义反复的表达：汇集足够多样性的观点。

通常所说的多样性，即多元化的背景，能够自然而然地促成不同观点的汇集。但是，仅仅将不同性别、年龄、国籍或种族的人聚集到一起还远远不够。当人们长期在同一组织或同一团队内工作时，他们接受的训练和积累的经验都是相同的；他们经历的成功和失败也是相同的。他们很可能会相信相同的假说和故事，因此也往往会受到相同偏差的影响。不少针对群体解决问题的研究表明，有效性与认知多样性与信息处理中对多样性的偏好有关，却不一定与人口学意义上的多样性有关。技能和观点的多样性，比身份特征的多样性更加重要。

某家银行董事会主席的"用人之道"为我们提供了一个认知多样性的很好例子。他在挑选董事会成员时，考虑到了多样化的履历背景，力求把风险管理专家、法律专家、宏观经济学家以及本银行投资的主要国家和部门的专家都包括进来。显然，这种多样化的背景使得董事会成员能够利用各自的专业知识为银行做出宝贵的实质性贡献。此外，它还有一个不那么明显的好处，那就是，各位董事为董事会带来的多样化的观点和思维方式也很有价值。每位董事都会根据自己的经验和偏好来考虑需要做出的决策，即便不具备与特定讨论议题相关的专业知识，他们看问题的

角度也都各不相同。在 2008 年金融危机之前，某些银行的董事会似乎就严重缺乏这种观点的多样性。

技巧 2: 要有充足的讨论时间

与第一个先决条件一样，成功对话的第二个先决条件——对话需要充足的时间，在原则上也是不言自明的，但是在实践中经常遭到忽视。进行深入的对话，当然比取得表面上的一致需要更长的时间。

就拿上一个例子中提到的那位银行董事会主席来说，他要求每位董事会成员每年至少要为董事会会议留出 25 天。他每次召开董事会会议都要花上整整两天。当然，这只是一个特殊的例子，并不能代表普遍规则。但是这位董事会主席坚称，这才是提高董事会工作效率的关键：要想让这些背景和专业领域截然不同的人有效合作，真正进行经过深入思考的对话，就必须让他们花时间聚在一起。多样性与对时间的需求是密不可分的，因为参加会议的所有人的思维方式越相似，他们就会越快达成一致，但有可能他们全都错了！反过来说，他们彼此间的差异越大，就越需要时间去倾听彼此的观点，也就越需要时间去改变他们自己的想法。

技巧 3: 将对话列入正式议程

成功对话的第三个先决条件是必须将对话列入会议议程。

第 14 章 支柱 1：对话，让观点面对面

这可能是人们对众多无用、耗时、让人走神的会议所引发的一系列现实问题的一种反应。许多管理者到现在依然认为，任何会议都必须做出决策，会议纪要中，一定要记录会上做出的决策、后续措施和行动要点。当然，这种观点的另一面是，任何没有做出决策就结束的会议都是失败的。因此，他们认为，如果某个议题最终无法在会议上得到解决，就不应该将它列入会议议程。

这种观点本意也许是好的，但是已经被扭曲了。讨论需要时间，做决策也需要时间。对话的一个基本前提是我们应该知道在何时讨论，何时决策。在有些情况下，这两件事情会在同一次会议上进行，因为讨论之后自然会做出决策。但是，有时我们并不一定能在会议上做出决策。要想将这两类事情区分开来，有一个简单实用的方法，那就是将会议议程中的一些主题标记为"今天要做出决策"，将另一些主题标记为"只需讨论"。这些标记会使对话内容截然不同。

一个主题究竟是要讨论还是需要决策，取决于它的发展程度。当然这是一种主观判断，而做出判断是领导者的特权。任何高效的领导者，都能感觉到"做决策的时机已经成熟了"与"还没到最后做决策的恰当时机"之间的区别。如果他将这两者之间的界限明确地表达出来，那么团队成员就会知道什么时候不必催促他做出决策，什么时候辩论结束该做出决策了。

建立对话的基本规则，我们需要遵守某些禁忌

那么，是不是只要让一个多样性足够高的群体聚在一起足够长的时间，给出明确的议程，有效的对话就一定会产生呢？不是的。我们还需要一些基本规则。

不过，需要明确的是，我们这个"基本规则表"与许多会议室墙上贴着的"优秀会议的要点与规则"并不是一回事。"准时开始""离开前请打扫干净"这样的建议当然也不错，但是与防范有害的会议行为所要求的基本规则还有很大的距离。"有害的会议行为"是指那些会助长群体迷思、阻碍不同想法表达的行为，或者更通俗一些，就是会阻碍对话进行下去的那些行为。为对话设定基本规则，意味着必须接受一个悖论式观念：为了鼓励自由表达，我们需要遵守某些禁忌。

技巧 4：限制幻灯片的使用频率

如果你在寻找对话的障碍，寻找那些会导致讨论停滞不前、让与会者昏昏欲睡的东西，那么可以先从幻灯片开始。看似全能的幻灯片演示文稿拥有一种独特的压制讨论的能力，它会把会议变成由单一观点主导的单行道。就连美国海军陆战队上将吉姆·马蒂斯（Jim Mattis）在担任美国联合部队司令官时，也曾感叹道："幻灯片使我们变蠢了。"

当然，幻灯片对于陈述事实和论据确实很有帮助，如果使用

第 14 章 支柱 1：对话，让观点面对面

得当，甚至可以为富有成效的讨论奠定基础。但在实践中，有的人经常利用它来掩盖论证的薄弱，争夺发言机会，压缩讨论和对话的时间。另外，它的视觉特效也会分散听众的注意力。

可悲的是，幻灯片无处不在，这正是很少有公司高管敢于完全禁止使用它的原因。但是那些真正有勇气禁用它的人则对结果感到非常满意。一家家族企业的负责人表示："那些幻灯片演示妨碍了我们的讨论。"他显然对禁用幻灯片后会议气氛的变化感到由衷高兴。许多年前，斯科特·麦克尼利（Scott McNealy）就在太阳微系统公司全面禁止使用幻灯片了。他对这个禁令的效果非常满意，因此毫不犹豫地提出了一个出人意料的强烈主张："我敢说，世界上任何一家公司只要禁用了幻灯片，立即就可以看到自己的营收飙升。"

当然，真要有那么容易就好了！但是，也许为了避免"死在幻灯片上"，确实已经有许多替代品开始流行起来。例如，亚马逊已经不使用幻灯片进行演示了，而是要求为所有与会者准备好"6 页具有一定叙述结构的备忘录"，然后在会议开始时拿出一段时间让大家潜心阅读。显而易见，这不仅仅是选择不同软件的问题，也不仅仅是以纵向而不是横向方式排版的问题。正如亚马逊首席执行官杰夫·贝佐斯指出的那样："如果有人换汤不换药地用 Word 制作要点清单，那就与用幻灯片一样糟糕。"贝佐斯表示，备忘录的价值在于，它能够迫使写作者澄清问题，明确假设，阐述连贯的主张，而不能再"粉饰观点"或"忽视"它们之间的"内在联系"。阅读备忘录的与会者可以按照自己的

步调，运用批判性的判断进行推理。但是，为什么要在会议上当场阅读备忘录，而不是像大多数公司的标准做法那样提前把它发给与会者呢？贝佐斯说："这是因为高管们在开会时会虚张声势，谎称他们已经读过了，就像高中生一样。"这多么令人震惊啊！当然，你从来没有这样做过。让公司高管们像高中生那样在会议室里一起阅读备忘录，看起来可能有些奇怪，但这样做确实保证了辩论开始之后，"每个人确实都读过了备忘录，而不是假装已经读过了"。

同样的原则也适用于董事会。在董事会会议上，通常使用的是所谓的"董事会会议手册"，它们通常会在会议召开前分发给每位董事，那往往是砖头一般厚的幻灯片演示文稿汇编。奈飞公司已经用备忘录取代了这种手册，而且董事会成员可以在备忘录上在线添加问题和评论。这些备忘录的篇幅大约仅为 30 页，并包含了指向支持数据的链接。奈飞的目标同亚马逊一样：保证将更多时间花在真正有意义的讨论上，而不会被演示和澄清问题所占用。

但是，亚马逊和奈飞采用的这种做法为什么没有得到普遍推广呢？既然幻灯片有这么多被大众诟病的严重缺点，那么为什么它仍然能够继续在很多会议室大行其道，令所有人感到窒息呢？为什么我们不都改用备忘录呢？原因很简单，写备忘录非常难！一堆幻灯片和一篇好的备忘录之间的区别，不仅在于格式的选择，而且在于完成后者需要投入大量时间、精力和技巧。奈飞公司向董事会提交的备忘录需要经过 90 名高管的审阅。值得一提的是，对于怎样才能写出一篇优秀的备忘录，杰夫·贝佐斯有很多真知灼见，值得在此分享一二："要想写出好的备忘录，必须反复写，要与同事分享，请对方提出修改意见。写完初稿后要放上几天，将大脑清空然后再回过头来重新编辑。一篇好的备忘录是不可能在一两天内写出来的……可能需要一个星期或更长的时间。"这就是为什么对大多数组织来说，完全禁止幻灯片可能显得过于激进了；恰当地限制它的使用可能是更加现实的做法。

技巧5：禁止使用误导性的类比

另一个有用的基本原则是，在会议中禁止使用某些类型的论证方法。怎么能够依靠"审查制度"来激发对话呢？这不是自相矛盾吗？但这只是表象。在庭审中，程序规则禁止使用不能采信的证据或论证方法，以免影响陪审团做出不公正的裁决。与之类似，为了能够有效地对话，某些错误的论证也必须加以禁止。

某些类比论证尤其如此。这种类比一旦出现，就会把我们诱入讲故事陷阱。一家风险投资公司的首席执行官就曾说过，该公司的投资委员会在审查一个可能的投资项目时，严格禁止提及类似的公司，因为如果把标的公司说成是"下一个WhatsApp"或"某某行业中的优步"，就会使讨论产生无法挽回的偏差。即便你后来发现了标的公司与用来比较的公司的不同之处，后者的成功也会影响你的评价。类比的力量胜过任何理性的论证。

技巧 6：避免仓促下结论

这位风险投资家还提出了另一种技巧，可以用来避免过于仓促地做出集体决策。他和同事在会见正在考虑投资的初创企业创始人时，不允许任何人对初创企业的募资计划书立即做出回应。在听完这家初创企业创始人的陈述之后，投资委员会成员需立即离开，直到第二天再汇报会议情况。设置这样一个"冷静期"似乎违背了高效能会议的所有原则，比如"每次会议都必须最终做出决策"的错误信念。但是，这位风险投资家正确地指出，当要求人们立即做出决定时，"讨论马上就会变成一场基于第一印象的辩论赛"。最强烈的反应可能最有影响力，会影响整个群体，但却不一定是最好的。避免仓促制定决策，可能会带来更好的决策。

技巧 7：制作"资产负债表"

另一位著名风险投资家、凯鹏华盈集团的兰迪·科米萨（Randy Komisar）进一步完善了上述"避免仓促做出决策"这一观点。他会劝阻投资委员会成员，不要立刻对某个投资构想表示支持或反对，以免过早形成各自的"坚定"立场。相反，科米萨要求每个与会者制作一份"资产负债表"，列出支持和反对这项投资构想的所有要点："告诉我这个投资标的有什么优点，再告诉我它有什么缺点。先别争着告诉我你的判断。我现在不想知道。"传统观点认为，每个人都应该有自己的观点，并且清楚地表达出来，而科米萨却要求他的同事们反其道而行！

当然，科米萨的这个做法是为了防止各方立场变得过于坚定，他希望人们在听到别人的观点后还有机会改变自己的想法。正如科米萨所说，这也是为了"向大家强调……每个与会者都很聪明，都拥有渊博的知识，而且这是一个艰难的决定，不过我们有足够的'空间'，能够容纳不同的判断"。

这是一个至关重要的见解，不过很少有组织能够付诸实践。当面对复杂的决策任务时，我们必须承认它们的特点确实如此。期望领导者对其自身的判断表现出完全自信的企业文化，会让领导者沿着过度自信的斜坡将团队推向群体迷思的陷阱。更好的选择是承认不确定性，并鼓励大家表达出来。

而这就要求组织的领导者欢迎大家表达出平衡、复杂和细致入微的观点。必须把细致入微看作清醒严谨的标志，而不是犹豫不决或无能的标志。的确，领导者是最终做出决策的那个人，有时这需要他们将一个复杂的问题变得简单。决策的那一刻终究会到来。但是，强行过于简化，表现出过高的信心，以及过早达成一致则都是危险的。请记住一句名言："一切事物都应该尽可能简单，但不能过于简单。"

激发对话，根据管理风格与公司文化选择适合的方式

会议开始了，基本规则也已经确定了，但你仍然需要激发对话。有很多方法可以做到这一点。你究竟应该选择哪一种，取决

于你自己的管理风格和公司文化。下面的例子只是说明了其中一些可行的方法。

技巧 8：指定一个专唱反调的"魔鬼代言人"

这是一个屡试不爽的技巧，直到今天还有很多支持者。我为了写作本书采访了一家公司的首席执行官，他就说自己经常使用这个技巧，而且每次都奏效："当每个人都告诉我某个想法非常好时，我脑袋里的那盏小小的警示灯就可能会熄灭。所以，我会选出一个专唱反调的'魔鬼代言人'，他会告诉我这个提议为何实际上是个坏主意。"那么，怎样才能选出扮演这个角色的人呢？这位首席执行官认为，主要的考虑因素是那个人的性格："我一定会选择一位'麻烦制造者'，他的性格要适合这个角色。"

当然，这并不容易。你的管理团队中可能不会有很多那样的人；天生就喜欢为与自己真正的想法相反的观点辩护。也许这并不是一件坏事。此外，"魔鬼代言人"是要冒很大的风险的：如果他全身心地投入这项工作，并利用自己的修辞技巧来对付自己的同事，后者很可能也会以此来对付他。

也正因如此，这个技巧在现实世界中是很难实施的，因为存在如下风险：这种为反对而反对的人往往不能全力以赴。不少研究都证实了这一点，而且还进一步表明人为制造的异议不如真实的异议有效，因为真实的异议代表了当事人真正的想法。

而且，鼓励人们提出自己真正的异议也会带来其他挑战。有些人可能会将异议本身与提出异议的人的个性联系起来。在理想情况下，在两种选项之间进行选择，不应该意味着要在两个人之间进行选择。也正因为如此，人们通常认为下面这种技巧更加可取，可以代替"魔鬼代言人"法。

技巧9：必须同时提出两个方案

还有一个技巧很有效，但却很少有人使用，这就是要求提出项目建议的人必须同时提出两个建议，而不是一个。一家大型工业公司的首席财务官就采用了这个规则，除非投资建议提交人能够同时提供两种可选方案，否则他就不会听取此人的建议。

这个技巧通过创造更多的可选方案来激发辩论，从而使决策者避免做出"要么批准，要么反对"的二元选择。它还有另外一个好处，那就是有助于对抗第5章讨论过的资源分配中的惯性偏差。毕竟，首席财务官现在可以选择批准或者否决某个部门的全部两个建议了。如果每个部门都只提交一个投资提议，那么这位首席财务官很可能因没有第二种选择而批准所有提议。

技巧10：消失选项测试

另一种生成选项的方法是运用消失选项测试（vanishing options test），奇普·希思和丹·希思在《决断力》一书中描述了这种方法。你可以问问自己，如果由于某种原因，现有的所有选项变得不再可行了，你会怎么做？这种情况可能迫使参与决策的人构想出更多平时可能完全意想不到的想法。

有人认为可选项越多，做出决策就越困难，这一点并不难解释，而且这也正是领导者试图通过缩小可选项的范围来简化决策的原因。但是，事与愿违。拥有多个可选项才能提高决策的品质。希思兄弟在他们给出的改进决策品质的各种方法中，将这种方法列在了第一位。他们引用的一项研究表明，只有 29% 的商业决策是在多个可选项之间进行选择，其余 71% 的商业决策都是对单一提案的"是或否"选择。多选项决策的失败率却低得多，为 32%，而单选项决策的失败率为 52%。

技巧 11：用同样的事实生成不同的故事

在有些情况下，拟订更多的可选项并不可行。实际上，决策越重要、越不寻常，或越独特，人们就越难以给出可信的替代方案。此外，甚至在考虑任何一个可选项之前，决策者必须对决策涉及的情况和这些可选项能解决的问题或带来的机会达成一致。在这个时候，他们需要的并不是可选项的多样性，而是情势判断方式的多样性，或是看待当前选项的方式上的多样性。

要实现这个目标，有一个常用的方法很有帮助，那就是用同样的事实生成多个故事或场景，从而得出不同的结论。

例如，在本书第 1 章的一个例子中，销售总监根据手下的一位销售代表的一通电话，就得出了价格战即将开始的结论。然而，根据同样的事实，我们可以编出另一个故事：这位销售代表在与一两位重要客户打交道时遇到了某种特殊的困难，所以他现在情绪相当低落。他遇到的困难与我们产品的价格定位没有什么关系，主要与他自己展示或推销产品的方式有关，因为价格不是也不应该是我们的主要卖点。我们不需要降低价格，我们需要做的是加强对销售人员的培训和激励。

第二个故事不一定是真的，但第一个故事也可能是假的。编出第二个故事的好处是，它会促使销售总监去寻找不同的证据，从而得出更多的可能结论，而不是当即得出"我们应该降低价格"这一简单的结论。例如，要证实或反驳第二个故事，这位销售总监需要对公司的竞争定位进行客观评估，包括且不限于产品的定价水平。如果他一直只专注第一个故事，那么就可能不会要求进行这样的分析。第二个故事开阔了他的视野。

一家私募股权公司就利用了这种技巧。该公司要求投资计划提议者在提出投资建议的时候，用支持他们的"正面"故事的那些事实，构建出另一个"负面"故事，而根据第二个故事，该公司应该否决投资计划。这并不是一个简单易做的"练习"。那些被要求这么做的人一开始可能会觉得非常不适应，而第一次接触这种技巧的人则可能觉得这样做很虚伪。但是，就像前面描述的"资产负债表"技巧一样，第二个故事能够让与会者意识到决策中固有的不确定性。当与会者都能认识到，理性的人对投资决策产生分歧是很正常的，从而就会创造出一种有利于对话的氛围。

最重要的是，让同一个人讲述不同的故事，可以化解和消除任何可能的分歧。在实施"魔鬼代言人"技巧时，那个代言人在批评某个故事时，看上去就像在攻击讲述人，这是不可避免的；而现在，是同一个人在讲述两个不同的故事，从而就赋予了其他人选择权，他们能够自由选择并支持每一个故事中的某些论点，这样一来，对话就变得更加容易了。

顺便说一句，这个技巧说明你可以利用一种偏差（讲故事的力量），来对抗另一种偏差（确认性偏差）。以其人之道，还治其人之身，重点在于这两个故事要同样可信。

技巧12：进行"事前检验"

要想在管理团队中激发真正意义上的对话，另一种有效方法就是进行事前检验（premortem）。这种方法在对抗过度自信加群体迷思这种致命的偏差组合时特别有用。事前检验法是第3章中提到过的"直觉型"决策专家加里·克莱因发明的，是一种用来发现计划中原本可能会被忽视的缺陷的方法。进行事前检验的时机应在做出最终决定之前，在某些反对意见或疑虑可能已经形成但是尚未表达出来的阶段予以实施。这个技巧要求，大家一起想象一个项目在未来遭遇了失败，然后进行假想的事后检验，从而找出失败的原因。

如何进行事前检验？具体的细节可能会随不同决策项目而略有不同，核心原则却很简单。会议组织者宣布："现在，我们已经进入了某某年,这个项目已经彻底失败,成了一场不折不扣的灾难。为什么会有这种灾难性的结果?"接着,与会者写下一系列可能的失败原因,然后轮流与大家分享。每个人都必须发表意见。

那么,事前检验与几乎所有团队都在做的决策讨论有什么不同?从表面上看,两者似乎没有什么不同,因为讨论的都是项目面临的风险和不确定性。但两者之间存在着两个很小但非常关键的差异。后见之明偏差清晰地告诉我们:比起想象未来可能发生的事情时我们更善于解释过去发生的事情。事前检验就巧妙地利用了这种偏差。它要求人们站在假想的未来去"回顾过去"了,然后它要求人们解释在这个想象中的过去"到底发生了什么"。克莱因用一种巧妙的矛盾修饰法,将这个技巧称为前瞻性的后见之明(prospective hindsight)。此外,它要求大家写下自己的理由,并规定每个人都必须发表意见。这就有助于反对提案的人和持怀疑态度的人克服他们保持沉默的倾向,因为保持沉默正是群体迷思的根源。

如果处理得当,事前检验通常会很有帮助。如果所有与会者都出于同样的原因而感到担忧,那么也许是因为这些担忧还没有得到充分的探讨。即便与会者提出的疑虑只是风险投资项目本身固有的某种不确定性,在执行期间将它们作为监测重点,也是非常有价值的。除此之外,事前检验最有价值的地方是能够识别尚未讨论的缺陷。桂格公司首席执行官史密斯伯格在斯奈普收购案失败的几年后承认道:"收购一个新品牌,一个很有前途的品牌，实在是太令人兴奋了。我们本应该找几个人来探讨一下评估中的否定意见。"如果使用了事前检验这个技巧，史密斯伯格的评估团队也许会放心大胆地去做，实际上他们也有了这样做的义务。

技巧 13：临时组建一个特别委员会

如果你认为只让执行委员会去设想最坏的情况还不够激进，那么这里还有另外一个技巧，这就是把委员会完全换掉。大多数组织的一般规则是，由最高管理团队决定一切，这个团队可能就叫执行委员会，也可能有其他不太正式的叫法。但是，避免群体迷思和其他政治把戏的最好方法，或许是根据不同的决策要求，改变群体的成员。

本书作者采访的一位商业领袖描述了一种审查投资建议的方法，他本人称之为六个朋友（Six Amigos）。对于这种方法，他是这样描述的："我们从公司不同部门挑选出 6 个人，让他们共同参与项目决策。他们原来不知道这个项目，是与我们在同一时间开始了解这个项目的。我们告诉他们，要利用他们在工作中学到的所有技能，提出一些正确的问题，去挑战有关该项目的一些既有观点。"

这种方法确实有效！当被赋予了这种意想不到的角色之后，员工们就会很好地扮演它。他们不太会玩政治把戏，也不太会出现"你今天对我好，我明天也会对你好"这种在常务委员会成员间经常出现的做法。最高管理团队的成员有理由担心，如果自己今天批评他人的项目，明天自己的项目就会遭到他人的批评。但是这"六个朋友"没有这种顾虑。他们的注意力完全集中在了如何抓住机会，向首席执行官展示自己的分析能力和商业判断能力上面。给年轻而有潜力的初级主管一个崭露头角的机会，确实是这个技巧的一大额外好处。不过，它的主要作用仍然是一种促成对话的有效方法，即通过改变参与者达到这一目的。

技巧14：把备忘录提前锁进首席执行官的抽屉

在某些特定情况下，前面描述的所有技巧很可能都难于实施。对话可能仅限于一个非常小的群体内部，因为决策必须保密，例如在探讨一个大型并购项目的可行性时。但是，群体越小，偏差就会越明显。在这种情况下，就需要想办法让最终决策者与自己展开对话。也就是说，最终决策者要将自己想象成处于不同时间节点的两个最终决策者。

大型并购项目带来的挑战之一是，最终决策者和他们的团队会陷入巨大的兴奋之中。有些人将这种现象称为交易狂热症。这也正是史密斯伯格认为应该找几个人"探讨一下评估中的否定意见"的原因。又例如，基金在收购过程的各个阶段，在相继提交的新报告中，问题一个接一个地消失了，但其实这些问题并没有得到解决。当并购团队夜以继日地工作时，当谈判需要快速做出回应时，确实很难保证当事人的头脑一直清醒冷静。

"把备忘录锁在首席执行官的抽屉里"这个技巧说的是,团队和首席执行官在预定交易日到来的前几个星期里一起坐下来,写下一份备忘录,列出必须解决的交易障碍。然后,首席执行官把备忘录锁进抽屉里,直到做出最终决策的那一天再拿出来。

这样一来,在必须做出决策的最后一天,一位具备所需一切专业知识的人就会如约而至,首席执行官可以非常放心地与他就这个决策进行对话。当然啦,那个人就是他自己,或者,更准确地说,是几个星期之前的他自己,只不过那时的他还不太容易受到一时冲动和各种偏差的影响。这个问题的答案是恰当的吗?如果不是,是否表明这个问题不重要了?毕竟,他自己就是不久之前刚刚把这个问题列出来的那个人……当然,这种"对话"并不完全等同于真正的对话。但在这个关键时刻,它确实可以帮助首席执行官远离一下当下的压力。

关于对话的 3 个错误顾虑

在讨论决策过程中的对话这个问题时,经常会遇到 3 种反对意见或顾虑。我们在这里必须化解这 3 个顾虑,因为如果你不相信对话的价值,那么所有这些促成对话的技巧都将归于无用。

第一个顾虑是,有人担心对话最终将会沦为无休止的讨论,从而拖延决策,浪费所有人的宝贵时间,甚至可能导致根本无法做出任何决策。这也就是前面简单提到过的"分析瘫痪"的风险。的确，有的组织正遭受这种弊病的荼毒。反对这种文化的领导者可能会试图缩短甚至消除讨论，以便尽快采取行动。有一家消费品跨国公司甚至一度提出过一个非正式的口号："马上行动，不要争论！"然而，这种观点通常是错误的。为了提高决策速度，并不能以牺牲决策品质为前提。本书中给出的所有激发对话的技巧都有一个关键特征，那就是它们通常都是非常快速的。例如，一次典型的事前检验，花费的时间通常不超过两分钟。

谷歌公司前首席执行官埃里克·施密特（Eric Schmidt）认为，关键是"多样化的歧异观点加最后期限"，也就是说要让人们有机会表达不同意见，相互对抗和对话，同时也要提前设定一个停止讨论，做出决策并开始实施的时间期限。"那么，谁来确保大家遵守最后期限呢？"施密特反问道，"当然是我。那是我的工作。或者是主持会议的人。"正如施密特所言："如果只有异议，没有决策，那么就和在大学里上课没有什么两样。"

第二个顾虑是，围绕战略决策展开的对话最终将会通过妥协而达成协议，从而得到的是一种浮于表面的平庸共识。但是这纯属误解，因为对话并不意味着民主。对话结束之后，决策者才是裁决人。决策者是在听完大家的讨论后才做出决策的，但是他没义务去接受一个大多数人都持有的观点。

诚然，决策者要做到这一点并不容易。前面提到的一名首席执行官就曾经指出，要精心策划并安排一场对话"绝对不是一件轻松的工作，比温和地让大家达成一致要难受得多"。这也正是为何凭借对话来领导团队，需要领导者具备真正的管理勇气。决策者需要的勇气，不仅包括遵守截止期限并做出最终决定的勇气，还包括否决团队中部分成员意见的勇气。即便最终出现的是不够坚定的妥协，那也不能归咎于对话，那是决策者的优柔寡断造成的。

第三个顾虑是，必须做出明确的最终决策会不会带来一些不良后果？既然有了真正意义上的对话，那么也就意味着人们肯定表达了一些相互冲突的观点。在这种情况下，一旦做出最终决策，持相反意见的少数派仍然必须参与执行决策。他们会在不得不执行曾经反对过的战略时犹豫不决吗？难道避免公开表达多样化的歧异观点不是更好吗？这样大家就都不会陷入那种尴尬的境地了。

经验和研究都表明，事实与这种顾虑恰恰相反。在真正意义的对话中，每个人的想法都能公平地展现出来，这对参与其中的人有非常大的激励作用。作家金伟灿（W. Chan Kim）和勒妮·莫伯涅（Renée Mauborgne）认为，这才称得上公平程序：如果人们有机会表达自己的观点并被他人倾听，那么一旦做出最终决定，所有贡献了意见的人的激励都只会增强，而不是减弱。当然，前提是满足一些必要条件，其中包括：游戏规则必须明确，对话必须秉承尊重的原则，倾听必须真诚。为了达成表面共识而假装征求大家的意见绝对是激励杀手。若是首席执行官假装听取经理们的意见，但实际上只是利用他们为自己已经做出的决策背书，那只会让人备感愤懑。

策划和安排对话并非易事，特别是当组织仍然没有习惯参与对话时。但是，对话是对抗大多数偏差的先决条件。对话能通过讲述不同的故事来对抗模式识别偏差。对话能让那些持怀疑态度的人有机会表达自己的看法，从而防止行动导向偏差。对话还可以防止惯性偏差，因为当我们要比较各种相互冲突的观点时，必须挑战现状。此外，如果操作得当，对话也可以防止群体迷思。正是基于上述原因，我们才说对话是健全的决策架构的第一个支柱。

对话

- 在很多公司里,"成功"的会议就是不进行任何讨论的会议。但对话是对抗群体迷思以及其他偏差至关重要的手段。
- 为对话创造条件,对话从来不会突然发生。
- 建立对话的基本规则:我们需要遵守某些禁忌。
- 激发对话,根据管理风格与公司文化选择适合的方式。
- 不要害怕有不同意见:领导者是最终做出决策的那个人。

YOU'RE ABOUT TO MAKE A TERRIBLE MISTAKE

第 15 章

支柱 2：
差异，
从不同的角度看待事物

我们只相信上帝。至于其他所有人,请拿出数据来。

——无名氏

第 15 章 支柱 2：差异，从不同的角度看待事物

2007 年至 2008 年次贷危机爆发时，大多数大型银行都措手不及。它们所有的模型、分析，以及从所有评级机构得到的评级结果都表明，导致危机发生的那些贷款是没有风险的。银行和其他投资者遭受了巨大的损失，进而引发了一场前所未有的金融危机。

当然，那些预见危机即将来临的人除外。迈克尔·伯里（Michael Burry）就是其中一个，他也是电影《大空头》（*The Big Short*）中由克里斯蒂安·贝尔（Christian Bale）饰演的那个角色的原型。在很早的时候，伯里就看出了大问题：如果房地产市场变得低迷，那么那些根本没有偿还能力的借款人就会拖欠贷款，泡沫就会破灭。但是，正如他后来写到的那样："在华盛顿，根本没有人想知道我是如何得出这个结论的，即房地产泡沫肯定会破灭，而且泡沫一旦破灭，就可能把大型金融机构拖入深渊。"当伯里的预言在 2007 年成了现实之后，他的基金赚到了约 7.5 亿美元。这个例子说明，成为普通投资者口中的"反向投资者"，持有大量

与一般意见相悖的头寸,有时获利会极其丰厚。

但是,这位迈克尔·伯里究竟是何方神圣呢?他是某家大银行的杰出战略家吗?他是华尔街某家证券公司的交易员吗?都不是。他其实只是一个"散户"投资者。伯里原本是一名训练有素的医生,后来,他停止执业,转而将全部时间和精力都投入到了他的爱好中去,那就是在股票市场上搏杀。他用自己的积蓄和向家人、朋友借来的钱,成立了一个规模很小的投资基金。对于专业投资人士来说,伯里只是一个局外人。事实上,他在其他方面也可以说是一个局外人:他害怕参与社交活动,而且他诊断自己患有阿斯伯格综合征[①]。他是通过征友广告认识他的妻子的,在广告中他这样描述自己:"单身,只有一只眼睛,欠了很多债。"至此,读者应该很容易理解,为什么伯里不为高盛工作了。

寻找多样化的观点,让不同的想法蓬勃生长

像伯里所持的这种反向、歧异的观点可以说是无价的。但是,这种观点是不会凭空出现的。在许多银行内部,也有一些员工对次贷泡沫表达过类似的担忧,但是没有人听得进去。是因为这些员工没有伯里那么执着吗?还是因为所处的环境阻止了他们推进自己的想法?无论原因是什么,最终结果都一样。很少有公司真正欢迎有不同想法的人,也很少有公司能够容忍叛逆的想法,能将这种"歧异"整合进战略决策中的公司,就更少了。

---

① 具有与孤独症同样的社交障碍,但没有明显的语言与智力障碍。——编者注

但是很显然，一言堂是有大问题的。我们在第 14 章中已经看到了，要想做出好的决策，对话至关重要，但是如果所谓的"对话"只发生在拥有完全相同想法的人之间，那纯粹是浪费时间。那么，怎样才能确保在讨论各种情况和机会时，在场的人有看待问题的不同方法？怎样才能克服群体迷思和确认性偏差，从而避免在不知不觉中趋于一致？怎样才能让自己学会从不同的视角看问题？

要想让不同的想法"蓬勃地生长起来"，我们就一定要真诚地欢迎人们表达这些不同的想法，而这就意味着要培养多样性，引入挑战者，容忍有时会令人不安的差异。

技巧 15：创建一个非正式顾问网络

许多政治领导人为了确保自己不与公民社会脱节，都会组建一个非正式、非官方的顾问网络，这些非正式顾问可以为他们提供许多"不同寻常"的想法。同样，许多商业领袖也会为确保自己不与现实世界绝缘而组建一个类似的非正式顾问网络，其成员可能包括"刺头"、特立独行者和麻烦制造者。他们所起的作用是相同的：给政治领导人和商业领袖带来多样化的歧异观点。

因为"非正式"是这类角色的根本特征，所以这些顾问有各种各样的名称，当然不能直接称他们为"特立独行的人"，那毕竟不能算是对他们的工作的准确描述。有些非正式顾问被称为首席执行官的特别顾问或内部顾问。还有一些非正式顾问在组织中有正式职位，他们只是"兼职"扮演着这种角色，通常是幕僚的角色，比如"组织转型总监""创新总监"或"项目总协调员"等。无论叫什么，这些非正式顾问的真正价值在于，他们能够提供多样化的歧异观点。

对于这些非正式顾问来说，除了拥有提供"多样化的歧异观点"这一能力之外，能够让首席执行官聆听自己意见的能力也很重要。因此，尽管他们是一群特立独行的人，却并不全是不食人间烟火的怪人。有一位首席执行官，曾经成功地使几家陷入困境的公司扭亏为盈，他到任何一家公司上任时，都会带着一小群顾问。他非常信任这个由忠诚的追随者组成的核心团队，这不仅仅因为他们拥有智慧和创造力，而且还因为他们绝对忠诚。这位首席执行官说："对我来说，最大的风险在于以为自己是全能的，听不进任何人的话。因为在我将要领导的这家公司里，我谁都不认识，而且那里所有人的想法都一样，所以我需要带一些没有受到影响的人一起进入这家公司，只有这些人才会在我出错的时候提醒我。"

此外，许多商业领袖都会通过在组织内部维持一个非正式的人际网络，来确保自己能够了解到各种各样的观点。他们会与一些通常不与公司高管接触的基层员工建立并保持联系，并在做出重要决策时征询这些没有"过滤装置"的人的意见。例如，有一位首席执行官花了20多年时间才晋升为公司的掌舵人，但是他与他在职业生涯每个阶段结识的人保持着友好关系。这些人知道，尽管他已经成为首席执行官，他们现在仍然可以坦率地与他交谈。

第 15 章　支柱 2：差异，从不同的角度看待事物

技巧 16：获得未经过滤的专家意见

组织内部的观点歧异性毕竟有限。在通常情况下，如果你想得到更多多样化的歧异观点，你就需要到组织之外去寻找它们。当然，最显而易见的一种方法是寻求外部专家的帮助。但是这里的挑战在于，外部专家往往倾向于提供一致或趋同的观点，而不是歧异的观点。

以一项涉及非常复杂的税务问题的收购活动为例。提供咨询的税务律师自然会仔细地研究整个收购计划，指出收购方公司面临的风险，并计算出这些风险一旦变成现实的潜在成本。他的职责是让人们注意到这些风险，而不是判断承担这些风险是否合理。此外，他还需要确保没有人会因为以后可能发生的事情而责怪他，以此来保护自己的专业声誉。与这位税务律师接触的收购方公司的人，则通常都是法务或财务部门的税务专家，他们也都有类似的规避风险的倾向。就这样，在经过了多次接触之后，当这位税务律师的专家意见最终出现在首席执行官的办公桌上时，通常采用的是仅支持整个提案中一个论据的形式。

面对这种情况，本书作者采访的一位首席执行官提供了一种很有意思的处理方法。他的方法是不需要其他人在外部专家与他之间充当传话人，而是请外部专家直接与他本人沟通。这样一来，他可以随时试探外部专家的口风，进而利用多种技巧挖出对方更深层次的想法。大体上，这位首席执行官会这样对外部专家说："我读了你的报告，我明白你应该向我警示有关风险。但是我的

工作是判断是否值得冒这个险。这是私下交谈，不会留下记录，我想知道的是，如果这次收购用的是你自己的钱，你愿意冒这个险吗？"

当然，并不是所有外部专家都愿意回答这个问题。但是那些愿意尝试回答这个问题的人，必定会采用不同的视角，而且往往会给出与之前完全不同的看法。在他们放弃了一个只会罗列所有风险因素的专家惯用的视角之后，会选择采用领导者的视角，即在仔细计算后可以承担适当的风险。此外，外部专家的真实意见往往与在书面报告中呈现的意见有所不同。这不足为奇，因为外部专家的真实意见与公司内部负责和专家沟通的员工的观点其实并不像表面上那样完全一致。

技巧 17：别让你的顾问知道内情

除了主要职责就是解决特定技术性问题的那些专家之外，外部顾问可以为整个项目带来多样化的歧异观点。因此，他们有可能提供多样化的深刻见解。诚然，作为一位多年担任战略顾问的人，我在得出这个结论时或许也未能避免自己的偏差。

然而，与内部人士和技术专家一样，顾问有时也不一定能带来多样化的想法，反而会促成观点趋同和群体迷思。为了帮助缓解这种风险，可以选择那些自己的判断不会受到薪酬结构影响的独立顾问。这是因为，如果某项交易完成之后或某个信息系统采用之后，相关人员才能获得报酬，那么你就很难指望他们会给出关于该项交易是否合理、那个信息系统的技术选择是否恰当的公正建议。

除了这个看起来显而易见但经常被忽视的原则之外，还有一个想法可以帮助你充分发挥顾问的作用：让他们蒙在鼓里。或者，更准确地说，在向他们提出问题时，采用的提问方式不会影响到他们的建议本身。

有位首席执行官处理一个并购项目的方法就很好地说明了这一违反直觉的原则。一般来说，在并购活动中，公司会聘请顾问对特定的收购目标进行尽职调查，例如，要确认打算收购的公司是不是拥有良好的战略，是否容易与本公司产生协同效应等。然而，这位首席执行官意识到，无论公司聘请的顾问如何试图保持客观中立，他自己对这个并购项目的想法都会影响他们。因此，他不再要求顾问分析他有意收购的那家标的公司，而是要求他们提出对整个行业的一般感受，以及对公司各种战略选择的总体看法。当然，这种非常规的方法需要花费更长的时间和更多的成本。这会让顾问们非常不自在，因为他们要回答的不是一个封闭的问题，而是一个必须考虑各种可能性的开放问题。但是这位首席执行官知道，如果顾问们在这种情况下提出的建议仍然支持他自己的观点，那么他们受偏差影响的可能性就相当低了。相反，当顾问给出了相反的意见时，这种不同意见对他们的客户来说就是很有价值的。

技巧 18：任命外部挑战者

要想获得多样化的歧异观点，还有另外一个来源，并且它得到了许多人的赞同，那就是"外部挑战者"。有一家大型制药公司已经把这种做法作为一个重要的组成部分，整合进了它的战略规划流程。每年，这家公司在考虑本年度最重要的两三个议题时，都会要求外部挑战者对各部门的计划进行批判性分析，并将相应的报告提交给管理团队。

这种方法的价值在很大程度上取决于外部挑战者拥有的专业知识，以及公司是否有能力从各种不同的地方找到他们。举例来说，有些医生被认为是"关键意见领袖"，他们可以就各自的专业领域或某个治疗领域的发展趋势提出前瞻性看法。公司退休的经理人也可以就某项敏感的组织变革提出建议。本公司投资的初创企业的负责人则可以带来关于行业技术前沿的新观点。外部挑战者像董事会成员一样，他们的付出也会获得报酬，但是他们通常不会为了钱而接受这份工作。事实上，他们通常都会将获得的报酬捐给慈善机构。这些人之所以愿意担任外部挑战者，是因为可以在自己感兴趣的主题上接受智力挑战，并且有机会向全球行业领袖级团队展示自己的结论。

这种外部挑战过程的结果是，接受审查的部门的战略计划通常需要在某些方面进行修订，以整合外部挑战者的建议。至于计划的其他部分，管理团队与外部挑战者只需做到求同存异就可以了。无论如何，这已经给了高级管理团队一个机会，让他们能够听到关于同一个问题的至少两种不同的观点。

技巧 19：安排一场"作战演习"

"创造"分歧还有一个更加激进的方法，那就是强制规定必须给出多样化的歧异观点。当你的一个团队提交了一份提案后，你不需要到"外人"那里去寻求第二种观点并分析它与第一种观点的不同之处，相反，你可以要求你的另一个团队刻意地准备一份相反的评估。如果你将提交第一份提案的团队称为"蓝队"，那么你就要组建一支"红队"，让其为相反的观点发声。

"红队"在本质上就是火力全开的专唱反调的"魔鬼代言人"，不过不同的是，它不依赖于个人的批判性思维技能和能言善辩，而是要进行独立的、基于事实的探索和分析。这种方法的好处是，最终决策者可以在听取两种经过充分研究得到的结论后，再提出自己的观点。他就像一位法官，先听取辩护律师和检察官的意见再做出裁决。"控辩双方"都尽了最大努力进行过最深入的研究，并提出了他们所能提出的最好论证。

当然，这种"复制"不可能是免费的。从经济角度看，为每一项例行的评估工作都指派两个团队独立地完成评估，显然不明智。此外，人为制造"蓝队"和"红队"之间的对抗，也不可避免地会导致对立或冲突。因此，这个技巧只适用于高风险的决策；事实上它也确实起源于军队和情报机构，在那些地方，对证据的错误解读可能会带来惨烈的后果，对此读者应该不会觉得意外。

这种方法还有一种变换形式，那就是让"红队"充当预测对手反应的角色。我们通常称之为"作战演习"。有些公司利用这种"作战演习"来预测竞争对手的反应，从而避开本书第 4 章讨论的忽视竞争对手的陷阱。在这方面，宝洁公司对高乐氏公司注定失败的进攻就是一个鲜明的反例。

组建一支"红队"这种技巧的另一个作用是抵消利益偏差的影响。沃伦·巴菲特建议采用这种方法的一个变体来分析和评估收购提议，特别是如果收购涉及股票互换的时候，因为那会使评估更加复杂。按照这位"奥马哈先知"的说法就是："当董事们听取顾问，也就是投资银行的意见时，在我看来，只有一种方法可以进行理性和不偏不倚的讨论。那就是，董事们应该聘请第二位顾问，就拟议中的收购方案提出反对意见。而且，第二位顾问的报酬应该根据未通过的交易金额来支付。"

然后，巴菲特用他一贯的风格总结了他的观点："不能去问理发师，你是不是该理发了。"他给出的建议则有趣得多：如果你想知道你是否需要理发，那就去问两位理发师，同时告诉他们你想要的答案是什么！

技巧 20：利用群体智慧

要得到多样化的歧异观点，还有一个同样重要但只有极少数公司会采用的方法，那就是咨询本公司的员工。早在 1907 年，统计学家弗朗西斯·高尔顿（Francis Galton）就证明了"群体智慧"① (wisdom of the crowd) 的存在，尽管这看上去似乎是一个自相矛盾的现象。他发现，一个群体的平均估计值要比该群体中绝大多数人的估计值更加准确，这是因为当组成群体的个体没有共同的特定偏差时，他们的错误是互不相关的，可以相互抵消。因此，"群体的呼声"可以产生非常清晰的想法。

将与待决策事项相关的群体的估计取平均值，通常会得到一个相当好的估计结果。在这个基本观念的基础上，人们发展出了许多技术，从而得到更好的估计结果，比如，选择让那些更合适的群体来预测，或者以更复杂的方式对"群体"的预测进行组合。其中一种方法是构建一个预测市场。预测市场的参与者要做的并不是一些简单的估计，而是交易依赖于未来事件特定"实现值"的合约。例如，假设你想知道某个竞争对手是否会开始建设新的产能，那么你在预测市场上可以进行这样一项合约交易：如果该竞争对手在某个日期之前宣布增加产能，就支付 1 美元；如果竞争对手没有在该日期前宣布增加产能，就不需要支付。任何时候，预测市场的均衡价格都反映出人们对未来事件发生概率的总体观点。例如，当这个合约交易价格为 70 美分时，就意味着从总体上说，市场上的交易者认为那个竞争对手有 70% 的可能性提高产能。交易者会将新出现的信息纳入考虑范围。例如，如果你的竞争对手公布了令人失望的季度业绩，认为糟糕的业绩会

---

① 一个人是否聪明不是由智商决定的，而是取决于认知工具的多样性。斯科特·佩奇 (Scott Page) 在《多样性红利》中介绍了如何利用工具发挥群体智慧的优势。该书中文简体字版已由湛庐策划、浙江人民出版社出版。——编者注

降低产能增加可能性的参与者就会卖出合约,从而压低价格。因此,新的均衡价格将反映一个根据交易者下注金额加权的新的总体概率。

有些公司在准备发布新产品时,会运用群体智慧来获得可靠的预测。不难想象,销售人员是最适合对销售情况进行预测的群体,他们预测的汇总结果可能是一个非常可靠的指标。

群体智慧的主要缺点就是过于透明,这也正是这种方法没有得到更广泛应用的主要原因,尽管它早就广为人知并且非常有效。例如,通过汇总所有人都能看到的销售人员的个人预测,得到的预测很可能成为一个自我实现的"预言"。如果预测是乐观的,那再好不过了,因为它肯定能鼓舞士气。不过,即便预测是悲观的,也可能不失为一件好事。毕竟,如果你们公司的绝大部分销售人员都认为新产品将无人问津,你也应该知道这个情况,也许你需要重新考虑是否要推出这个新产品。但是,如果预测结果不温不火呢?一旦一个半信半疑的销售人员意识到他并不是唯一一个怀疑新产品吸引力的人,他会不会更加泄气呢?如果你担心这可能会毁掉一个本来有希望成功的新产品,那么你可能不应该冒这个险。

当行动的目标不是做决策,而是征集和评估某些意见时,利用群体智慧的风险相对较低。例如,在制订战略计划、企业转型或激励创新的早期阶段,情况就是如此。以往,"借用"成千上万员工的大脑来思考不具备实际可操作性,但是现在,随着科技的进步，人们可以越来越高效地对大量定性信息进行批量处理。因此，群体智慧确实有很大的潜力，有望成为实地汇集多样化歧异意见的主要方法。

借力打力，以偏差对抗偏差

接下来要介绍的其他用来引出多样化歧异观点的方法中，有三种方法在对抗一些最顽固的偏差时特别有效。它们都属于以偏差对抗偏差的方法，共同特点是以牙还牙、借力打力，用偏差的力量去对抗偏差本身。

技巧 21：以再锚定效应对抗锚定效应

在第 5 章中，我们已经看到了，要战胜资源惯性是多么困难。我们也了解到，资源惯性在很大程度上都源于对过去的数据的锚定，这种锚定使得企业无法有效地对资源进行重新配置。锚定之所以拥有如此强大的力量，是因为它是在无意识的情况下发生的，所以我们几乎无法抗拒它的拉力。为了对抗这个锚的拉力，我们需要另一个不同的锚，一个将我们拉向相反方向的锚。这就是"再锚定"法。

再锚定法有好几种变体，它们在许多大公司的预算过程中都得到了广泛运用。这些变体的原理都是相同的。要进行再锚定，先要给出一个简化的模型，说明如果"机械地"进行预算分配会是什么样子。这样的一个模型，往往以少数几个用于评估每个部门战略诉求的标准为基础,包括市场规模、增长率、盈利能力等。但是在把相关数据输入模型时,不要考虑过去分配给该部门的资源数量。利用这些相关的输入参数,这个模型可以给出一个"干净"的资源分配表,即一个忽略了前几年数据资源分配方案。

很显然,我们不能直接用这个简化模型来确定实际的资源分配方案。但是它确实改变了讨论的基调。在没有这个模型时,如果去年的营销预算是100美元,那么在讨论明年的预算时通常会围绕这个数字展开,最后确定的数字可能介于90美元和110美元之间。但是现在你看,模型建议的预算是43美元!当然,没有人会建议直接采用这个数字。也许有很好的理由将预算保持在100美元的水平,甚至提高预算。但是这些理由到底是什么呢?我们现在不得不问自己这个问题,而在以前,是不会有人提出这个问题的。这样一来,关于预算的讨论就由两个数字而不是一个数字锚定了,也就有了一个非常不同的基调。

从原则上说,这个模型给出的数字不应该与历史预算数字有根本区别。假设历史数据与总体战略相对一致,同时假设模型所使用的标准已经很好地反映总体战略,并且该模型已经得到了正确的校准,那么在大多数情况下,该模型产生的数字应该与历史数据基本一致。花上几小时讨论这类大体上一致的数字没有太大的意义,这种讨论可能只会带来一些很小的变化。最好花更多时间讨论那些历史预算数据与模型估算的数字完全不同的部门的情况。这就是再锚定法带给我们的额外好处,它可以引导我们将管理时间集中投入到那些真正需要重新核查预算的部门。

技巧 22：用多个类比来对抗确认性偏差

正如"锚定效应"可以用"再锚定效应"来对抗一样，导致我们接受误导性类比而不自知的确认性偏差，也可以通过多个类比来驯服。这个方法的核心就是找到一些对我们脑海中最先浮现的类比有替代或制衡作用的类比。最先浮现的类比，通常源自个人经验或非常难忘的情景。

不过，想出多个类比并不像你最初认为的那么困难。例如，在伊拉克战争期间，美国陆军司令部战略分析师卡莱夫·塞普（Kalev Sepp）很快就意识到，将这场战争与越南战争进行类比，是所有驻扎在那里的美军军官的主流思维模式。越南战争或许是一个有意义的类比，塞普想，但是难道就没有其他更好的类比了吗？美军是否还能从其他例子中吸取教训，从而了解哪些措施是有效的，哪些措施是无效的？短短几天，他就列出了20多个类比，每一个都至少与越南战争的类比一样有用。使用多个类比能够打开我们的思路，迫使我们对抗最先出现在头脑中的那个原始类比的吸引力。

技巧 23：通过改变默认选项来对抗确认性偏差

正如锚定效应阻碍了资源的重新分配一样，现状偏差阻碍了公司对自己的选择提出有效的质疑。例如，导致他们继续持有本应立即出售的业务。这时我们同样可以用以毒攻毒的方法来对抗现状偏差。而要做到这一点，就必须把"挑战现状"变成默认选择，而不是一个需要做出特别大的努力的选择。也就是说，你可以通过创建一个惯例来挑战惯例。

有一家多元化的大型公司已经采用了这个原则。该公司要求所有业务部门定期提交投资组合评估报告，可以是每年一次或每两年一次。这份评估只需要回答一个简单的问题：如果我们之前没有收购这家公司，现在还会收购它吗？这与传统的战略评估截然不同。传统的战略评估是企业高管评估各业务部门的业绩，对它们的管理提出质疑，并找出增长潜力。传统的战略评估其实是在一个隐含前提下进行的，即该业务部门本来就应该属于公司的投资组合。现在这种投资组合评估则将举证责任转移到了各业务部门的头上：每个部门必须提出一些能够创造足够多价值的计划，来证明自己有理由在公司中继续存在。如果不能提出这样的计划，那么处理该业务部门的问题马上就会被拿到桌面上来。

还有一家公司将这个原则应用到了人力资源管理流程当中。该公司的首席执行官将每年对公司高管和部门经理的人事考核称为"每年都进行的重新招聘"。这些评估需要回答的核心问题是：如果这个人现在没有在我们公司工作，那么根据他的业绩和我们预估的他的成长潜力，我们还会聘用他吗？

当然，这两个例子都只是特例。并不是所有公司都有能力或者应该遵循那家多元化集团进行投资组合评估时所隐含的"纯粹"的财务逻辑。至于第二个例子中那家公司所坚持的激进的人力资源理念，能够接受的公司就更少了。但是，无论在什么地方，只要必须挑战现状，那么同样的原则就一定适用：必须设定新的惯例，让挑战现状成为默认选项。

正确识别事实，才能选择正确的观点

多样化的歧异观点是不可或缺的，但是必须做出决策的那个时刻总会到来，到那时我们就要再一次趋于一致。在你听取了人们从多个角度进行的论证，鼓励了外部的挑战，并且实现了观点的歧异化之后，你又该如何确定哪一个观点才是正确的呢？

毫无疑问，这种选择必须以事实为依据。正如美国参议员丹尼尔·帕特里克·莫伊尼汉（Daniel Patrick Moynihan）的名言："我们每个人都有权利拥有自己的观点，却没有权利拥有自己的事实。"如何识别正确的事实并正确地解释它们，是一个巨大的挑战，而且远远超出了本书的讨论范畴，但是，以下5个相对简单的技巧可以帮助我们。所有这些方法都有助于对抗偏差，但通常没有被决策者充分利用。

技巧 24：利用标准化的框架

第一个方法所依据的原则与检查清单相同：建立一个框架，列出不管在什么时候做出决策都必须考虑的标准。将标准化的决策框架落在纸上并坚持执行，是当所有必要的多样化歧异观点出现之后，重新将讨论拉回重要的基本事实层面的有效方法。

乍一看，这个观点令人震惊，尤其是当需要做出的决策很重要时。我们倾向于认为自己的决策是独一无二的，不能被简化为一个根据预先确定的标准构建的框架或检查清单。正如阿图·葛文德观察到的那样，制作并遵循检查清单"不知道为什么会让我们觉得很没面子……觉得它与我们根深蒂固的信念背道而驰，即我们当中真正伟大的人……处理的应该是那些高风险、复杂的情况"。这一发现极具洞察力。

但是，使用框架并不是说勾选几个复选框就能完成一个复杂的决策。之所以要采用框架，只是因为我们认识到，尽管对做出这些决策的人来说，许多决策似乎是独一无二的，但它们其实都属于已知类别，而且每个类别都有相应的决策框架。例如，制药公司应该很容易就能确定研发项目从一个开发阶段进入下一个开发阶段必须满足的条件。风险投资基金也应知道投资提案必须解决的关键问题。

把这些决策框架记录下来并发给与会者，它们就可以成为讨论和决策的基础。当然，领导者随时可以决定把这种决策框架先放到一边，因为有些决定确实是非常独特的。但是，即便是在这些情况下，框架存在本身也可以带来好处，因为它能够迫使人们讨论某个决策与其他决策有何不同。

有一些公司没有将它们的决策框架形式化为检查清单，而是将它们嵌入了强制规定的报告格式当中，这些格式本身就代表了与各种重复性的决策类别相关的标准。例如，有一位首席执行官改进了标准化的投资提案模板，将其细化到了最小的细节。他其实是在利用它来限制如下风险：提出项目建议的人会精心挑选有利的论据来支持他讲述的故事，而有意忽略或淡化他的提案中不那么吸引人的部分。

有些人担心，事先界定框架、将决策规则形式化以及强制采用模板，会产生负面影响。他们怀疑，利用这些工具可能不会激发有效的讨论，减少人们提出原创性想法的可能性，而且还会导致人们完全不愿意承担风险。从某种意义上说，这个担忧是合理的。在有些公司，人们确实把框架和检查清单当作管理决策的替代品，而不是只用它们来辅助决策。一些严重官僚化的组织实际上还把它们变成了一种压制讨论的方法，结果导致管理魄力荡然无存。当然，在这种情况下，它们也没有必要存在。无论如何，如果你所在的公司只是把决策会议当作为提案背书而走的过场，那么对框架进行微调也不会改变这一点。

但是，在一个真正重视对话，并鼓励人们表达多样化的歧异观点的公司里，如果能够将定义清晰的框架与本书描述的其他技巧很好地结合起来，就能让它们发挥非常好的作用。正如上面这位首席执行官以及其他许多人所发现的那样，一个通用的框架不仅不会阻碍对话，反而可以推动对话。坚持使用上述模板，可以防止项目负责人通过有选择地陈述事实来弱化风险或歪曲事实。做到了这一点，与会者就可以更快地理解和消化基本数据，从而腾出更多时间进行讨论。然后，与会者在必要时还可以后退一步，表达各自的观点，并就这些观点展开真正的对话。正是因为他们都同意同一组事实，这种对话才更有可能取得丰硕的成果。当然，最终还是要由首席执行官做出风险决策，但此时他之所以如此决策，是因为项目风险水平已经被证明是合理的，而不是因为有人对他隐瞒了风险。

技巧 25：事先界定清楚决策标准

上一个技巧涉及预先制订好的框架和模板，只能用于重复进行的决策。我们一生难得遇到几次的独特决策，比如重大重组或大型并购，并不适合使用预制的检查清单。然而尽管如此，如果善加利用同样的逻辑，也能给这类重大决策带来好处。与那些重复进行的决策一样，这类重大决策也必须避开讲故事陷阱，这通常是由过度依赖直觉和受困于确认性偏差所致。正如我们在前面已经看到的那样，一个好故事拥有强大的力量，可能会导致决策者过度重视某些因素而忽视其他应考虑的因素。对于这个问题，我们在这里给出一个补救办法，尽管它并不容易实施：你可以在做出最终决策之前就明确地界定好决策的标准。

一家家族企业的代理首席执行官，就从该企业的董事会主席所做的一个决策中看到了这种方法的威力。当时这家企业发起了一项重要的收购行动，标的是一家海外公司。在双方的管理团队进行了旷日持久的谈判之后，这位代理首席执行官准备签署收购协议。但是，出乎所有人的意料，董事会主席在最后一刻否决了这项协议。从一开始，董事会主席就制订了一系列决策标准，其中包括："我是否对'我们的团队和目标公司的管理层能够携手合作，保证这个交易取得成功'有信心。"董事会主席故意不告诉他的副手，他会先观察谈判阶段两个管理团队之间的互动情况，再对这个决定性问题做出决策。读者肯定可以想象得到，对于董事会主席在最后一刻做出的这个决定，以及他给出的似乎是凭空捏造的理由，这位代理首席执行官会感到多么惊讶和沮丧。然而到了后来，当回想起与目标公司管理层之间的紧张互动时，这位代理首席执行官不得不承认，董事会主席的决定是明智的，整合两家公司将比预想中困难得多。董事会主席只有参照自己预先确定的标准，才能不受谈判情况动态变化的影响。

技巧 26：对你的假设进行"压力测试"

不管你使用的是什么样的框架和标准，你的决策都可能依赖一定的定量分析结果。当然，分析的品质和深度至关重要。大多数公司都使用相同的分析工具，但对于这些工具的精通程度有很大差别。优秀的公司会花足够多的时间去深入探究各种计算背后的假设，并对它们进行"压力测试"，不仅准备提案的人会这样做，决策委员会本身也会这样做。

例如，在考虑某项投资提案时，惯例是分析多种场景下的投资回报，其中一般都会包括一个"最坏的情况"。当然，作为对投资计划进行压力测试的一种方法，设想这种"最坏的情况"是有一定意义的。但是它也可能适得其反，因为它提供了一种虚幻的令人安心的感觉。当"最坏的情况"其实根本不是真正最坏的情况，而只是比基准情况稍差一点时，问题就会出现。因此，对你的计划背后的假设进行压力测试时，不应该只对最明显的变量进行调整，还应该对基准情况中那些被认定为是理所当然的假设提出质疑并加以证明。

一位首席执行官对我讲述了他的一段经历：收购一家处于下滑市场中已经陷入困境的公司，希望挽救其部分资产。由于很清楚其中风险巨大，他设想了一系列情景，所有这些情景都相当悲观。他预计最坏的情况是目标公司营收在收购后的一年里会下降40%。读者可能会认为这个预测已经足够保守了。然而，最终起决定性作用的是，他的模型中未曾包括进来的一个因素，即这项并购需要多长时间能够获得反垄断机构的批准。结果证明，审批时间比这位首席执行官心中假设的时间要长得多。由于营收下滑的速度与预期"最坏的情况"一样快，审批6个月的延迟意味着营收还要再下滑20%。这笔交易最终导致了巨大的损失。

技巧27：找到"参考类"作为外部观点

在第4章中，我们已经看到了计划谬误的危险，以及更一般的，过分乐观的预测的危险。丹尼尔·卡尼曼在《思考，快与慢》一书中指出，从原则上说，要想对抗这种偏差，只能依靠从外界引入的观点。这种思想在预测问题中的实际应用被称为参考类预测法（reference class forecasting）。

为了更好地说明这种技巧，我们先思考一下：一个项目的时间框架和预算通常是怎么确定的？如果你是项目负责人，你会

第15章 支柱2：差异，从不同的角度看待事物

针对项目的所有阶段制订计划并算出成本，然后再把它们加起来，当然，还要加上一个安全边际。这是一种内部观点（inside view）；它的形成基础是这个项目本身以及你了解的关于这个项目的所有其他东西。例如，如果让你来负责组织2024年巴黎奥运会，你会认为自己肯定能控制好预算，正如法国体育部长在2016年发表的看法："我们没有任何理由认为成本会飙升。"

但是接下来，请考虑一下外部观点（outside view）。所谓外部观点，就是把这个项目看作众多类似项目中的一个。这一组项目都与你的项目有可比性，它们就是通常所说的"参考类"，能够提供关于类似项目所需的时间框架和预算等方面的统计信息。在2024年巴黎奥运会这个例子中，最自然的参考类当然是历届奥运会了。牛津大学的本特·弗莱夫布耶格及其同事艾莉森·斯图尔特（Allison Stewart）收集了1960年至2012年历届奥运会的数据，结果发现所有奥运会的预算都超支了。以名义金额计算，平均预算超支幅度达到了240%，即便根据通货膨胀进行调整后，也超支了179%。如果在知悉了这个事实以后，再来赌2024年巴黎奥运会的支出是否能够保持在最初预算之内，你会怎么做？

当然，内部观点与外部观点之间的差异并不总是如此显著，但是外部观点通常要比内部观点更加可靠。这里的悖论之处在于，当忽略标的项目的具体特征时，估计结果反而会更好。之所以信息越少准确性越高，是因为确认性偏差和过度乐观都被遏制了。在英国，财政部和交通部已经将基于参考类的预测纳入所有大型基础设施项目都必须采用的预测方法当中。

技巧 28：随新数据的出现不断更新你的信念

约翰·梅纳德·凯恩斯经常因为观点不断变化而受到批评。据说，有一次他曾这样回应批评者："当事实发生改变后，我当然也要改变我的想法。先生，请问你又是怎么做的？"

凯恩斯这句话总结了一个基本问题：在推进决策的过程中，我们都会不断地发现新的事实。当然，我们必须把它们考虑进来，但是要考虑到什么程度呢？在什么时候，新的信息会重要到足以让我们重新考虑自己的立场？没有人愿意出现一条新数据就改变一次主意。当然，像骡子那样固执也肯定不好。

不过幸好，有一个工具可以指导我们在这方面做出正确的判断，那就是关于条件概率的贝叶斯定理。如果我们同意以定量的形式表达自己的判断，也就是说用概率来表达，那么贝叶斯定理就能告诉我们，根据新出现的事实，我们应该在多大程度上修改这个概率。在这里，我们甚至不需要给出贝叶斯定理的数学形式，因为用第 8 章介绍的那个简单的例子就可以说明如何应用它了。在那个例子中，一个投资委员会试图在对可能的投资机会做出决策时，避开群体迷思和信息级联的陷阱。

假设你是这个投资委员会的成员，在仔细考虑了拟议中的投资机会后，你得出的结论是它并不具有吸引力。然而，投资委员会里第一个发言的同事却得出了相反的结论：他支持这项投资。你应该改变主意吗？

直觉表明，答案取决于两个因素。首先，你最初对自己所持观点有多少信心，或者说，你正确的先验概率（prior probability）是多少？如果你有99%的把握确信这是一项糟糕的投资，那么你改变主意的可能性就会比只有60%的把握时更小。其次，你的同事的可信度有多高？你估计的他的判断的"品质好坏"自然也会影响你改变主意的倾向。如果你认为他的判断通常都是不可靠的，你就会坚持自己的立场；但是如果你认为他的判断几乎没有出过错，那么你就更有可能改变主意，加入他的行列。[1]

贝叶斯定理可以让决策者通过计算后验概率（posterior probability）来量化这些直觉。后验概率是指在考虑了新的信息并进行适当权衡之后，你对自己的答案的置信水平。在这个例子中，我们假设你最初对自己的判断非常有信心：你认为这项投资最终盈利的概率只有33%。同时我们再假设你非常尊重你的同事，在你看来，他的判断80%是正确的。那么根据贝叶斯定理，你应该彻底改变主意。只要用贝叶斯公式计算一下，你就会发现这项投资的后验概率达到了67%，这个概率很有吸引力。换句话说，在你纳入了新信息之后，你非常认同这项投资的概率可能已经从1/3上升到2/3了。如果这个置信水平足以让你决定投资，那么你应该改变主意。

---

[1] 说得更具体一些，你需要考虑他在这个或另一个方向上犯错的可能性。例如，如果你觉得你的同事非常谨慎，那么你可能会认为，他不太可能会推荐一个糟糕的投资项目，他错过一个好的投资项目的情况却是很"正常"的。换句话说，你必须分别估计他做出"错误的肯定"和"错误的否定"的频率。在这个例子中，我们做了一个简化的假设，即他在这两个方向上的可信度是相同的。

量化猜测和使用贝叶斯定理的价值在于，你会发现这些数字的改变程度对自己想法的影响。在上面这个例子中，如果你认为你的同事在70%的情况下都是正确的，那么这项投资有吸引力的后验概率将只有50%左右。这虽然比最初的33%要高，但是可能仍然不足以让你支持这项投资。你最初信念的强烈程度也很重要：例如，如果你估计这是一项好交易的先验概率是20%而不是33%，那么即便你的同事的意见有80%的可信度，后验概率也只有50%。因此在更新你的看法时，有两个关键参数在起作用。你应该赋予新信息多大的价值，部分取决于你对自己之前判断的信心，部分取决于新信息的"诊断"价值。

无须多说，用概率来衡量看法的坚定程度是有用的，但这仍然是一种简化。在现在这个例子中，将信念加以量化处理是一个很好的方法，但是如果能运用前面章节中描述的对话技巧，找出你与你的同事持不同观点的根本原因，那就更好了。例如，如果你同事的观点是根据你忽略的某个事实得出的，而不是仅仅根据对同一数据的不同解释得出的，那么他的观点对你来说可能更有说服力。

无论如何，学会通过使用贝叶斯定理来帮助你更新看法，在高度不确定的情况下确实是非常有价值的。统计学家纳特·西尔弗（Nate Silver）在《信号与噪声》（*The Signal and the Noise*）一书中详细描述了这个定理的许多实际应用，并为那些想使用贝叶斯公式的人提供了非常宝贵的指导。心理学家菲利普·泰特洛克给出了更多证据，我们在第3章中提到过他在政治学领域的一项研究。泰特洛克及其同事多年来一直在进行一项研究，目标是提高美国情报机构在政治和军事预测方面的准确性。特别是，他们已经找到了一些"超级预测者"，这些超级预测者的预测比专业分析师更加可靠。超级预测者有几个显著的特征，其中之一就是，他们愿意在面对新信息时更新自己的看法，并且有能力很好地使用贝叶斯定理，从而避免反应过度和反应不足。

在艰难决策时保持谦卑

要想做到既容纳多样化的歧异观点，又不会被它们带偏，还有一个至关重要的因素：在面对艰难的决策时保持适度的谦逊。当然，保持谦逊永远都是说起来容易做起来难。但是，谦逊本身并不仅仅是那些品德高尚的人才能拥有的品质，任何人都可以努力培养出谦逊的品质。

关于这个原则，有一个很有意思的例子，这个例子介绍的是美国最古老的风险投资公司之一贝西默风险投资公司。在该公司的网站上，一直放着一个"反投资组合"，它列出了该公司本来可以投资却放弃了的所有项目。在这个名单上有一些极其难得的投资标的。苹果公司？贝西默的一位高管认为它"贵得离谱"。eBay 公司？"它卖什么？邮票吗？硬币吗？漫画书吗？你一定是在开玩笑吧……不用多想啦，跳过就是。"贝宝、英特尔和谷歌也都在这个名单上面。贝西默公司这种做法后来被许多其他基金公司效仿，它看起来像是这些公司的公开自我鞭笞，但是它肯定也在提醒我们，投资决策既复杂又困难。

此外，它还提醒我们，"错误的方向"也很重要。在许多领域，避免"因有所作为而犯错"要比避免"因不作为而犯错"重要得多，例如，对于航空飞行员或桥梁工程师来说，"要安全不要后悔"是一条极其重要的经验法则。但是风险投资恰恰相反，在这个行业，没有什么比过于谨慎更加糟糕的了。正如本书作者采访的另一位风险投资家所说："如果你投错了一美元，你就会损失一美元。但是如果你错过的一项投资，能让 1 美元的投入放大 100 倍，那么你的损失就变成了之前的 99 倍。"这就是贝西默公司的名单强调的是"错误的否定"，而不是"错误的肯定"的原因。"错误的肯定"指进行了投资，但是结果很糟糕。因此，这个"反投资组合"不仅用来培养抽象的谦卑心态，而且也让每个人都去关注那种真正重要的谦逊特质。在你自己的专业领域里，你应该知道哪种谦逊才是最重要的，然后想办法找到正确的方法去培养它。

总之，要做出好的决策，仅凭消除错误还不够，我们还需要有很多好的想法，并在它们之间做出明智的选择。这就是为什么多样化的歧异观点是健全的决策架构中一个不可或缺的部分。

第 15 章 支柱 2：差异，从不同的角度看待事物

从不同的角度看待事物

- ▶ 多样化的歧异观点意味着从不同的角度看待事物，以限制偏差，特别是模式识别偏差。
- ▶ 我们也可以利用一种偏差去对抗另一种偏差，从而产生多样化的歧异观点。
- ▶ 在多样化的歧异观点之间做出选择需要高质量的、基于事实的分析。
- ▶ 在任何情况下，在处理多样化的歧异观点时，保持谦逊都是有益无害的。

YOU'RE ABOUT TO MAKE A TERRIBLE MISTAKE

第 16 章

支柱 3:
决策动力机制,
改变决策流程与文化

如果你第一次不成功，那就再试一次，
仍不成功，还要再试一次。然后就该放弃了。
没必要在这事上做个傻瓜。

——W. C. 菲尔兹（W. C. Fields）
美国演员

第16章 支柱3：决策动力机制，改变决策流程与文化

　　读者很可能已经发现了，前面给出的这些建立对话、获得多样化的歧异观点的技巧，有些并不适合你自己的职业环境。读到其中的一些建议时，你也许会想，在我们的企业文化中，这些永远都行不通。或者你会想，这看起来似乎是一个很有意思的想法，但是我不知道它是否适合我们现有的决策流程。是的，如果你所在的组织的流程和文化阻碍了对话，阻塞了多样化的歧异观点产生的途径，那么这一切仍然都只是白日梦。

　　如果要想改进决策，你就不能不考虑决策流程、组织结构和层级、各种委员会的工作规则，以及议事日程。所有这些归根结底都是为了解答一个实际问题：由何人在何时决定何事？例如，你所在的公司肯定有制订营销计划、起草预算方案和批准投资方案的流程。但是，如果这些流程将多样化的歧异观点带回到了"中规中矩"的单一思维方式中，如果它们扼杀了对话而不是激发了对话，那么你的决策品质就会受到致命的影响。

同样的道理，一家企业的企业文化，它们一般也被称为组织的核心价值观、指导原则或共同信念，也是至关重要的，因为它们主要回答这样一个问题：当我们做决策时，什么才是重要的？众所周知，企业文化可能会阻碍人们做出明智的决策。例如，我们看到，宝丽来的企业文化就让它很难意识到技术变革的紧迫性。

这就是为什么决策架构还依赖于第三个支柱，即决策动力机制。如果没有它，前两个支柱很快就会崩塌。决策动力机制关乎组织的决策流程和决策文化。

当然，从来没有什么灵丹妙药能立即改变一个组织的文化，组织的决策文化也是一样。但是，大公司和政府机构确实可以从小公司和企业家的决策方法和决策风格中获得一些灵感，对于后者来说，决策的敏捷性是生存的条件。

不拘一格还是拘泥形式，培养良好的氛围

任何观察大型组织决策方式的人，都会发现一个特别引人注目的特点，那就是：它们的决策会议通常是非常正式且严肃的。整个会场上弥漫着一种拘谨、紧张，甚至恐惧的气氛。毫无疑问，这种氛围肯定不利于进行开放的对话，更不利于表达多样化的歧异观点。何必非要如此呢？

技巧 29：营造友好的氛围

很多时候，解决方法往往非常简单。许多小型组织，还有一些大型组织，都很重视管理团队成员之间的良好关系。一位连续创业的企业家甚至制订了这样一个规则："在我所有的公司里，我都会邀请朋友加盟，包括非常亲密的朋友。人们常说我这样做简直是疯了。但是我知道，我可以相信他们，他们不会搞办公室政治，因为我们已经认识很多年了。这一点是无价的。"

这可能只是一个极端的例子。如果你是公司的领导者，那么雇用你的朋友确实有一些明显的缺点。但是在管理团队或董事会中，营造一种友好讨论的氛围肯定是明智之举。有一位董事会主席曾说："我会努力营造一种朋友在一起交谈的气氛。这样听起来有些奇怪，但是让人们产生这种感觉确实非常重要。在一个彼此憎恨的群体中，是不可能有什么言论自由的。"即便是那些最微不足道的细节，也可以带来不小的帮助。我们在第15章中描述过一位召集"六个朋友"组成工作小组的首席执行官，他就指出："即便是我们称它为'六个朋友'而不是'某某委员会'这件小事，也有助于创造一种自由自在、无拘无束的气氛。"无论你决定采用什么方法来实现这个目标，背后的原因都是一样的：除非参与者在一起相处时感到心情舒畅，否则就很难进行对话。

建议营造一种非正式甚至随意的气氛，这听上去似乎与我们之前讨论的一个要点不一致，即对话必须有明确的基本规则。但这两者间并不存在真正的矛盾。恰恰相反，正是因为有了这种自在、不拘谨的氛围，才使得那些规则可以忍受。如果你感到自信、放松，而且周围都是友善的面孔，那么要禁止"讲故事式的论证"或强制规定给出"另一个故事"才比较容易实施。反过来，你也可以想象一下，如果是在一个气氛压抑紧张的会议上，向来独断专横的领导严词禁止你使用某些类比，或者命令你捍卫一个与你刚刚表达的观点相反的观点，你能真心实意地接受吗？友好和非正式的气氛不会妨碍有组织的对话，而是会促成对话。

技巧 30：培育"有话直说"的文化

另一个更容易困扰大公司的问题是，许多人不愿意"有话直说"。而且，这个问题并不局限于我们在前面讨论群体迷思时提到的在会议上保持沉默的行为。在许多组织中，人们不仅不愿意自由地表达他们的异议、怀疑和担忧，甚至都不愿意自由地表达自己的想法和建议。当然，公司高管们总是声称他们向来都在想尽办法鼓励员工畅所欲言。但是，真正做到"有话直说"并不容易。

一家欧洲大型公司的负责人表示，他采取的鼓励"有话直言"的方法是，"奖励和提拔那些敢于提出不同意见的人。这样一来，就会有人会毫无保留地表达自己的观点，而且其他人也会看到。办公室政治的操纵者在我们这里是没有未来的"。另一位商业领袖在接管了一家公司之后发现，那家公司的文化过于"恭顺"，于是他毫不犹豫地聘请了专业教练来培训公司的管理团队。他告诉高管们："我希望你们能和教练一起学会怎么当面告诉我'你犯了一个错误。'当然要有礼貌，但是一定要清晰、迅速。"

这两位领导者显然拥有相同的信念。第三位管理者也表达了同样的意思："我希望自己多半是对的。但我也的确会犯错。我的团队必须告诉我这些。"有话直说是关键所在，但是要做到这一点可没那么容易。

技巧 31：让个人激励与共同利益趋于一致

当然，在企业对员工的激励机制与企业共同利益背道而驰的情况下，如果你还期望友好的氛围和高层的一些口头鼓励就能激发多样化的歧异观点，那未免过于天真了。前面提到过的一位首席执行官就解释了其中的原因："激励是所有解决方案之母。如果你没有建立一个能够让员工为集体利益服务的薪酬体系，他们就只能自己想办法拿到更多奖金了。"卡斯·R. 桑斯坦和决策心理学专家里德·黑斯蒂（Reid Hastie）在他们的著作《高效的团队决策》（*Wiser*）中也认为"对团队的成功予以奖励"是提高团队效率的关键手段之一。如何设计一个能够在个人和集体奖励之间取得平衡的激励体系，已经超出了本书的讨论范畴，不过这确实是一个不容忽视的问题。

综合来看，上面这些建议若能一一落实，就会出现这样一个既简单又非常吸引人的画面：有这么一群"朋友"，他们从来不会在应该有话直说时畏缩，而且很大程度上这是因为他们的利益是完全一致的。谁会不喜欢这样的环境呢？难道还有人更喜欢许多公司管理委员会那种紧张拘谨的气氛吗？

冒险与谨慎的权衡，我们并不是赌徒

我们在第 6 章中已经看到了，大公司往往不愿冒险，它们的领导者反倒经常敦促高级管理人员"必须具备更多创业企业家精神"。不过，虽然很多创业成功的榜样很能鼓舞人心，但是对于从中得到的经验教训，我们还需仔细思量。如果问一问创业企业家是如何看待风险的，他们很可能只会告诉你一个显而易见的答案：因为经营的是自己的企业，所以他们会尽可能地少冒风险，而且时时刻刻都仔细计算风险。尽管这些似乎都是老调重弹，但是许多研究确实表明，创业企业家并不是赌徒，他们对于风险没有不理性的或不健康的偏好。

创业企业家与大型企业的管理者之间的差别，与其说体现在承担的风险水平上，还不如说体现在他们管理风险的敏捷程度上。创业企业家的敏捷性至少体现在如下技巧 32 至技巧 36 上，而且这些技巧对大公司的管理者应该有所启发。

技巧 32：找到免费学习的方法

作为保证敏捷性的 5 个技巧中的第一个技巧，有一家中型奢侈品公司的创始人兼首席执行官这样总结道："当我们打算在某个新事物上冒险下注时，会先看看它是否有效，但又不想花钱。"

第 16 章 支柱 3：决策动力机制，改变决策流程与文化

他做出的一个战略决策很好地说明了这个原则。他的大多数竞争对手，尤其是那些大型奢侈品集团旗下的名牌，除了依赖第三方零售商之外，也都经营着自己的专卖店。这位首席执行官正在考虑是否要采用同样的商业模式。但这里有许多问题需要解释：他能不能提出一种正确的"开店理念"？每个店铺能带来多少收入？他能付得起的最高租金是多少？店铺开在哪里是最好的？他目前的这些零售商会有什么反应？所有这些问题都可以在纸面上进行分析，而且他也知道竞争对手的答案，但是对于自己的品牌，除非实际尝试过，否则他无法准确地回答这些问题。

或者换句话说，在冒这个险之前，他需要先学会一项新技能：管理零售点。传统的学习方式是先做试点再铺开，先开几家店，边尝试边完善战略，然后再大规模推广。但是，他是用自己的钱来投资的大股东，因此他希望能够在不需要花太多钱的情况下完成这个学习过程。对他来说，在不知道能获得多少收益的情况下就贸然开店，风险实在太大了，因为开一家店，必须租下门面，设计和布置店面，并经营几年，因为商业租约的期限通常都是如此。

于是，这位首席执行官决定寻找愿意与他分担风险的合作伙伴。在某个国家，有一位急于吸引奢侈品品牌的业主同意接受与销售额挂钩的可变租金。在另一个国家，有一位零售商同意在他自己的商业空间里为该品牌开一家店，因为这位零售商知道，即便尝试失败了，也很容易将该店重新装修。通过这些不同的方式，企业家改进了他的新模型，而没有承担超过他的承受能力的

风险。他承认整个过程所需时间要比大公司开几家店更长，但是他的方法也有优势。例如，这种通过实验学习的方法，使他有机会随时做出调整。

技巧 33：进行测试，并且容许失败

那么，在类似的情况下，大公司是否也可以尝试开设类似的"试点店"或"概念店"呢？这难道不也是大公司可以采用的一种测试和学习的方式吗？

它当然是……或者，更确切地说，它应该是。事实上，人们经常将测试（test）和试点（pilot）这两个术语交换着使用，这个事实表明他们混淆了目标。测试的作用是完善某个计划，并帮助你决定是否真的启动该计划。试点的目标则是衡量和展示一个计划的有效性，以便你可以在正式全面实施计划之前动员整个组织的力量。两者完全不是一回事。

让我们以一个零售连锁集团为例。它正准备打造一种全新的商店概念，为组织注入活力。当然，这个计划必须先在几家概念店进行试点。那么它是怎么做的呢？一开始，这个零售商要精心选址，并向这些门店注入额外的资金。它们在实施新概念时将会得到最高管理层的充分关注。接下来，将这些门店的经营成果，比如销售收入、利润率、顾客满意度等，与另一组门店的结果进行比较，作为对照的那些门店通常不是事先就确定好的，而且在试点期间，这些商店几乎完全被忽略了。不妨假设结果非常明确：

新概念是有效的！管理团队现在可以大规模推行这个计划了。

然而，问问任何一个参与这个项目的人，对方都会告诉你：与其说公司想测试一个新概念，还不如说只是想证明这个新概念会成功。这根本与决策无关，而只是实际执行一个已经做出的决策。因此也难怪，在公司宣布试点非常成功并推广到整个门店网络之后，结果往往令人失望。我们无法判断那些试点商店的成功到底是新概念所致，还是因为它们在试点阶段受到了特别的"关照"。这就是霍桑效应（Hawthorn Effect），又被称为商业领域中的安慰剂效应。早在近一个世纪以前，组织心理学家发现，他们对工厂环境所做出的几乎任何改变，都会产生暂时的积极影响，这完全只是因为工人们知道有人正在观察他们。

我们很容易就可以看出那些大公司重复犯下这种错误背后的决策动力机制。当然，在"纸面上"开发新概念的团队也希望它能成功，而且上级管理人员也相信它会成功，否则，他们就不会费心去测试了。此外，管理层还委任另一个团队在现场负责管理试点，当然这个团队也渴望看到它成功，因为他们不想因为实验"失败"而受到指责。与此同时，最高管理层已经告诉了董事会、股东和金融分析师，自己对新商店概念重振零售连锁店的前景非常有信心。所有人都没有想过是否应该准备一个备用计划。试点万一失败呢？当每个人都希望测试成功时，他们就会尽一切方法确保它成功，因此这是一个虚假的"测试"。

不妨将这个虚假的"测试"与真正的实验进行一番对比。在线零售商和其他数字服务供应商通常会使用"A/B 测试"来评估某个打算做出的变更的效果,比如修改网站的设计。这种测试的核心是比较两个客户群组即 A 组和 B 组的结果,其中有一组客户体验了这个变化,另一组客户则没有。这两组客户都是事先界定好的,而且是随机选出的。在测试过程中,不能采取任何其他可能会影响评估的行动。这种测试相当于科学领域的随机对照试验。本着同样的精神,英国政府下属的行为洞见团队等"助推"机构,也会对各种方案进行严格的测试,量化它们对所要改变的行为的影响。

如果对照试验在实践中没有可行性,那么还有另一种进行"真正的实验"的方法,那就是采用"连续实验"的思路。例如,上面提到的那家零售连锁集团可以开发若干不同新概念,然后在同一时间对它们进行测试,而且必须为每个新概念分配完全相同的资源。这种测试方法不能非常迅速地产生结果,而且得到的结果也不那么容易解释,但是至少它能够创造出一种健康的竞争关系,而不会因为害怕失败而选择自我麻痹。又或者,那个零售连锁集团还可以测试新概念的每个元素,并分别衡量其效果,而不是测试整体概念。这家集团甚至可以通过整合以前实验的经验教训,从而连续不断地发展新概念。

无论选择哪一种方法,都一定要牢记下面这个虽然简单却至关重要的原则:如果只允许成功,那就不是真正的实验。因为真正的实验也可能失败。你可以从失败中学到的东西,至少与从成功中学到的东西一样多。创业企业家凭直觉就明白这一点。他们会把一个大决策分解成若干个小决策,以便进行真正的实验,并愿意承担经过仔细计算的风险。大公司的管理者的目标则更倾向于说服整个组织向他们所希望的方向前行,因此往往会忘记上面这一点。他们必须重新设计决策流程,将真正的实验纳入进来。

技巧 34: 即便大获成功,也要进行事后分析

能够从实验中学习当然很好,但是从现实生活中学习也很重要。大多数公司都有这样一个惯例,至少是成文的规定,即在遭受失败后要总结、检讨并从中吸取教训。然而,在很多情况下,如何保证这种事后分析能够以正确的方式进行,以避免相互指责甚至排除异己,也许是相当困难的。但是从原则上说,每个人都认同从失败中学习的重要性。

相比较而言,一种更不常见的做法是从成功中学习,即与失败后一样,在成功后也要以同样系统化、严格的方式进行总结。法国海军突击队,就像美国武装部队的许多部门一样,也建立了严格的系统化任务汇报制度。为了促进坦诚的对话,他们在简报室墙上以非常醒目的字体强调了一个原则:不问姓名、不问军阶。法国海军突击队的一名军官指出,这些汇报的一个关键目的就是,"回答一个在其他情况下永远不会被问到的问题:我们能够成功是因为运气好吗?"如果某次任务的成功完全只是因为运气足够好,那么我们可以从中学到很多东西,也许比失败的任务带给我们的经验还要多。这一点非常重要,因为下一次,幸运女神可能不会再眷顾你了。

相信有很多企业都可以从这个"守则"中学到很多，因为这些企业往往有一个共同特点：等到它们发现自己的成功主要是靠运气，而不是靠管理者出众的能力或企业良好的战略时，往往为时已晚。

技巧 35：逐步加大投入

低成本学习、持续实验……这难道不是一种限制自己的目标，不敢大胆投入，"小处着眼、小处着手"的做法吗？大公司难道不应该利用自身的规模优势和战略优势，大胆地承担小企业无法承担的风险吗？

当然可以。但即便是大公司，也应该在这么做的时候保持极高的敏捷性。保证敏捷的第四个方法是循序渐进地加大投入，而不是一次就将全部身家都押上去。这也是风险投资家的做法，他们有时会长期投资同一家公司：根据标的公司过去的业绩和未来计划，在它发展的每个阶段逐次增加资金投入，帮助它从一颗"种子"成长为"独角兽"。

重申一次，大型组织特有的决策动力机制会使这种方法在大公司内显得很不寻常。在面对投资决策的时候，大公司预期的答案是直接的"是"或"不是"。在大公司内部，几乎不会听到这样的话："请告诉我，如果用这金额的 10%，你能达到什么样的中期目标，然后过一个月再来看看你是否真的做到了。"然而，这确实是一个能够使决策变得更加灵活与敏捷的好方法。

要建立这样一种循序渐进增加投入的流程，大公司必须克服原有决策流程和公司文化方面的障碍。首先，他们必须在年度预算流程之外制订一个例外流程，并设立储备金，以保证在整个财年内都可以逐次向特定的项目投入资金，或者设立一个独立的部门来负责这些项目，其职责类似于公司内部的风险投资家。其次，尽管与他们通常要审查的大型投资相比，这种分阶段的投资规模似乎非常不起眼，他们也必须要抽出时间参与项目推进的每个阶段，审查进度。

但是，最大的困难还是企业文化层面。对于那些经常在公司内部提出项目建议的人，他们非常不愿意接受自己将会不断地受到质询和审查的事实。同样，初创企业的创始人在寻求下一轮融资时，也必须不停地宣传自己的公司。一般来说，公司员工对风险和财务预期的容忍度远远不如创业企业家。正如我们此前在讨论大公司剥离失败业务部门是多么困难时已经看到的，如果某个项目在发展的某个阶段没有达到预期目标，高级管理人员也很难学会放弃。

技巧 36：有权失败，但是无权犯错

要想保持敏捷性，有一个条件是最重要的，那就是真正容许失败。

需要明确的是，容许失败并不等同于容许犯错。有一位首席执行官回忆，当他提拔了一个严重亏损的子公司的经理时，其他员工

都非常惊讶。"收购这家公司是我的决策,他努力去管理这家公司。他尽了最大努力。亏损是市场崩溃导致的,不是他的错。他没有什么好羞愧的,而且事实恰恰相反,他干得不错。"

这个例子表明,失败的权利只涉及一个非常简单的公平和逻辑问题。正如我们已经看到的,当我们从事有风险的活动时,即便没有犯错也可能会失败。但是,"犯错的权利"是完全不同的。你可能会愿意原谅某人做了一个错误的决定,并愿意再给他一次机会……但是,一般来说,你肯定不会给他第三次机会了。

事实仍然是,许多经理人都被失败的恐惧所麻痹,不敢有所作为。在前面的那个零售连锁公司的例子中,新概念门店"试点"计划之所以出了偏差,就是因为负责的经理们害怕受到惨败的牵连。大公司往往不愿意承担小风险的组合,是因为每一个项目的负责人都害怕未来必须向上级报告自己失败了。在这里,厌恶损失的情绪挥之不去。但是,如果你不接受失败的可能性,就很难进行真正的实验。如果你被吓坏了,你就不可能是一个敏捷的人。

当然,很多企业高管都对这个问题有深刻的理解,他们也知道高管个人发出的信号对于下属战胜失败的恐惧至关重要。一位首席执行官指出:"仅发表一通关于'我希望你们去冒险'的演讲没有什么用。当有人去冒了险,但结果事与愿违时,你就该发出真实信号了。当一个经理尝试了很多非常明智的做法却没有奏效时,那就是你用行动来兑现承诺的时候了。如果你竭尽全力让他们觉得自己受到了重视,那么每个人都会牢牢记住的。"

第 16 章　支柱 3：决策动力机制，改变决策流程与文化　339

这位首席执行官还说："如果我们想让人们相信他们有失败的权利，就必须让他们看到我们自己的失败。"在与他的经理们举行年度"反思会"时，这位首席执行官会毫不犹豫地公开分享他做出的没有产生预期结果的决策。他愿意公开承认自己只是一个凡人，一个同样承受着失败之苦的人。这是一个很简单的理念，对不对？但是你在日常生活中能看到有人在这样做吗？

保持长期愿景的灵活性，也要抓住眼前的机遇

有一个家族企业的首席执行官这样描述他的战略："在一个像我们这样的多元化的家族企业中，许多战略决策都颇有些机会主义色彩。试图制定一个预先就确定的战略是非常危险的。我不想失去敏捷地采取行动的能力，也不想因为所谓的战略愿景而妨碍自己抓住眼前的机遇。"

这种拒绝"正式"制定战略的做法似乎有些自相矛盾，因为如果说所有人都认为首席执行官应该做一件事，那这件事就是制定公司战略。然而，许多大公司非常精明的首席执行官也很认同那位家族企业首席执行官的观点，他们也努力保持自己的战略前景的灵活性。

技巧 37：像"神枪手"那样灵活地制定战略

你可能听说过类似下面这样的故事：有个"神枪手"，他先

朝谷仓的木门乱射一通,然后走上前去,在弹孔最密集的地方画一个靶心。啊,这才是最可靠的得分方法!

这个故事通常用来说明一个推理谬误:结果揭晓之后再去定义的目标是错误的。但是,它也可以用来说明灵活性的价值。对此,一家上市公司的首席执行官是这样说的:"当人们对我说,'你的战略真英明!'时,我会告诉他们:'我不想让你们扫兴,但是我真的没有战略。我只是持续不断地做出了为股东创造价值的正确决策,它们最终形成了一个连贯的整体。'"

这位首席执行官是在试图避免什么陷阱吗?"我所见过的最严重的错误,"他解释道,"都是那些有着宏伟计划的企业高管犯下的,他们一旦遇到了自己需要的东西,就不计价格地去买进卖出,只求能够尽快地实现自己的梦想。"或者换句话说,这些企业领导者会先向股东和管理层讲述一个很有说服力的故事,好像能为股东创造价值,然后,他就陷在了自己的故事里,并且很快做出了错误的决策。

相比之下,这位首席执行官却只是在故事变成了现实之后才会回过头去讲故事。就像笑话中的那个"神枪手"一样,他是在射击之后才画出靶子的。但是与那个"神枪手"不同,这位首席执行官当然不会随便开枪。虽然他的战略有很高的灵活性,但为股东创造价值这个使命是一成不变的。战略灵活性之所以能够保持,恰恰是因为目标和长期愿景非常清晰。

技巧 38：为自己改变想法的灵活性而自豪

这些领导者在战略决策中表现出来的灵活性，也可以在他们的日常行为中观察到。他们能够改变自己的想法，并为此感到自豪。当然，这并不是因为他们一手遮天，能够强迫自己的团队认同自己的任何一个想法，而是因为他们通过自己的行为为大家树立了一个灵活变通的榜样。

前面提到过的那位银行董事会主席曾经这样说："我已经让董事会成员习惯看到我改变主意了。当然，我不会随意改变自己的想法，而是在讨论和事实的基础上做出改变。"或者，正如另一位首席执行官所说的那样："我在早上说了某件事情之后，如果白天接收到了新的信息，那么到了晚上就会改变主意。"

不过，这位首席执行官立即谨慎地补充道："只有在面对某个级别以上的人时，你才可以这样做。"当然啦。当你在成千上万名员工面前演讲时，你必须传递非常清晰、明确的信息，它不应该是每天都会变的。不过，这也因为，当你面向大众发表演讲时，肯定是决策阶段已经结束，到了开始执行的时候。如果还处于决策阶段，你要做的是激发对话，鼓励参与者提出多样化的歧异观点，在那个阶段，只有一个愿意且能够改变自己想法的领导者，才能鼓励他的同事也这样做。

如果自己的下属拥有这种灵活性，那么企业领导者应该高兴。风险投资家兰迪·科米萨大力推崇道："我认为，乐于接受不确定性和模糊性是领导者的一个重要特征……我特别欣赏这一类领导者,他们能够根据与会者提出的论点的有力程度去改变自己的观点。如果领导者愿意承认面对的是一个艰难的决策,可能需要重新测试,那无疑是一件好事。"

不要陷在自己讲述的故事里;相反,必须保持必要的灵活性,改变故事的叙述方法或讲述另一个故事,这是对抗确认性偏差的好方法。不过,我们中很少有人习惯运用这个原则。因此,领导者要为自己改变了想法而自豪,这种好榜样的重要性不言而喻。

团队合作与独当一面,必须承担的责任

在所有这些例子中,我们都看到团队合作是必不可少的。但是最终决策权只属于领导者。他需要筹划对话,但是最终承担责任的必定是他。而且,领导者必须借助他人来对抗自己的偏差,但当最后的时刻到来时,领导者必须在不知道偏差是否会将他引入歧途的情况下做出决策。

那么,我们要如何以及在何时做出什么样的最终决策?当然,这个问题没有标准答案。但是,同样有很多例子可以为我们提供有用的线索。

技巧 39：分享权力

有一个不同寻常但非常有效的方法，那就是分享权力。当由两个或两个以上的人共同承担重要决策的责任时，决策被某一个人的偏差主导的风险就会大幅降低。

有一位首席执行官这样解释他的处境："我们二人是联合创始人，彼此之间的互补性非常高，而且完全信任对方。我们俩一起做出决策，这是防止彼此自我膨胀的最好办法。"这也构成了对抗政治游戏的一堵有效的防火墙，他又说道："没有人会为了迎合我们的心意而试图猜测我们的想法，因为每个人都知道，在任何一次重要讨论中，我们在刚开始的时候肯定不会意见一致！"还有很多例子可以证明这种方法行之有效，组织管理中规定权力分享的一些情况就能体现这一点，比如在专业服务公司的合伙人机制中。

技巧 40：建立一个内部圈子

当然，权力分享是非常困难的。在大多数组织中，这可能不是一个有实际可操作性的选择。在传统公司里，一个可以受益于"多头合一"的方法是，领导者主持建立一个小型决策委员会，或者说，一个"内部圈子"。许多公司都已经非正式地采用了这种做法。有些公司甚至已经成立了正式的组织。

我们在前面提到过的一位企业领导者，在常规的管理委员会之外,增设了一个"战略委员会"。令人惊讶的是,这个战略委员会的成员只包括他自己的幕僚,而不包括各部门的主管。这种配置从表面上看,违背了普遍认可的一个战略决策原则:确保将来要执行决策的人参与决策的制定。

为什么要采取这种不同寻常的做法?这位领导的解释是,当涉及制定公司战略决策时,他希望自己能够依赖那些对决策持中立态度并享受相同激励的人。让部门主管参与影响自己部门命运的决策,意味着会引入利己主义偏差,加剧资源分配的惯性,并为过度乐观偏差打开大门。当然,在战略委员会介入之前,这些部门主管已经密切参与了决策的研究。但是,到了需要做出决策时,关键因素不应该是哪个部门主管在获取资源方面最具说服力,也不应该是谁拍桌子拍得最响。

先睡一觉,明天早上再说

不管发生了什么事,等到一天结束,会议室的灯熄灭后,你已经完成了研究,并从各个角度再三进行了检查,最终要做出决策的人仍然是你。在这个时候,有一条历史悠久的建议非常适用:先睡一觉,明天早上再说。这也正是我访谈过的所有商业领袖的一个共同点:他们在第二天早上做出最终决定。

无论是大公司的领导者,还是小企业的创始人,都是如此。只有在睡了一觉之后,即便入睡的时间可能很短,他们才会觉得自己完全清楚了需要做些什么。有一位首席执行官说，每当有重要的事情需要做决定时，他都是早上 5 点钟起床之后才去做。另一位首席执行官说，只要将重要的决策事宜"放一个晚上"，就能让你在第二天早上清楚地知道自己要做什么。经过一个晚上，是与焦虑保持一定距离，避免在情绪受控的情况下做出决策的一个简便易行的方法。

决策动力机制深深植根于组织，而且能够影响决策动力机制的所有技巧，都不可能在一夜之间就改变一家公司。但是，许多公司都将修改自己的决策流程，还有一些公司会潜移默化地调整自己的文化。如果与促成对话和鼓励多样化的歧异观点的其他技巧很好地结合起来，决策动力机制无疑就能拥有改变组织决策的巨大潜力。

决策动力机制

▶ 如果没有敏捷的**决策动力机制**，即组织的流程和文化，那么对话和多样化的歧异观点就无法培育起来。在这方面，大型组织往往应该向规模更小的组织学习。

▶ 营造自在、不拘谨的环境；建立个人关系；培养"有话直说"文化；建立适当的激励机制。

▶ 将长期的愿景与灵活性结合起来；要等到故事已经完结之后再去讲故事；只要有充分的理由，就改变想法，不要犹豫。

▶ 在做最终决策前，先睡一觉，明天早上再说。

YOU'RE ABOUT TO MAKE A TERRIBLE MISTAKE

结 语

你马上就能做出明智的决策了

没有变化,就不可能有进步;
不能改变想法的人,
什么都改变不了。

——萧伯纳

读到现在，你应该知道自己在做决策时应该避免哪些陷阱了。想必你也对决策陷阱背后的 5 类认知偏差了如指掌了吧。你肯定已经认识到了，即便是最好的决策也不能保证在我们这个不确定的世界里获得成功，但是你当然相信合作和过程对于做出更好决策的重要性。本书给出了那么多可以帮助你发起对话、鼓励多样化的歧异观点、促成敏捷的决策动力机制的技巧，你也许会很感兴趣。那就好！现在，你可以着手构建自己的决策架构了。

对你来说，这无疑是巨大的收获。如果每一个组织，无论它具体是从事什么活动的，都是一个决策"工厂"；如果战略决策是指那些塑造组织未来的决策，那么提高战略决策的品质应该会对组织的未来产生重要影响。优秀的决策可以成为竞争优势的来源，它甚至可能是竞争优势的唯一真正来源。确实，要想"智胜"你的竞争对手，除了可靠地做出比竞争对手更好的决策之外，难道还有其他更好的办法吗？

更好的人能做出更好的决策，更好的决策会成就更好的人

对于上一段中的推论，你可能会表示反对，理由是它忽略了决策品质的一个非常重要的驱动因素，即做出决策的人。当然，即便有最好的决策架构，平庸的管理者也不可能做出明智的决策！因此，如果你想提高组织决策的品质，可能会得出这样一个结论：比起设计决策架构，雇用和提拔最优秀的人才是实现这个目标的捷径。

但是，这种观点是短视的。拥有更好的决策架构的组织，不仅能够做出更好的决策，取得更好的业绩，而且能培养出更优秀的人才。

如果这听起来似乎有违你的直觉，那么就不妨从头说起，先从各个公司的招聘人员以各种手段吸引最优秀的人才加盟本公司说起。你只要问一问顶尖商学院或工程学院的毕业生，就会知道，他们想在能让他们拥有决策权的公司工作。

千禧一代①通常更愿意加入初创企业，而不是财富500强企业，许多人力资源经理把这种现象解读为新世代年轻人的价值观和偏好发生了结构性转变。他们担心，如果这些孩子不想进入大企业、大公司，那么这些公司和企业也就无法吸引到最优秀的人才。

---

① 指2000年以后达到成年的一代人。——编者注

实际上，那些年轻的经理人之所以要加入小公司，其中非常关键的一个原因是，他们相信自己在小公司里能发挥更大的作用。但是我们也观察到，有一些大公司，尽管从规模上看已经算得上是庞然大物了，但是仍然对最优秀的毕业生具有非常强大的吸引力。在很大程度上，这种优势应该归功于这些公司重视开放的对话，欢迎真正的分歧，以及重视敏捷决策的决策文化。例如，亚马逊的"领导原则"要求，各级员工都必须"寻求多样化的歧异观点，努力推翻自己原来的信仰""有义务秉承尊重对方的态度去挑战他们不同意的决定"，以及"不要为了'社群和谐'而妥协"。又如，麦肯锡的顾问们也有"坚持表达异议的义务"。再如，谷歌的核心价值观包括"我们公开挑战彼此的想法"和"我们重视人和想法的多样性"。

尽管这些公司规模庞大，但是它们都对新员工做出了明确的承诺：在这里，你的声音将会被听到。当然，你不可能在入职的第一天就发号施令。但是如果你是对的，你的想法肯定能产生应有的影响。你不会成为官僚机器中的一颗可有可无的螺丝钉。这些承诺应该是真实可信的。在这个员工可以在玻璃门网站（Glassdoor）和社交媒体上评价雇主的时代，任何宣传都注定只能是短期有效的。而一旦公司真正兑现了承诺，求职者就会了解到。拥有健全决策架构的组织才能真正吸引人才。

那么，这些年轻的新经理人被大公司聘用后，又会发生什么呢？我们在第14章中看到，当人们的意见受到了重视并发挥作用时，他们就会更加投入。当他们参与到了真正的对话当中，并且知道自己的意见会被听取时,他们就会更加尽心尽力地为最终的决策贡献力量,哪怕遇到逆境也绝不气馁。当多样化的歧异观点可以变成新产品、新战略和新方法时,人们就会更加努力地构思创新。当决策流程灵活敏捷,并能为后续的流程修正留出空间时,人们就会承担更多的经过精密计算的风险,并更加关注各种衡量成功的指标。一个健全的决策架构是生产员工敬业度(employee engagement)这种最难以捉摸的产品最可靠的方法,世界各地的人力资源部门都在密切监控着这种产品的生产。

此外,组织如何决定员工的升职与解雇呢?它们并不一定总能找到最好的方法。我们都发现了,有不少高管名义上是因为业绩出众而得到晋升的,但是他们能取得那样的业绩主要是靠运气,而不是因为他们真的很出色。想一想那只名叫保罗的知名章鱼吧。反过来,我们也都知道,很多非常有才华且工作很努力的人,一直徘徊在中层管理岗位上,备受挫折,因为幸运女神从未帮他们取得过重大突破。商业新闻宣传的大多是关于后浪追前浪的首席执行官们的例子,他们中有很多人就像罗恩·约翰逊一样,因在商界所向披靡而闻名于世。他们的赌注越来越大,直到某一天突然崩盘,一败涂地。

这种碰运气的模式,是"只看结果"的商业文化的一个直接后果。如果结果是评判一个决策是否合理的唯一标准,同时又把运气误认为是才华和判断能力的证据,那么那些爬到金字塔顶端的人并不一定是最好的,他们只是最幸运的。这种评估人才的方法的另一个副作用是,在许多公司里,那些精明的高管会投入大量精力，为自己在下一个任务中抢占有利位置。他们的目标是，找到一个可以彰显自己的成就的地方。能力很重要，但天时地利更加重要。

要解决这个问题，唯一真正有效的"解毒剂"仍然是一个健全的决策架构。按"实情"而不是按结果来评估决策的公司，更有可能选出最好的领导者。正如第 13 章所讨论的，如果一个好的决策就是指一个"通过很好的决策过程做出的决策"，虽然不一定会产生最优结果，那么应该奖励的就是判断力和技巧，而不是运气。

因此结果是非常明显的。能力出众的人当然更有可能做出好的决策，但是，一个健全的决策架构也会帮助你吸引、接纳和提拔最优秀的人才。

改变自己，成为更好的决策者

如果你现在就决定尝试去为你的团队或公司设计决策架构，那么你还需要改变一点，就是你自己，或者更准确地说，是你的自我形象，以及你投射出来的作为决策者的形象。

决策者绝不仅仅只是那个做出决策的人。他还必须激励其他人按照这些决策行事。决策者一定是领导者。但是，领导力的优劣由那些观察它的人说了算，没有追随者的领导者是不存在的。

这就意味着，一个人要想成为领导者，就必须让其他人相信他是领导者。

做出决策这种行为通常被视为领导者角色的一个重要组成部分，这种看法当然是正确的，因此一个人的决策方式就成了其领导力的重要投射。因此，如果你处于领导地位，你就必须符合他人对你的"领导力"的期待。俗话说得好："如果你想成为领导者，你的一言一行就得像一个领导者。"

但是，"言行举止像领导者"到底是指什么呢？这个问题的答案在很大程度上都是根据某种刻板印象来给出的。正如心理学家加里·克莱因所说："约翰·韦恩可以说是社会可信度的一个缩影。他会评估一下形势，然后告诉我们，'我打算如此这般……'然后你们就跟着他去做了。"这种"牛仔"式领导成了大众心目中领导的标准形象。领导者之所以被选为领导者，主要是因为他们拥有丰富的经验和高超的商业判断力；人们也期望领导者在做出决策时，至少会在一定程度上依赖自己的经验和商业判断。人们认为，领导者在做出决策时理应自信满满，不该权衡利弊、犹豫不决。一旦决策已经做出，这种符合人们刻板印象的领导者就必定会对计划的成功有百分之百的信心；这种不可动摇的乐观具有强大的感染力，能够激励其他人也全力以赴、勇往直前。

然而，我们已经看到，对领导者的这种刻板印象存在着严重的问题。完全符合这种刻板印象的领导者可能会一头栽进许多最糟糕的决策陷阱中去。约翰·韦恩式领导者以依赖自己的经验和直觉而自豪。他们从不会表现出自我怀疑,也从不征询他人的意见。他们会在自己没有意识到的情况下就压制了异议,助长了群体迷思。他们在做出和执行决策的每一步都流露出了过度自信。

读者应该已经注意到了,本书中描述的许多决策技巧都与这种传统的刻板印象恰恰相反。回想一下,我们强调领导者应该鼓励人们表达一些细致入微的看法,或者要求领导者成为自愿改变想法的人的榜样。这样的领导者,完全不像一个胆大无畏的牛仔!当然,这也是理所当然的,如果一个符合刻板印象的领导者实际上是一个糟糕的决策者,那么一个好的决策方法必定会与刻板印象相冲突。

将决策阶段与执行阶段分离开来,也许能够在一定程度上解决这个问题。"多样化的歧异观点加最后期限。"埃里克·施密特如是说。一旦决策已经做出,各说各话的"不和谐"期马上结束。而亚马逊的领导原则是"勇于表达不同观点,一旦决定了就全力以赴",它当然也鼓励人们去挑战决策,但是"一旦做出了决策……所有人就都必须全身心投入。"

所有这些指导原则在一定意义上都只是纸上谈兵。因为它们还意味着,同一个领导者,在决策阶段必须是一个小心翼翼地鼓励对话、欢迎分歧,并谨慎考虑成功可能性的人,而一旦做出了决策之后,他就必须突然摇身一变,成为一个热情的啦啦队长,不让一丝怀疑进入自己的头脑。这种转变听起来是不是很困难?确实是。这些矛盾,这些精心设计的悖论式修辞,恰恰表明了对领导力的传统思考方式存在着根本缺陷。

如果合作加流程确实是我们想要的,那就不能继续遵循过时的领导模式。如果在内心深处,我们坚信一个真正的领导者就应该是一头不需要任何帮助的"孤狼",那又怎么可能认真对待合作呢?如果我们坚信最好的决策是由那些不时会"灵光一闪"仿佛受到了天启一般的远见卓识者做出的,那么我们怎么可能真正尊重流程?

因此,我们要打破对领导力的刻板印象,学会将领导力与另一组行为联系起来。看看那些真正重视合作加流程的首席执行官吧,他们将决策架构视为自己所扮演的角色的关键组成部分。这些领导者真诚地相信,自己不可能知道所有答案。他们要对最终的决策负责,但是他们也会建构一个决策流程,并让团队通过这个决策流程,以集体形式产生可能的最优答案。这些领导者还知道,即便是最好的战略也不一定会得到预期的结果,但是这一点并不会降低他们实现这些结果的热情。这种思维方式会让我们想起吉姆·柯林斯(Jim Collins)在《从优秀到卓越》(*Good to Great*)一书中描述的"第五级"领导者的形象,他们都是极度谦逊与强烈的专业决心的结合体。这样的领导者是少数,但是你可能已经见过一些了。

无论如何,有一件事是确定无疑的。他们看上去并不像约翰·韦恩!要想成为一位优秀的领导者,就必须远离那些我行我素、好大喜功、无限自信的"牛仔"。我们需要更好的榜样。我们需要的领导者应该有远见、有勇气并拥有一群充满激情的追随者；我们需要的领导者能够做出艰难的决策并取得成果，同时他们也足够谦逊，能够依靠团队的判断。我们需要有勇气、前后一致的领导者，他们相信自己制订的决策流程，即使有时候他们自己的直觉指向了另外的方向也不例外。

想一想荷马笔下的奥德赛吧。在遇到塞壬女妖的时候，奥德赛对自己的弱点心知肚明，他不认为自己能够抗御塞壬歌声的诱惑，并深知这种歌声已经让无数人走上死亡之路。因此，他要求水手们把他绑在桅杆上，从而把自己的生命交到了他们的手中，在这时候，他充分表现出对自己团队的信任。当他指示他们用蜂蜡堵住自己的耳朵时，他也就斩断了自己向他们发出新指令的可能性：一个决策架构已经设计好了，他相信流程自会产生可能的最优结果。

在奥德赛设计的这个决策架构中，他自己的直觉没有立足之地。但是，我们对他的尊敬没有因此而丝毫减少。与他一样，我们都想避免因自己的偏差而导致的可怕错误。如果能够以他为榜样，忘记约翰·韦恩，我们就会在做出卓越决策的正确道路上走得越来越远。

5 类认知偏差

模式识别偏差

偏差名称	描述
讲故事陷阱与确认性偏差	我们更加关注那些能证实我们的假设的事实,而忽视那些会推翻这些假设的信息。当我们的假设构成了一种连贯的叙事时,情况尤为如此
经验偏差	在进行推理时,人们会拿自己最容易想到的经验作类比
优胜者偏差	相对于信息本身的价值,人们会过于看重传递信息的那个人的声誉
归因谬误	人们会把成功或失败归因于个人发挥的作用,而低估环境和运气的作用
后见之明偏差	人们会根据在决策时并不拥有的信息去评价过去做出的决策,尤其是关于决策结果的信息
光环效应	人们会根据少数最突出的特征(关于某个人的、关于某家公司的)形成整体印象,并会根据这个印象(即"光环")去判断不相关的其他特征
幸存者偏差	人们会只根据成功的样本就得出结论,而把失败的样本排除在外

行动导向偏差

偏差名称	描述
过度自信	人们会高估自己与他人的能力差距,即高估我们胜过他人的程度
计划谬误与过度乐观	没有充分考虑那些可能会导致计划落空的事物或事物的组合,导致在估计完成计划所花时间和成本时过度乐观
过度精确	人们会高估自己的估计和预测的置信水平
忽视竞争对手	人们在制订计划时,会忽视竞争对手对我们的行动理应做出的反应

惯性偏差

偏差名称	描述
锚定效应	在做出估计时,人们会受到手头现有数据的影响,即便它们是完全不相关的
资源分配惯性	人们不敢大胆地按照自己所说的优先次序重新分配资源,特别是当这种优先次序发生了很大变化时
现状偏差	人们倾向于不做决策,将维持现状作为默认选项
承诺升级与沉没成本偏差	人们对业已呈现败象的行动加倍下注,主要因为未能把之前投入的资源视为沉没成本
损失厌恶	人们对于损失的感受,要比对相同水平的收益的感受更加强烈
过度的风险规避	我们拒绝承担合理的风险,因为害怕万一失败了,他人会由于后见之明偏差而认为我们当初的决策极其愚蠢,并因此招致不公正的指责
不确定性厌恶	人们偏好可量化的风险,而不喜欢未知的风险(即"不确定性"或"模糊性"),哪怕可量化的风险很大

社会偏差

偏差名称	描述
群体迷思	当身处一个群体当中时,人们会将疑虑默默地放在心里,对占主导的意见表达赞同,而不是将自己的异议表达出来
群体极化	群体往往会达成一个相比于各个成员的一般观点更加极端的结论,而且对该结论的信心也更强烈
信息级联	在群体中,发言者的顺序会影响讨论的结果,因为各个发言者都倾向于只强调已公开的信息,而对私人信息秘而不宣

利益偏差

偏差名称	描述
自利偏差	人们真诚地相信那些恰恰与自身利益相一致的观点,无论是金钱利益还是其他利益,包括情感上的依附
现时偏差(管理短视)	在权衡当前-未来时,人们会使用不同的贴现率,这导致人们过度重视当前的利益
不作为偏差	人们对由不作为而导致的错误的容忍度,要高于由积极作为而导致的错误;同时,如果因为不作为而受益,在道德层面上也觉得更加容易接受

附录 2

40 个成为优秀决策架构师的决策技巧

设立对话的架构

技巧 1：确保足够高的认知多样性

技巧 2：要有充足的讨论时间

技巧 3：将对话列入正式议程

技巧 4：限制幻灯片的使用频率

技巧 5：禁止使用误导性的类比

技巧 6：避免仓促下结论

技巧 7：制作"资产负债表"

技巧 8：指定一个专唱反调的"魔鬼代言人"

技巧 9：必须同时提出两个方案

技巧 10：消失选项测试

技巧 11：用同样的事实生成不同的故事

技巧 12：进行"事前检验"

技巧 13：临时组建一个特别委员会

技巧 14：把备忘录提前锁进首席执行官的抽屉

鼓励多样化的歧异观点

技巧 15：创建一个非正式顾问网络

技巧 16：获得未经过滤的专家意见

技巧 17：别让你的顾问知道内情

技巧 18：任命外部挑战者

技巧 19：安排一场"作战演习"

技巧 20：利用群体智慧

技巧 21：以再锚定效应对抗锚定效应

技巧 22：用多个类比来对抗确认性偏差

技巧 23：通过改变默认选项来对抗确认性偏差

技巧 24：利用标准化的框架

技巧 25：事先界定清楚决策标准

技巧 26：对你的假设进行"压力测试"

技巧 27：找到"参考类"作为外部观点

技巧 28：随新数据的出现不断更新你的信念

建立敏捷的决策动力机制

技巧 29：营造友好的氛围

技巧 30：培育"有话直说"的文化

技巧 31：让个人激励与共同利益趋于一致

技巧 32：找到免费学习的方法

技巧 33：进行测试，并且容许失败

技巧 34：即便大获成功，也要进行事后分析

技巧 35：逐步加大投入

技巧 36：有权失败，但是无权犯错

技巧 37：像"神枪手"那样灵活地制定战略

技巧 38：为自己改变想法的灵活性而自豪

技巧 39：分享权力

技巧 40：建立一个内部圈子

致　谢

我衷心感谢丹尼尔·卡尼曼。丹尼尔无穷的精力、持续的好奇心、堪为楷模的学识、自嘲的幽默感以及真正的谦逊，一直激励着我以及其他很多人。能够与他合作，我三生有幸。

我还要感谢其他几位思想领袖，他们给了我这个贸然闯入学术研究领域的新人非常难得的机会。丹·罗瓦洛是我在抵达这个新世界后的第一个向导：如果没有他，我就不可能取得如今这些成果。斯蒂芬妮·达默龙（Stéphanie Dameron）给了我非常需要的指导，并鼓励我发展和完善了本书初稿中的各种想法。我对她一直非常感激和钦佩。我与托马斯·鲍威尔（Thomas Powell）、伊扎克·吉尔波（Itzhak Gilboa）和马西莫·加博奥（Massimo

Garbuio)在各种研究项目上的合作,都给我带来了很多的灵感。卡斯·R. 桑斯坦的建议和鼓励对我的价值也是无法估量的。

　　我能够完成本书,离不开与数十位客户、朋友和合作伙伴的无数次对话。他们都与我分享了各自的成功、疑虑,以及使用的决策工具。虽然由于我们的讨论必须保密,我不能在这里列出他们的名字,但是我要向他们表达诚挚的谢意。我还要感谢纪尧姆·奥宾(Guillaume Aubin)、泽维尔·鲍特(Xavier Boute)、让-弗朗索瓦·克莱瓦、加里·迪卡米洛、特里斯坦·法拉贝(Tristan Farabet)、弗兰克·勒布沙尔(Franck Lebouchard)、纪尧姆·普瓦特里纳尔(Guillaume Poitrinal)、卡洛斯·罗西洛(Carlos Rosillo)、尼古拉斯·鲁斯莱(Nicolas Rousselet)、丹尼斯·特里恩(Denis Terrien)和斯蒂芬妮·特雷波(Stéphane Treppoz),感谢他们在我为本书做准备而进行研究期间,慷慨地付出了很多时间来帮助我。

　　我写作本书所依据的部分研究是在麦肯锡工作期间完成的,如果没有与那里的许多同事的密切合作,这一切都不可能实现。为此,我特别要感谢迈克尔·比山(Michael Birshan)、伦妮·戴伊(Renée Dye)、马尔贾·恩格尔(Marja Engel)、姆拉登·弗鲁克(Mladen Fruk)、斯蒂芬·霍尔(Stephen Hall)、约翰·霍恩(John Horn)、比尔·休耶特(Bill Huyett)、康纳·基欧(Conor Kehoe)、蒂姆·科勒(Tim Koller)、德维什·米塔尔(Devesh Mittal)、雷尼耶·马斯特斯(Reinier Musters)、伊桑·南吉亚(Ishaan Nangia)、丹尼尔·菲尔宾-鲍曼(Daniel Philbin-

Bowman)、帕特里克·维格里（Patrick Viguerie）、布莱尔·沃纳（Blair Warner）和赞恩·威廉姆斯（Zane Williams）。我也非常感谢奥姆里·贝纳永（Omri Benayoun）、维克多·费比乌斯（Victor Fabius）、娜塔莉·冈萨雷斯（Nathalie Gonzalez）和尼尔·贾宁（Neil Janin）。他们仔细阅读了本书的初稿，并在深思熟虑后给出了审慎的评价。

本书之所以能够面世，还要感谢许多杰出的出版界人士的跨国合作。我在公共论坛出版社（Débats Publics）的朋友们，早在2014年就鼓励我完成本书的第一版初稿。弗拉马里翁出版社（Flammarion）的索菲·伯林（Sophie Berlin）和波林·基普弗（Pauline Kipfer）则将本书推荐给了更多的读者。我非常感谢我的经纪人约翰·布罗克曼（John Brockman），是他的努力使我得以出版这本书的英文版。我还要感谢凯特·戴姆林（Kate Deimling）细心、巧妙、高质量地将本书翻译成英文。此外，我也要感谢小布朗出版社（Little, Brown）的出色编辑团队。为此，我衷心感谢特蕾西·比哈尔（Tracy Behar）、伊恩·斯特劳斯（Ian Straus）、帕梅拉·马歇尔（Pamela Marshall）和珍妮特·伯恩（Janet Byrne）的全身心投入和专业精神。

参考文献

一般意义上的行为心理学、决策制定和认知偏差

Ariely, Dan. *Predictably Irrational.* New York: HarperCollins, 2008.

Cialdini, Robert B. *Influence: How and Why People Agree to Things.* New York: Morrow, 1984.

Kahneman, Daniel. *Thinking, Fast and Slow.* New York: Farrar, Straus and Giroux, 2011.

Thaler, Richard H. *Misbehaving: The Making of Behavioral Economics.* New York: W. W. Norton, 2015.

应用于商业领域的认知科学，尤其是认知偏差对商业决策制定的影响

Bazerman, Max H., and Don A. Moore. *Judgment in Managerial Decision Making.* Hoboken, NJ: Wiley, 2008.

Finkelstein, Sydney, Jo Whitehead, and Andrew Campbell. *Think Again: Why Good Leaders Make Bad Decisions and How to Keep It from Happening to You.* Boston: Harvard Business Review, 2008.

Heath, Chip, and Dan Heath. *Decisive: How to Make Better Choices in Life and Work.* New York: Crown Business, 2013.

Rosenzweig, Phil. *The Halo Effect... and the Eight Other Business Delusions That Deceive Managers.* New York: Free Press, 2007.

Sunstein, Cass R., and Reid Hastie. *Wiser: Getting Beyond Groupthink to Make Better Decisions.* Boston: Harvard Business Review, 2015.

行为策略

Lovallo, Dan, and Olivier Sibony. "The Case for Behavioral Strategy." *McKinsey Quarterly,* March 2010, 30–43.

Powell, Thomas C., Dan Lovallo, and Craig R. Fox. "Behavioral Strategy." *Strategic Management Journal* 32, no. 13 (2011): 1369–86.

Sibony, Olivier, Dan Lovallo, and Thomas C. Powell. "Behavioral Strategy and the Strategic Decision Architecture of the Firm." *California Management Review* 59, no. 3 (2017): 5–21.

行为心理学在公共政策中的应用

Halpern, David. *Inside the Nudge Unit: How Small Changes Can Make a Big Difference.* W. H. Allen, 2015.

Thaler, Richard H., and Cass R. Sunstein. *Nudge: Improving Decisions About Health, Wealth, and Happiness.* New Haven, CT: Yale University Press, 2008.

有关决策制订理论观点介绍

March, James G. *Primer on Decision Making: How Decisions Happen.* New York: Free Press, 1994.

引言 偏差,人类决策中的非理性

Carroll, Paul B., and Chunka Mui. *Billion Dollar Lessons: What You Can Learn from the Most Inexcusable Business Failures of the Last 25 Years.* New York: Portfolio/ Penguin, 2008.

Finkelstein, Sydney. *Why Smart Executives Fail: And What You Can Learn from Their Mistakes.* New York: Portfolio/Penguin, 2004.

Hofmann, David A., and Michael Frese, eds. *Errors in Organizations.* SIOP Organizational Frontiers Series. New York: Routledge, 2011.

Perrow, Charles. *Normal Accidents: Living with High-Risk Technologies.* New York: Basic Books, 1984.

Reason, James. *Human Error.* Cambridge: Cambridge University Press, 1990.

Lovallo, Dan, and Olivier Sibony. "The Case for Behavioral Strategy." *McKinsey Quarterly,* March 2010.

Lublin, Joann S. "Bringing Hidden Biases into the Light." *Wall Street Journal,* January 9, 2014. See also Shankar Vedantam, "Radio Reply: The Mind of the Village," *The Hidden Brain,* National Public Radio, March 9, 2018, featuring Mahzarin Banaji and others.

Thaler, Richard H., and Cass R. Sunstein. *Nudge: Improving Decisions About Health, Wealth, and Happiness.* New Haven, CT: Yale

University Press, 2008.

Güntner, Anna, Konstantin Lucks, and Julia Sperling-Magro. "Lessons from the Front Line of Corporate Nudging." *McKinsey Quarterly*, January 2019.

Sibony, Olivier, Dan Lovallo, and Thomas C. Powell. "Behavioral Strategy and the Strategic Decision Architecture of the Firm." *California Management Review* 59, no. 3 (2017): 5–21.

Bhagat, Chinta, and Conor Kehoe. "High-Performing Boards: What's on Their Agenda?" *McKinsey Quarterly,* April 2014.

Nisbett, Richard E., and Lee Ross. *Human Inference: Strategies and Shortcomings of Social Judgment.* Englewood Cliffs, NJ.: Prentice Hall, 1980.

Nisbett, Richard E., and Lee Ross. *Human Inference: Strategies and Shortcomings of Social Judgment.* Englewood Cliffs, NJ: Prentice Hall, 1980. Cited in Chip Heath, Richard P. Larrick, and Joshua Klayman. "Cognitive Repairs: How Organizational Practices Can Compensate for Individual Shortcomings." *Research in Organizational Behavior* 20, no. 1 (1998): 1–37.

第1章 决策陷阱1：讲故事陷阱

Gicquel, François. "Rapport de la Cour des Comptes sur l'affaire des avions renifleurs." January 21, 1981.

Lascoumes, Pierre. "Au nom du progrès et de la Nation: Les 'avions renifleurs.' La science entre l'escroquerie et le secret d'État." *Politix*

48, no. 12 (1999): 129–55.

Lashinsky, Adam. "How a Big Bet on Oil Went Bust." *Fortune,* March 26, 2010.

Nickerson, Raymond S. "Confirmation Bias: A Ubiquitous Phenomenon in Many Guises." *Review of General Psychology* 2, no. 2 (1998): 175–220.

Soyer, Emre, and Robin M. Hogarth. "Fooled by Experience." *Harvard Business Review,* May 2015, 73–77.

Stanovich, Keith E., and Richard F. West. "On the Relative Independence of Thinking Biases and Cognitive Ability." *Journal of Personality and Social Psychology* 94, no. 4 (2008): 672–95.

Stanovich, Keith E., Richard F. West, and Maggie E. Toplak. "Myside Bias, Rational Thinking, and Intelligence," *Current Directions in Psychological Science* 22, no. 4 (2013): 259–64.

Lazer, David M. J., et al. "The Science of Fake News." *Science* 359 (2018): 1094–96.

Kahan, Dan M., et al. "Science Curiosity and Political Information Processing," *Political Psychology* 38 (2017): 179–99.

Kraft, Patrick W., Milton Lodge, and Charles S. Taber. "Why People 'Don't Trust the Evidence': Motivated Reasoning and Scientific Beliefs." *Annals of the American Academy of Political and Social Science* 658, no. 1 (2015): 121–33.

Pariser, Eli. *The Filter Bubble: What the Internet Is Hiding from You.* London: Penguin, 2011.

Pennycook, Gordon, and David G. Rand. "Who Falls for Fake News?

The Roles of Bullshit Receptivity, Overclaiming, Familiarity, and Analytic Thinking." SSRN working paper no. 3023545, 2018.

Taber, Charles S., and Milton Lodge. "Motivated Skepticism in the Evaluation of Political Beliefs." *American Journal of Political Science* 50, no. 3 (2006): 755–69.

Dror, Itiel E. "Biases in Forensic Experts." *Science* 360 (2018): 243.

Dror, Itiel E., and David Charlton. "Why Experts Make Errors." *Journal of Forensic Identification* 56, no. 4 (2006): 600–616.

D'Innocenzio, Anne. "J. C. Penney: Can This Company Be Saved?" Associated Press in *USA Today,* April 9, 2013.

Reingold, Jennifer. "How to Fail in Business While Really, Really Trying." *Fortune,* March 20, 2014.

Ioannidis, John P. A. "Why Most Published Research Findings Are False." *PLoS Medicine* 2, no. 8 (2005): 0696–0701.

Lehrer, Jonah. "The Truth Wears Off." *The New Yorker,* December 2010.

Neal, Tess M. S., and Thomas Grisso. "The Cognitive Underpinnings of Bias in Forensic Mental Health Evaluations." *Psychology, Public Policy, and Law* 20, no. 2 (2014): 200–211.

Simmons, Joseph P., Leif D. Nelson, and Uri Simonsohn. "False-Positive Psychology: Undisclosed Flexibility in Data Collection and Analysis Allows Presenting Anything as Significant." *Psychological Science* 22, no. 11 (2011): 1359–66.

Taleb, Nassim Nicholas. *The Black Swan: The Impact of the Highly Improbable,* 2d ed. New York: Random House, 2010.

第2章 决策陷阱2：模仿陷阱

Collins, Jim, and Jerry I. Porras. *Built to Last: Successful Habits of Visionary Companies*. New York: Harper & Row, 1982.

Nisbett, Richard E., and Timothy DeCamp Wilson. "The Halo Effect: Evidence for Unconscious Alteration of Judgments." *Journal of Personality and Social Psychology* 35, no. 4 (1977): 250–56.

Peters, Thomas J., and Robert H. Waterman Jr. *In Search of Excellence: Lessons from America's Best-Run Companies*. New York: Warner Books, 1984.

Rosenzweig, Phil. *The Halo Effect... and the Eight Other Business Delusions That Deceive Managers.* New York: Free Press, 2007.

Cohan, Peter. "Why Stack Ranking Worked Better at GE Than Microsoft."*Forbes,* July 2012.

Kwoh, Leslie. "'Rank and Yank' Retains Vocal Fans." *Wall Street Journal,* January 31, 2012.

Nattermann, Philipp M. "Best Practice Does Not Equal Best Strategy." *McKinsey Quarterly,* May 2000, 22–31.

Porter, Michael E. "What Is Strategy?" *Harvard Business Review,* November– December 1996.

Brown, Stephen J., et al. "Survivorship Bias in Performance Studies." *Review of Financial Studies* 5, no. 4 (1992): 553–80.

Carhart, Mark M. "On Persistence in Mutual Fund Performance." *Journal of Finance* 52, no. 1 (1997): 57–82.

Ellenberg, Jordan. *How Not to Be Wrong: The Power of Mathematical Thinking*. London: Penguin, 2015.

第 3 章 决策陷阱 3：直觉陷阱

Akinci, Cinla, and Eugene Sadler-Smith. "Intuition in Management Research: A Historical Review." *International Journal of Management Reviews* 14 (2012): 104–22.

Dane, Erik, and Michael G. Pratt. "Exploring Intuition and Its Role in Managerial Decision Making." *Academy of Management Review* 32, no. 1 (2007): 33–54.

Hensman, Ann, and Eugene Sadler-Smith. "Intuitive Decision Making in Banking and Finance." *European Management Journal* 29, no. 1 (2011): 51–66.

Sadler-Smith, Eugene, and Lisa A. Burke-Smalley. "What Do We Really Understand About How Managers Make Important Decisions?" *Organizational Dynamics* 9 (2014): 16.

Cholle, Francis P. *The Intuitive Compass: Why the Best Decisions Balance Reason and Instinct*. Hoboken, NJ: Jossey-Bass/Wiley, 2011.

Gigerenzer, Gerd. *Gut Feelings: Short Cuts to Better Decision Making*. London: Penguin, 2008.

Gladwell, Malcolm. *Blink: The Power of Thinking Without Thinking*. New York: Little, Brown, 2005.

Klein, Gary. *Sources of Power: How People Make Decisions*. Cambridge, MA: MIT Press, 1998.

Kahneman, Daniel. *Thinking, Fast and Slow*. New York: Farrar, Straus and Giroux, 2011.

Tversky, Amos, and Daniel Kahneman. "Belief in the Law of Small

Numbers." *Psychological Bulletin* 76, no. 2 (1971): 105–10.

———. "Judgment Under Uncertainty: Heuristics and Biases." *Science* 185 (1974): 1124–31.

Kahneman, Daniel, and Gary Klein. "Conditions for Intuitive Expertise: A Failure to Disagree." *American Psychologist* 64, no. 6 (2009): 515–26.

"Strategic Decisions: When Can You Trust Your Gut?" Interview with Daniel Kahneman and Gary Klein. *McKinsey Quarterly*, March 2010.

Shanteau, James. "Competence in Experts: The Role of Task Characteristics." *Organizational Behavior and Human Decision Processes* 53, no. 2 (1992): 252–66.

———. "Why Task Domains (Still) Matter for Understanding Expertise." *Journal of Applied Research in Memory and Cognition* 4, no. 3 (2015): 169–75.

Tetlock, Philip E. *Expert Political Judgment: How Good Is It? How Can We Know?* Princeton, NJ: Princeton University Press, 2005.

Dana, Jason, Robyn Dawes, and Nathanial Peterson. "Belief in the Unstructured Interview: The Persistence of an Illusion." *Judgment and Decision Making* 8, no. 5 (2013): 512–20.

Heath, Dan, and Chip Heath. "Why It May Be Wiser to Hire People Without Meeting Them." *Fast Company*, June 1, 2009.

Moore, Don A. "How to Improve the Accuracy and Reduce the Cost of Personnel Selection." *California Management Review* 60, no. 1 (2017): 8–17.

Schmidt, Frank L., and John E. Hunter. "The Validity and Utility of Selection Methods in Personnel Psychology: Practical and Theoretical Implications of 85 Years of Research Findings." *Psychological Bulletin* 124, no. 2 (1998): 262–74.

第 4 章 决策陷阱 4：过度自信陷阱

Moore, Don A., and Paul J. Healy. "The Trouble with Overconfidence." *Psychological Review* 115, no. 2 (2008): 502–17.

Svenson, Ola. "Are We All Less Risky and More Skillful Than Our Fellow Drivers?" *Acta Psychologica* 47, no. 2 (1981): 143–48.

Thaler, Richard H., and Cass R. Sunstein. *Nudge: Improving Decisions About Health, Wealth, and Happiness*. New Haven, CT: Yale University Press, 2008.

Buehler, Roger, Dale Griffin, and Michael Ross. (1994). "Exploring the 'Planning Fallacy': Why People Underestimate Their Task Completion Times." *Journal of Personality and Social Psychology* 67, no. 3 (1994): 366–81.

Flyvbjerg, Bent, Mette Skamris Holm, and Soren Buhl. "Underestimating Costs in Public Works, Error or Lie?" *Journal of the American Planning Association* 68, no. 3 (Summer 2002): 279–95.

Frankel, Jeffrey A. "Over-Optimism in Forecasts by Official Budget Agencies and Its Implications." NBER working paper no. 17239, 2011.

Alpert, Marc, and Howard Raiffa. "A Progress Report on the Training of Prob- ability Assessors." In *Judgment Under Uncertainty: Heuristics and Biases,* edited by Daniel Kahneman, Paul Slovic, and Amos

Tversky, 294–305. Cambridge: Cambridge University Press, 1982.

Russo, J. Edward, and Paul J. H. Schoemaker. "Managing Overconfidence." *Sloan Management Review* 33, no. 2 (1992): 7–17.

Cain, Daylian M., Don A. Moore, and Uriel Haran. "Making Sense of Overconfidence in Market Entry." *Strategic Management Journal* 36, no. 1 (2015): 1–18.

Dillon, Karen. "'I Think of My Failures as a Gift.'" *Harvard Business Review,* April 2011, 86–89.

"How Companies Respond to Competitors: A McKinsey Survey." *McKinsey Quarterly,* April 2008.

Moore, Don A., John M. Oesch, and Charlene Zietsma. "What Competition? Myopic Self-Focus in Market-Entry Decisions." *Organization Science* 18, no. 3 (2007): 440–54.

Rumelt, Richard P. *Good Strategy/Bad Strategy: The Difference and Why It Matters.* New York: Crown Business, 2011.

Santos, Laurie R., and Alexandra G. Rosati. "The Evolutionary Roots of Human Decision Making," *Annual Review of Psychology* 66, no. 1 (2015): 321–47.

Rosenzweig, Phil. "The Benefits-and Limits-of Decision Models." *McKinsey Quarterly,* February 2014, 1–10.

———. *Left Brain, Right Stuff: How Leaders Make Winning Decisions.* New York: Public Affairs, 2014.

Graser, Marc. "Epic Fail: How Blockbuster Could Have Owned Netflix." *Variety,* November 12, 2013.

第 5 章　决策陷阱 5：惯性陷阱

Rosenbloom, Richard S., and Ellen Pruyne. "Polaroid Corporation: Digital Im- aging Technology in 1997." Harvard Business School case study no. 798-013, October 1977.

Tripsas, Mary, and Giovanni Gavetti. "Capabilities, Cognition, and Inertia: Evidence from Digital Imaging." *Strategic Management Journal* 21, no. 10 (2000): 1147–61.

Bardolet, David, Craig R. Fox, and Don Lovallo. "Corporate Capital Allocation: A Behavioral Perspective." *Strategic Management Journal* 32, no. 13 (2011): 1465–83.

Birshan, Michael, Marja Engel, and Olivier Sibony. "Avoiding the Quicksand: Ten Techniques for More Agile Corporate Resource Allocation." *McKinsey Quarterly,* October 2013, 6.

Hall, Stephen, and Conor Kehoe. "How Quickly Should a New CEO Shift Corporate Resources?" *McKinsey Quarterly,* October 2013, 1–5.

Hall, Stephen, Dan Lovallo, and Reinier Musters. "How to Put Your Money Where Your Strategy Is." *McKinsey Quarterly,* March 2012, 11.

Englich, Birte, Thomas Mussweiler, and Fritz Strack. "Playing Dice with Criminal Sentences: The Influence of Irrelevant Anchors on Experts' Judicial Decision Making." *Personality and Social Psychology Bulletin* 32, no. 2 (2006): 188–200.

Galinsky, Adam D., and Thomas Mussweiler. "First Offers as Anchors: The Role of Perspective-Taking and Negotiator Focus." *Journal of Personality and Social Psychology* 81, no. 4 (2001): 657–69.

Strack, Fritz, and Thomas Mussweiler. "Explaining the Enigmatic Anchoring Effect: Mechanisms of Selective Accessibility." *Journal of Personality and Social Psychology* 73, no. 3 (1997): 437–46.

Tversky, Amos, and Daniel Kahneman. "Judgment Under Uncertainty: Heuristics and Biases." *Science* 185 (1974): 1124–31.

Drummond, Helga. "Escalation of Commitment: When to Stay the Course." *Academy of Management Perspectives* 28, no. 4 (2014): 430–46.

Royer, Isabelle. "Why Bad Projects Are So Hard to Kill." *Harvard Business Review,* February 2003, 48–56.

Staw, Barry, M. "The Escalation of Commitment: An Update and Appraisal." In *Organizational Decision Making,* edited by Zur Shapira, 191–215. Cambridge: Cambridge University Press, 1997.

——. "The Escalation of Commitment to a Course of Action." *Academy of Management Review* 6, no. 4 (1981): 577–87.

Ritson, Mark. "Why Saturn Was Destined to Fail." *Harvard Business Review,* October 2009, 2–3.

Taylor, Alex, III. "GM's Saturn Problem." *Fortune,* December 2014.

Feldman, Emilie, Raphael Amit, and Belen Villalonga. "Corporate Divestitures and Family Control." *Strategic Management Journal* 37, no. 3 (2014) 429–46.

Horn, John T., Dan P. Lovallo, and S. Patrick Viguerie. "Learning to Let Go: Making Better Exit Decisions." *McKinsey Quarterly,* May 2006, 64.

Lee, Donghun, and Ravi Madhavan. "Divestiture and Firm Performance: A Meta- Analysis." *Journal of Management* 36, no. 6 (February

2010): 1345–71.

Christensen, Clayton M. *The Innovator's Dilemma: When New Technologies Cause Great Firms to Fail*. Boston: Harvard Business School Press, 1997.

Wingfield, Nick, and Brian Stelter. "How Netflix Lost 800,000 Members, and Good Will." *New York Times,* October 24, 2011.

Kahneman, Daniel, Jack L. Knetsch, and Richard H. Thaler. "Anomalies: The Endowment Effect, Loss Aversion, and Status Quo Bias." *Journal of Economic Perspectives* 5, no. 1 (1991): 193–206.

Samuelson, William, and Richard Zeckhauser. "Status Quo Bias in Decision Making." *Journal of Risk and Uncertainty* 1, no. 1 (1988): 7–59.

McKinsey study of 463 executives, 2009. See "Strategic Decisions: When Can You Trust Your Gut?" Interview with Daniel Kahneman and Gary Klein. *McKinsey Quarterly,* March 2010.

Horn, John T., Dan P. Lovallo, and S. Patrick Viguerie. "Learning to Let Go: Making Better Exit Decisions." *McKinsey Quarterly,* May 2006, 64.

第6章 决策陷阱6：风险认知陷阱

Koller, Tim, Dan Lovallo, and Zane Williams. "Overcoming a Bias Against Risk." *McKinsey Quarterly,* August 2012, 15–17.

Armental, Maria. "U.S. Corporate Cash Piles Drop to Three-Year Low." *Wall Street Journal,* June 10, 2019.

Christensen, Clayton M., and Derek C. M. van Bever. "The Capitalist's

Dilemma." *Harvard Business Review,* June 2014, 60–68.

Grocer, Stephen. "Apple's Stock Buybacks Continue to Break Records." *New York Times,* August 1, 2018.

Kahneman, Daniel, and Amos Tversky. "Prospect Theory: An Analysis of De- cision Under Risk." *Econometrica* 47, no. 2 (1979): 263–91.

Baron, Jonathan, and John C. Hershey. "Outcome Bias in Decision Evaluation." *Journal of Personality and Social Psychology* 54, no. 4 (1988): 569–79.

Fischhoff, Baruch. "An Early History of Hindsight Research." *Social Cognition* 25, no. 1 (2007): 10–13.

——. "Hindsight Is Not Equal to Foresight: The Effect of Outcome Knowledge on Judgment Under Uncertainty." *Journal of Experimental Psychology: Human Perception and Performance* 1, no. 3 (1975): 288–99.

Fischhoff, Baruch, and Ruth Beyth. "'I Knew It Would Happen': Remembered Probabilities of Once-Future Things." *Organizational Behavior and Human Performance* 13, no. 1 (1975): 1–16.

Risi, Joseph, et al. "Predicting History." *Nature Human Behaviour* 3 (2019): 906–12.

Rosenberg, Alex. *How History Gets Things Wrong: The Neuroscience of Our Addiction to Stories.* Cambridge, MA: MIT Press, 2018.

Shakespeare, Nicholas. *Six Minutes in May: How Churchill Unexpectedly Became Prime Minister.* London: Penguin Random House, 2017.

Thaler, Richard H. *Misbehaving: The Making of Behavioral Economics.*

New York: W. W. Norton, 2015.

Kahneman, Daniel, and Dan Lovallo. "Timid Choices and Bold Forecasts: A Cognitive Perspective on Risk Taking." *Management Science* 39, no. 1 (1993): 17–31.

March, James G., and Zur Shapira. "Managerial Perspectives on Risk and Risk Taking." *Management Science* 33, no. 11 (1987): 1404–18.

Kahneman, Daniel. *Thinking, Fast and Slow.* New York: Farrar, Straus and Giroux, 2011, 360.

第 7 章　决策陷阱 7：时间范围陷阱

Barton, Dominic, and Mark Wiseman. "Focusing Capital on the Long Term." *McKinsey Quarterly,* December 2013.

Business Roundtable. "Statement on the Purpose of a Corporation." August 19, 2019.

Fink, Laurence D. Letter to CEOs. March 21, 2014.

George, Bill. "Bill George on Rethinking Capitalism." *McKinsey Quarterly,* December 2013.

Polman, Paul. "Business, Society, and the Future of Capitalism." *McKinsey Quarterly,* May 2014.

Porter, Michael, and Marc Kramer. "Creating Shared Value." *Harvard Business Review,* January 2011.

Asker, John, Joan Farre-Mensa, and Alexander Ljungqvist. "Corporate Investment and Stock Market Listing: A Puzzle?" *Review of Financial*

Studies 28, no. 2 (February 2015): 342–90.

Graham, John R., Campbell R. Harvey, and Shiva Rajgopal. "Value Destruction and Financial Reporting Decisions." *Financial Analysts Journal* 62, no. 6 (2006): 27–39.

Buffett, Warren E., and Jamie Dimon. "Short-Termism Is Harming the Economy." *Wall Street Journal*, June 6, 2018.

Cheng, Mey, K. R. Subramanyam, and Yuan Zhang. "Earnings Guidance and Managerial Myopia." SSRN working paper, November 2005.

Hsieh, Peggy, Timothy Koller, and S. R. Rajan. "The Misguided Practice of Earnings Guidance." *McKinsey on Finance*, Spring 2006.

Palter, Rob, Werner Rehm, and Johnathan Shih. "Communicating with the Right Investors." *McKinsey Quarterly*, April 2008.

Benhabib, Jess, Alberto Bisin, and Andrew Schotter. "Present-Bias, Quasi-Hyperbolic Discounting, and Fixed Costs." *Games and Economic Behavior* 69, no. 2 (2010): 205–23.

Frederick, Shane, George Loewenstein, and Ted O'Donoghue. "Time Discounting and Time Preference: A Critical Review." *Journal of Economic Literature* 40, no. 2 (2002): 351–401.

Laibson, David. "Golden Eggs and Hyperbolic Discounting." *Quarterly Journal of Economics* 112, no. 2 (1997): 443–77.

Loewenstein, George, and Richard H. Thaler. "Anomalies: Intertemporal Choice." *Journal of Economic Perspectives* 3, no. 4 (1989): 181–93.

Thaler, Richard H. "Some Empirical Evidence on Dynamic

Inconsistency." *Economics Letters* 8, no. 3 (1981): 201–7.

Thaler, Richard H., and Hersh M. Shefrin. "An Economic Theory of Self-Control." *Journal of Political Economy* 89, no. 2 (1981): 392–406.

第 8 章　决策陷阱 8：群体迷思陷阱

Janis, Irving L. *Groupthink: Psychological Studies of Policy Decisions and Fiascoes.* Boston: Wadsworth, 1982.

Schlesinger, Arthur M., Jr. *A Thousand Days: John F. Kennedy in the White House.* Boston: Houghton Mifflin, 1965.

Whyte, William H. "Groupthink (Fortune 1952)." *Fortune,* July 22, 2012.

Quick, Becky. CNBC *Closing Bell* interview with Warren E. Buffett, April 23, 2014.

Greitemeyer, Tobias, Stefan Schulz-Hardt, and Dieter Frey. "The Effects of Authentic and Contrived Dissent on Escalation of Commitment in Group Decision Making." *European Journal of Social Psychology* 39, no. 4 (June 2009): 639–47.

Heath, Chip, and Rich Gonzalez. "Interaction with Others Increases Decision Confidence but Not Decision Quality: Evidence Against Information Collection Views of Interactive Decision Making." *Organizational Behavior and Human Decision Processes* 61, no. 3 (1995): 305–26.

Hung, Angela A., and Charles R. Plott. "Information Cascades: Replication and an Extension to Majority Rule and Conformity-Rewarding Institutions." *American Economic Review* 91, no. 5 (December 2001): 1508–20.

Stasser, Garold, and William Titus. "Hidden Profiles: A Brief History." *Psychological Inquiry* 14, nos. 3–4 (2003): 304–13.

Sunstein, Cass R. "The Law of Group Polarization." *Journal of Political Philosophy* 10, no. 2 (2002): 175–95.

Sunstein, Cass R., and Reid Hastie. *Wiser: Getting Beyond Groupthink to Make Better Decisions.* Boston: Harvard Business Review Press, 2015.

Whyte, Glen. "Escalating Commitment in Individual and Group Decision Making: A Prospect Theory Approach." *Organizational Behavior and Human Decision Processes* 54, no. 3 (1993): 430–55.

Zhu, David H. "Group Polarization in Board Decisions About CEO Compensation." *Organization Science* 25, no. 2 (2013): 552–71.

第9章 决策陷阱9：利益冲突陷阱

Bebchuk, Lucian A., and Jesse M. Fried. "Executive Compensation as an Agency Problem." *Journal of Economic Perspectives* 17, no. 3 (2003): 71–92.

Fama, Eugene F., and Michael C. Jensen. "Separation of Ownership and Control." *Journal of Law and Economics* 26, no. 2 (1983): 301–25.

Hope, Ole-Kristian, and Wayne B. Thomas. "Managerial Empire Building and Firm Disclosure." *Journal of Accounting Research* 46, no. 3 (2008): 591–626.

Jensen, Michael C., and William H. Meckling. "Theory of the Firm:

Managerial Behavior, Agency Costs and Ownership Structure." *Journal of Financial Economics* 3, no. 4 (1976): 305–60.

Bergstresser, Daniel, and Thomas Philippon. "CEO Incentives and Earnings Management." *Journal of Financial Economics* 80, no. 3 (2006): 511–29.

Greve, Henrich R., Donald Palmer, and Jo-Ellen Pozner. "Organizations Gone Wild: The Causes, Processes, and Consequences of Organizational Misconduct." *Academy of Management Annals* 4, no. 1 (2010): 53–107.

McAnally, Mary Lea, Anup Srivastava, and Connie D. Weaver. "Executive Stock Options, Missed Earnings Targets, and Earnings Management." *Accounting Review* 83, no. 1 (2008): 185–216.

Cameron, Lisa A. "Raising the Stakes in the Ultimatum Game: Experimental Evidence from Indonesia." *Economic Inquiry* 37, no. 1 (1999): 47–59.

Güth, Werner, Rolf Schmittberger, and Bernd Schwarze. "An Experimental Analysis of Ultimatum Bargaining." *Journal of Economic Behavior & Organization* 3, no. 4 (1982): 367–88.

Kahneman, Daniel, Jack L. Knetsch, and Richard H. Thaler. (1986). "Fairness and the Assumptions of Economics." *Journal of Business* 59, S4 (1986): S285–300.

Thaler, Richard H. "Anomalies: The Ultimatum Game." *Journal of Economic Perspectives* 2, no. 4 (1988): 195–206.

Ariely, Dan. *The (Honest) Truth About Dishonesty: How We Lie to Everyone—Especially Ourselves.* New York: HarperCollins, 2012.

Bazerman, Max H., George Loewenstein, and Don A. Moore. "Why Good Accountants Do Bad Audits." *Harvard Business Review*, November 2002.

Bazerman, Max H., and Don A. Moore. *Judgment in Managerial Decision Making*. Hoboken, NJ: Wiley, 2008.

Bazerman, Max H., and Francesca Gino. "Behavioral Ethics: Toward a Deeper Understanding of Moral Judgment and Dishonesty." *Annual Review of Law and Social Science* 8 (2012): 85–104.

Bazerman, Max H., and Ann E. Tenbrunsel. *Blind Spots: Why We Fail to Do What's Right and What to Do About It*. Princeton, NJ: Princeton University Press, 2011.

Haidt, Jonathan. "The New Synthesis in Moral Psychology." *Science* 316 (2007): 998–1002.

Harvey, Ann H., et al. "Monetary Favors and Their Influence on Neural Responses and Revealed Preference." *Journal of Neuroscience* 30, no. 28 (2010): 9597–9602.

Kluver, Jesse, Rebecca Frazier, and Jonathan Haidt. "Behavioral Ethics for Homo Economicus, Homo Heuristicus, and Homo Duplex." *Organizational Behavior and Human Decision Processes* 123, no. 2 (2014): 150–58.

Paharia, Neeru, et al. "Dirty Work, Clean Hands: The Moral Psychology of Indirect Agency." *Organizational Behavior and Human Decision Processes* 109, no. 2 (2009): 134–41.

Spranca, Mark, Elisa Minsk, and Jonathan Baron. "Omission and Commission in Judgment and Choice." *Journal of Experimental*

Social Psychology 27, no. 1 (1991): 76–105.

Cain, Daylian M., George Loewenstein, and Don A. Moore. (2005). "The Dirt on Coming Clean: Perverse Effects of Disclosing Conflicts of Interest." *Journal of Legal Studies* 34, no. 1 (2005): 1–25.

Smith, Adam. *The Wealth of Nations*. Edited, with an Introduction and Notes by Edwin Cannan. New York: Modern Library, 1994.

第 10 章　5 类认知偏差与 3 个偏差误解

Bazerman, Max H., and Don A. Moore. *Judgment in Managerial Decision Making.* Hoboken, NJ: Wiley, 2008.

Dobelli, Rolf. *The Art of Thinking Clearly*. Translated by Nicky Griffin. New York: HarperCollins, 2013.

Dolan, Paul, et al. "MINDSPACE: Influencing Behaviour Through Public Policy." Cabinet Office and Institute for Government, London, UK, 2010.

Finkelstein, Sydney, Jo Whitehead, and Andrew Campbell. *Think Again: Why Good Leaders Make Bad Decisions and How to Keep It from Happening to You.* Boston: Harvard Business Press, 2008.

Halpern, David. *Inside the Nudge Unit: How Small Changes Can Make a Big Difference*. New York: W. H. Allen, 2015.

Heath, Chip, and Dan Heath. *Decisive: How to Make Better Choices in Life and Work.* New York: Crown Business, 2013.

Service, Owain, et al. "EAST: Four Simple Ways to Apply Behavioural Insights." Behavioural Insights Ltd. and Nesta. April 2014.

Tversky, Amos, and Daniel Kahneman. "Judgment Under Uncertainty: Heuris- tics and Biases." *Science* 185 (1974): 1124–31.

Rosenzweig, Phil. *Left Brain, Right Stuff: How Leaders Make Winning Decisions*. New York: Public Affairs, 2014.

Bruner, Robert F. "Does M&A Pay? A Survey of Evidence for the Decision-Maker." *Journal of Applied Finance* 12, no. 1 (2002): 48–68.

Cartwright, Susan, and Richard Schoenberg. "Thirty Years of Mergers and Acquisitions Research: Recent Advances and Future Opportunities." *British Journal of Management* 17, Suppl. 1 (2006).

Datta, Deepak K., George E. Pinches, and V. K. Narayanan. "Factors Influencing Wealth Creation from Mergers and Acquisitions: A Meta-Analysis." *Strategic Management Journal* 13, no. 1 (1992): 67–84.

第 11 章　克服认知偏差，组织胜于个人

Dobelli, Rolf. *The Art of Thinking Clearly*. Translated by Nicky Griffin. New York: HarperCollins, 2013.

Finkelstein, Sydney, Jo Whitehead, and Andrew Campbell. *Think Again: Why Good Leaders Make Bad Decisions and How to Keep It From Happening to You*. Boston: Harvard Business Press, 2008.

Hammond, John S., Ralph L. Keeney, and Howard Raiffa. "The Hidden Traps in Decision Making." *Harvard Business Review,* January 2006, 47–58.

Fischhoff, Baruch. "Debiasing." In *Judgment Under Uncertainty:*

Heuristics and Biases, edited by Daniel Kahneman, Paul Slovic, and Amos Tversky, 422–44. Cambridge: Cambridge University Press, 1982.

Milkman, Katherine L., Dolly Chugh, and Max H. Bazerman. "How Can Decision Making Be Improved?" *Perspectives on Psychological Science* 4, no. 4 (2009): 379–83.

Morewedge, Carey K., et al. "Debiasing Decisions: Improved Decision Making with a Single Training Intervention." *Policy Insights from the Behavioral and Brain Sciences* 2, no. 1 (2015): 129–40.

Nisbett, Richard E. *Mindware: Tools for Smart Thinking*. New York: Farrar, Straus and Giroux, 2015.

Pronin, Emily, Daniel Y. Lin, and Lee Ross. "The Bias Blind Spot: Asymmetric Perceptions of Bias in Others Versus the Self." *Personality and Social Psychology Bulletin* 28, no. 3 (2002): 369–81.

Sellier, Anne-Laure, Irene Scopelliti, and Carey K. Morewedge. "Debiasing Training Transfers to Improve Decision Making in the Field." *Psychological Science* 30, no. 9 (2019): 1371–79.

Soll, Jack B., Katherine L. Milkman, and John W. Payne. "A User's Guide to De-biasing." In *The Wiley Blackwell Handbook of Judgment and Decision Making,* Vol. 2, edited by Gideon Keren and George Wu, 924–51. Chichester, UK: Wiley-Blackwell, 2016.

Kennedy, Robert F. *Thirteen Days: A Memoir of the Cuban Missile Crisis*. New York: W. W. Norton, 1969.

White, Mark. "Robert Kennedy and the Cuban Missile Crisis: A

Reinterpreta- tion." *American Diplomacy,* September 2007.

McKinsey & Company. "Dan Ariely on Irrationality in the Workplace." Interview. February 2011.

Preston, Caroline E., and Stanley Harris. "Psychology of Drivers in Traffic Accidents." *Journal of Applied Psychology* 49, no. 4 (1965): 284–88.

Kahneman, Daniel. *Thinking, Fast and Slow.* New York: Farrar, Straus and Giroux, 2011, 24.

"Strategic Decisions: When Can You Trust Your Gut?" Interview with Daniel Kahneman and Gary Klein. *McKinsey Quarterly,* March 2010.

第12章 合作加流程，健全决策体系的基础

Clervoy, Jean-François, private communication.

Space travel: Wikipedia, s.v. "List of Spaceflight-Related Accidents and Incidents." Accessed July 20, 2014.

Gawande, Atul. *The Checklist Manifesto: How to Get Things Right.* New York: Metropolitan Books, 2009.

Haynes Alex B., et al. "A Surgical Safety Checklist to Reduce Morbidity and Mortality in a Global Population." *New England Journal of Medicine* 360, no. 5 (2009): 491–99.

Kahneman, Daniel, Dan Lovallo, and Olivier Sibony. "The Big Idea: Before You Make That Big Decision." *Harvard Business Review,* June 2011.

Heath, Chip, Richard P. Larrick, and Joshua Klayman. "Cognitive Repairs: How Organizational Practices Can Compensate for Individual Shortcomings." *Research in Organizational Behavior* 20, no. 1 (1998): 1–37.

第 13 章　用正确的方法做出正确的决策

McDonald, Ian. "Bill Miller Dishes on His Streak and His Strategy," *Wall Street Journal,* January 6, 2005.

Mlodinow, Leonard. *The Drunkard's Walk: How Randomness Rules Our Lives.* New York: Vintage, 2009.

Garbuio, Massimo, Dan Lovallo, and Olivier Sibony. "Evidence Doesn't Argue for Itself: The Value of Disinterested Dialogue in Strategic Decision-Making." *Long Range Planning* 48, no. 6 (2015): 361–80.

Lovallo, Dan, and Olivier Sibony. "The Case for Behavioral Strategy." *McKinsey Quarterly,* March 2010, 30–43.

"The Spectacular Rise and Fall of WeWork." The Daily podcast, *New York Times,* November 18, 2019, featuring Masayoshi Son.

第 14 章　支柱 1：对话，让观点面对面

Diehl, Michael, and Wolfgang Stroebe. "Productivity Loss in Brainstorming Groups: Toward the Solution of a Riddle." *Journal of Personality and Social Psychology* 53, no. 3 (1987): 497–509.

Keeney, Ralph L. "Value-Focused Brainstorming." *Decision Analysis* 9, no. 4 (2012): 303–13.

Sutton, Robert I., and Andrew Hargadon. "Brainstorming Groups in Context: Effectiveness in a Product Design Firm." *Administrative Science Quarterly* 41, no. 4 (1996): 685–718.

Reynolds, Alison, and David Lewis. "Teams Solve Problems Faster When They're More Cognitively Diverse." *Harvard Business Review,* March 2017, 6.

Roberto, Michael A. *Why Great Leaders Don't Take Yes for an Answer*. Upper Saddle River, NJ: Pearson Education, Inc./Prentice Hall, 2005.

Bezos, Jeff. "Forum on Leadership: A Conversation with Jeff Bezos." April 20, 2018.

——. Letter to Amazon shareholders ["shareowners"], [April 2017].

Kaplan, Sarah. "Strategy and PowerPoint: An Inquiry into the Epistemic Culture and Machinery of Strategy Making." *Organization Science* 22, no. 2 (2011): 320–46.

Greitemeyer, Tobias, Stefan Schulz-Hardt, and Dieter Frey. "The Effects of Authentic and Contrived Dissent on Escalation of Commitment in Group Decision Making." *European Journal of Social Psychology* 39, no. 4 (June 2009): 639–47.

Nemeth Charlan, Keith Brown, and John Rogers. "Devil's Advocate Versus Authentic Dissent: Stimulating Quantity and Quality." *European Journal of Social Psychology* 31, no. 6 (2001): 707–20.

Heath, Chip, and Dan Heath. *Decisive: How to Make Better Choices in Life and Work*. New York: Crown Business, 2013.

Nutt, Paul C. "The Identification of Solution Ideas During Organizational

Decision Making." *Management Science* 39, no. 9 (1993): 1071–85.

Klein, Gary. "Performing a Project Premortem." *Harvard Business Review,* September 2007.

Klein, Gary, Paul D. Sonkin, and Paul Johnson. "Rendering a Powerful Tool Flaccid: The Misuse of Premortems on Wall Street." 2019.

Kim, W. Chan, and Renée Mauborgne. "Fair Process Managing in the Knowledge Economy." *Harvard Business Review,* January 2003.

Sunstein, Cass R., and Reid Hastie. *Wiser: Getting Beyond Groupthink to Make Better Decisions.* Boston: Harvard Business Review Press, 2015.

"How We Do It: Three Executives Reflect on Strategic Decision Making." Interview with Dan Lovallo and Olivier Sibony. *McKinsey Quarterly,* March 2010.

Schmidt, Eric. "Eric Schmidt on Business Culture, Technology, and Social Issues." *McKinsey Quarterly,* May 2011, 1–8.

第 15 章 支柱 2：差异，从不同的角度看待事物

Lewis, Michael. *The Big Short: Inside the Doomsday Machine*. New York: W. W. Norton, 2010.

Gino, Francesca. *Rebel Talent: Why It Pays to Break the Rules at Work and in Life*. New York: Dey Street Books, 2018.

Grant, Adam. *Originals: How Non-Conformists Change the World*. New York: Penguin, 2017.

Chang, Welton, et al. "Restructuring Structured Analytic Techniques in Intelligence." *Intelligence and National Security* 33, no. 3 (2018): 337–56.

U.S. Government. "A Tradecraft Primer: Structured Analytic Techniques for Improving Intelligence Analysis. March 2009." Center for the Study of Intelligence, CIA.gov, March 2009, 1–45.

Atanasov, Pavel, et al. "Distilling the Wisdom of Crowds: Prediction Markets vs. Prediction Polls." *Management Science* 63, no. 3 (March 2017): 691–706.

Galton, Francis. "Vox Populi." *Nature* 75 (1907): 450–51.

Mann, A. "The Power of Prediction Markets." *Nature* 538 (October 2016): 308–10.

Surowiecki, James. *The Wisdom of Crowds*. New York: Doubleday, 2004.

Lovallo, Dan, and Olivier Sibony. "Re-anchor your next budget meeting." *Harvard Business Review,* March 2012.

Lovallo, Dan, Carmina Clarke, and Colin F. Camerer. "Robust Analogizing and the Outside View: Two Empirical Tests of Case-Based Decision Making." *Strategic Management Journal* 33, no. 5 (2012): 496–512.

Sepp, Kalev I. "Best Practices in Counterinsurgency." *Military Review,* May 2005.

Sibony, Olivier, Dan Lovallo, and Thomas C. Powell. "Behavioral Strategy and the Strategic Decision Architecture of the Firm." *California Management Review* 59, no. 3 (2017): 5–21.

De Reyck, Bert, et al. "Optimism Bias Study: Recommended Adjustments to Optimism Bias Uplifts." UK Department for Transport, n.d.

Flyvbjerg, Bent. "Curbing Optimism Bias and Strategic Misrepresentation in Planning: Reference Class Forecasting in Practice." *European Planning Studies* 16, no. 1 (2008): 3–21.

Flyvbjerg, Bent, Massimo Garbuio, and Dan Lovallo. "Delusion and Deception in Large Infrastructure Projects: Two Models for Explaining and Preventing Executive Disaster." *California Management Review* 51, no. 2 (2009): 170–93.

Flyvbjerg, Bent, and Allison Stewart. "Olympic Proportions: Cost and Cost Overrun at the Olympics 1960–2012." *SSRN Electronic Journal,* June 2012, 1–23.

Kahneman, Daniel. Beware the 'Inside View.' " *McKinsey Quarterly,* November 2011, 1–4.

Lovallo Dan, and Daniel Kahneman. "Delusions of Success." *Harvard Business Review,* July 2003, 56–63.

Silver, Nate. *The Signal and the Noise: Why So Many Predictions Fail—But Some Don't*. New York: Penguin, 2012.

Tetlock, Philip E., and Dan Gardner. *Superforecasting: The Art and Science of Prediction*. New York: Broadway Books, 2016.

Sorkin, Andrew Ross. "Buffett Casts a Wary Eye on Bankers." *New York Times,* March 1, 2010, citing Warren E. Buffett's annual letter to Berkshire Hatha- way shareholders.

第 16 章　支柱 3：决策动力机制，改变决策流程与文化

Grant, Adam. *Originals: How Non-Conformists Change the World*. New York: Penguin, 2017.

Halpern, David. *Inside the Nudge Unit: How Small Changes Can Make a Big Difference*. New York: W. H. Allen, 2015.

Lourenço, Joana Sousa, et al. "Behavioural Insights Applied to Policy: European Report 2016."

Ries, Eric. *The Lean Startup*. New York: Crown Business, 2011.

Dijksterhuis, Ap, et al. (2006). "On Making the Right Choice: The Deliberation Without Attention Effect." *Science* 311 (2006): 1005–7.

Vul, Edward, and Harold Pashler. "Measuring the Crowd Within: Probabilistic Representations Within Individuals." *Psychological Science* 19, no. 7 (2008): 645–48.

结语　你马上就能做出明智的决策了

"Strategic Decisions: When Can You Trust Your Gut?" Interview with Daniel Kahneman and Gary Klein. *McKinsey Quarterly,* March 2010.

Collins, Jim. *Good to Great.* New York: HarperBusiness, 2001.

译后记

决策常受各种偏差的困扰。决策失误，尤其是商业决策失误，可能会带来严重的后果。本书作者奥利维耶·西博尼是麦肯锡公司资深管理顾问，也是一位行为经济学家。他在本书中以讲故事的形式讲述了避开和利用偏差，做出正确决策的原理和方法。

这是一本以学以致用为目的的书。西博尼从一大批商业案例中总结出了"9大决策陷阱"，并将偏差分成了模式识别偏差等5类，逐一加以讲解，然后在此基础上为读者提供了40个做出正确决策的实用技巧。自丹尼尔·卡尼曼、阿莫斯·特沃斯基等人提出"启发式和偏差"范式以来，讨论决策与偏差的书汗牛充栋，但西博尼的这本书，读来仍有许多令人耳目一新之处，着实难能可贵。他针对"9大决策陷阱""5类偏差",给出的建议是让决策者成为决策架构师,并用决策流程和决策文化来保证决策品质;他认为决策者要学会与偏差共存,并利用偏差对抗偏差;他强调要鼓励对话,汇集多样化的歧异观点,在善用群体智慧的同时避免群体迷思……所有这些,对于我们避免错误,做出明智决策都有极大的帮助。

与往常一样,此书完成,我最感谢的是太太傅瑞蓉的支持和帮助。我还要感谢儿子贾岚晴带给我的快乐和激情。

感谢农夫山泉公司,感谢老板钟睒睒,给了我在工作之余读书、写作、译书的空间。

此外还要感谢湛庐的一贯信任。感谢编辑的努力和付出。

译者水平所限,书中定有不足之处,敬请读者批评指正!

贾拥民
于杭州崇谷阁

未来，属于终身学习者

我这辈子遇到的聪明人（来自各行各业的聪明人）没有不每天阅读的——没有，一个都没有。巴菲特读书之多，我读书之多，可能会让你感到吃惊。孩子们都笑话我。他们觉得我是一本长了两条腿的书。

——查理·芒格

互联网改变了信息连接的方式；指数型技术在迅速颠覆着现有的商业世界；人工智能已经开始抢占人类的工作岗位……

未来，到底需要什么样的人才？

改变命运唯一的策略是你要变成终身学习者。未来世界将不再需要单一的技能型人才，而是需要具备完善的知识结构、极强逻辑思考力和高感知力的复合型人才。优秀的人往往通过阅读建立足够强大的抽象思维能力，获得异于众人的思考和整合能力。未来，将属于终身学习者！而阅读必定和终身学习形影不离。

很多人读书，追求的是干货，寻求的是立刻行之有效的解决方案。其实这是一种留在舒适区的阅读方法。在这个充满不确定性的年代，答案不会简单地出现在书里，因为生活根本就没有标准确切的答案，你也不能期望过去的经验能解决未来的问题。

而真正的阅读，应该在书中与智者同行思考，借他们的视角看到世界的多元性，提出比答案更重要的好问题，在不确定的时代中领先起跑。

湛庐阅读App：与最聪明的人共同进化

有人常常把成本支出的焦点放在书价上，把读完一本书当作阅读的终结。其实不然。

时间是读者付出的最大阅读成本
怎么读是读者面临的最大阅读障碍
"读书破万卷"不仅仅在"万"，更重要的是在"破"！

现在，我们构建了全新的"湛庐阅读"App。它将成为你"破万卷"的新居所。在这里：

- 不用考虑读什么，你可以便捷找到纸书、电子书、有声书和各种声音产品；
- 你可以学会怎么读，你将发现集泛读、通读、精读于一体的阅读解决方案；
- 你会与作者、译者、专家、推荐人和阅读教练相遇，他们是优质思想的发源地；
- 你会与优秀的读者和终身学习者为伍，他们对阅读和学习有着持久的热情和源源不绝的内驱力。

下载湛庐阅读App，
坚持亲自阅读，
有声书、电子书、阅读服务，
一站获得。

本书阅读资料包

给你便捷、高效、全面的阅读体验

本书参考资料
湛庐独家策划

- ☑ **参考文献**
  为了环保、节约纸张,部分图书的参考文献以电子版方式提供

- ☑ **主题书单**
  编辑精心推荐的延伸阅读书单,助你开启主题式阅读

- ☑ **图片资料**
  提供部分图片的高清彩色原版大图,方便保存和分享

相关阅读服务
终身学习者必备

- ☑ **电子书**
  便捷、高效,方便检索,易于携带,随时更新

- ☑ **有声书**
  保护视力,随时随地,有温度、有情感地听本书

- ☑ **精读班**
  2~4周,最懂这本书的人带你读完、读懂、读透这本好书

- ☑ **课 程**
  课程权威专家给你开书单,带你快速浏览一个领域的知识概貌

- ☑ **讲 书**
  30分钟,大咖给你讲本书,让你挑书不费劲

湛庐编辑为你独家呈现
助你更好获得书里和书外的思想和智慧,请扫码查收!

(阅读资料包的内容因书而异,最终以湛庐阅读App页面为准)

You're About to Make a Terrible Mistake! by Olivier Sibony

Copyright © 2019 by Olivier Sibony

Published by arrangement with Brockman, Inc.

Unauthorized duplication or distribution of this work constitutes copyright infringement.

All rights reserved.

本书中文简体字版由作者授权在中华人民共和国境内独家出版发行。未经出版者书面许可，不得以任何方式抄袭、复制或节录本书中的任何部分。

北京市版权局著作权合同登记号　图字：01-2022-0214

版权所有，侵权必究

本书法律顾问　北京市盈科律师事务所　崔爽律师

图书在版编目（CIP）数据

偏差／（法）奥利维耶·西博尼著；贾拥民译. --北京：中国财政经济出版社，2022.2（2023.6重印）

书名原文：You're About to Make a Terrible Mistake!

ISBN 978-7-5223-1068-8

I. ①偏… II. ①奥… ②贾… III. ①商业经营—经营决策 IV. ① F715.1

中国版本图书馆 CIP 数据核字（2022）第 006749 号

责任编辑：罗亚洪　　　　　责任校对：胡永立
封面设计：ablackcover.com　责任印制：张健

偏差
PIANCHA

中国财政经济出版社　出版

URL: http://www.cfeph.cn
E-mail: cfeph@cfemg.cn

(版权所有　翻印必究)

社址：北京市海淀区阜成路甲 28 号　邮政编码：100142
营销中心电话：010-88191522
天猫网店：中国财政经济出版社旗舰店
网址：https://zgczjjcbs.tmall.com
唐山市富达印务有限公司印装　各地新华书店经销
成品尺寸：147mm×210mm　32 开　13.25 印张　297 000 字
2022 年 2 月第 1 版　2023 年 6 月河北第 5 次印刷
定价：129.90 元
ISBN 978-7-5223-1068-8
(图书出现印装问题，本社负责调换，电话：010-88190548)
本社图书质量投诉电话：010-88190744
打击盗版举报热线：010-88191661　QQ：2242791300